中国职业发展指南丛书
CHINA CAREER
DEVELOPMENT GUIDELINES

# 中国职业发展指南

## ·人力资源和商务职业卷·

中国职业发展指南丛书编委会　组织编写

中国人事出版社

**图书在版编目（CIP）数据**

中国职业发展指南．人力资源和商务职业卷 / 中国职业发展指南丛书编委会组织编写．-- 北京：中国人事出版社，2024. -- ISBN 978-7-5129-1994-5

Ⅰ. D669.2-62

中国国家版本馆 CIP 数据核字第 2024DS1831 号

**中国人事出版社出版发行**

（北京市惠新东街 1 号　邮政编码：100029）

*

北京利丰雅高长城印刷有限公司印刷装订　　新华书店经销

787 毫米 × 1092 毫米　16 开本　21.5 印张　317 千字

2024 年 11 月第 1 版　　2024 年 11 月第 1 次印刷

**定价：98.00 元**

营销中心电话：400-606-6496

出版社网址：https://www.class.com.cn

## 中国职业发展指南丛书专家委员会



## 《中国职业发展指南·人力资源和商务职业卷》编委会

# 前 言

近年来，我国职业发展教育和就业创业指导方兴未艾、成效显著。目前全国各省区市普遍设立了学生职业体验中心，对学生进行职业引导、职业认知、职业规划和职业发展教育。从就业服务情况看，在全国公共就业服务机构和人力资源服务机构中，职业指导师、创业指导师专业化程度越来越高，在促进劳动者高质量就业方面的作用越发凸显。我国职业发展教育和就业创业指导工作起步较晚，特别是有关国家职业分类体系和职业类型的图书品种不多，社会迫切需要一套解读权威、系统地介绍我国职业结构和职业类型的参考书籍。

中国职业发展指南丛书（以下简称《指南》）是对《中华人民共和国职业分类大典（2022 年版）》（以下简称《大典》）的再创作、科普化，总体遵循《大典》分类原则及其基本的职业信息描述，通过信息补充采集、整理、挖掘，进一步丰富有关劳动者职业角色特征和劳动力市场特征的职业信息；重点选取社会关切度较高的新职业、数字职业、绿色职业以及社会急需紧缺的职业，创新《大典》有关大类、中类、小类归类办法，以职业族或职业簇为依据对所解读的职业重新归类，以专业视角、平实语言、生动多元化形式创作就业人员和学生读得懂、用得上、有感知的《大典》科普版。

《指南》聚焦高质量发展和国家重大战略需求，系统解读我国职业结构变迁过程中涌现的新职业，数字职业，绿色职业以及因技术进步、职业活动内容已发生重大调整的社会急需紧缺职业。《指南》近期出版 6 卷，分别为《中国职业发展指南·新职业卷Ⅰ》（此卷已于 2022 年 10 月出版）、《中国职业发展指南·新职业卷Ⅱ》、《中国职业发展指南·数字职业卷》、《中国职业发展指南·绿色职业卷》、《中国职业发展指南·建筑建材职业卷》、《中国职业发展指南·人力资源和商务职业卷》。各卷选取若干代表性职业，各职业均从十个方面进行研究描述，即职业情景（职业的一天）、职业定义概况、主要工作职责、薪酬福利待遇、知识技能要求、专业教育现状、就业创业信息、职业贯通发展、职业发展前景及职业发展政策支持等，使劳动者和学生能够快速、系统地了解该职业基本概况。

《指南》收录的职业涉及制造业，建筑业，信息传输、计算机服务和软件业，交通运输、仓储及邮政业，农业，金融业，租赁和商务服务业，卫生健康、社会保障和社会福利业等领域。其功能主要表现在指导院校学生进行职业规划和就业分析，使其对所学专业及意向发展的就业领域拥有基础认知，利于更合理地规划个人职业发展方向；为现有从业人员在转岗、换岗及晋升的过程中提供新职业知识技能支持，便于其了解相邻、相近职业情况，有助于顺利实现工作角色转换；为退役军人群体、待业人员、失业人员等提供职业知识技能的学习参考，使其了解职业和行业领域的发展前景，有益于确定目标职业及发展方向；为院校、企业里从事就业、创业指导规划的人员提供有关职业的政策指引和信息参考；也可作为人力资源管理和服务专业人员的业务指导工具书。

《指南》专家委员会及编委会由中国人事科学研究院、中国劳动和社会保障科学研究院、中联研究院、《大典》修订专家委员会等机构的有关专家共同组成，编者来自于行业协会、高等职业院校、科研院所等各企事业单位。特别感谢中联企业管理集团有限公司、上海踏瑞科技有限公司、北京智训通教育科技有限公司、深圳市学到在线教育科技有限公司在本卷编写过程中给予的大力支持。作为该领域开创性的研究探索，编写过程及结果难免存在认识不全面、理解不深刻、表述不规范等问题，恳请广大读者不吝批评指正，使《指南》在体系、内容、时效及实用性方面不断提高与完善。

编委会

2024 年 5 月

# 目录

# 市场营销专业人员

职业编码：2-06-07-02

小郝是一家通信公司的市场营销负责人，面对日异月殊的市场，他坚持到市场中去，精准寻找目标客户群体。一方面，他认真研究市场的业务动态及消费需求的趋向，根据不同季节、区域的特点，及时向客户推出公司不同的产品，以满足不同类型消费者的消费需求；另一方面，他积极捕捉市场的商品销售信息，及时向公司反馈，为公司调整经营决策提供依据。

几年时间里，小郝走遍公司营销中心所负责区域的大街小巷，掌握了大量翔实的第一手客户信息和资料，与很多客户建立了良好的合作关系。依据对市场调研资料的整理和分析，结合客户对公司销售额的贡献度，他将客户分为 A、B、C 三个等级，并针对客户的不同需求和业务产品的特色，制定了适合客户自身特点的全方位解决方案，公司的利润因此提高了两倍。

同时，小郝与团队成员充分利用节假日等黄金时机，开展“全家福新年摄影礼券”“感恩的心、感恩的情”等系列营销活动，积极向客户宣传公司的产品和服务亮点，让客户认识到公司可以为其提供优秀的产品、优质的服务，且价格合理。通过树立良好的品牌形象，提高了销售额，使公司效益持续增长。这就是市场营销在企业经营中应该发挥的重大作用。

市场营销是企业伸向市场的触角，是企业探寻市场信息的雷达。企业欲迅速捕捉信息、快速反应、赢得市场主动权，靠的就是市场营销。其中，市场营销专业人员便是搭建在市场和企业之间最结实、最有效的桥梁和纽带。

## 一、市场营销专业人员的一天

记录时间：2023 年 9 月 7 日　　记录人：李某

### 上午工作情况

**9 点：**

1. 晨会工作安排，交流汇报客户跟进情况及工作进度。（晨会交流）
2. 整理晨会交流信息，将交流内容录入客户管理系统。（资料录入）

**10 点 30 分：**

1. 预约客户，确认拜访时间，制订客户拜访计划。（客户拜访）
2. 准备拜访客户的物品，预订餐厅。（拜访准备）

市场营销专业人员工作会议

### 下午工作情况

**13 点 30 分：**

1. 上门拜访客户，了解项目实施情况。（客户拜访）
2. 记录客户对产品使用之后的反馈信息。（用户反馈）

3. 挖掘客户的新需求，寻求更大的合作机会。（需求挖掘）

市场营销专业人员与客户洽谈业务

**15 点 30 分：**

1. 向公司反馈项目实施情况和客户需求。（情况反馈）
2. 制定产品推广和宣传方案。（宣发制作）
3. 召开一天工作情况的总结会，填写工作日志。（工作总结）
4. 拟定参加晚宴的客户和同事名单。（名单拟定）

## 二、什么是市场营销专业人员

**职业定义。**市场营销专业人员是指从事市场分析、产品宣传促销、生产经营决策咨询服务的专业人员。

**定义解读。**市场营销专业人员负责进行市场研究、制定营销策略、组织促销活动和策划广告宣传等工作。市场营销专业人员需要精准把握市场动态和消费者需求，以制定出有效的营销策略，推动销售业绩不断提高。市场营销专业人员通过为客户创造与传送价值，经营客户关系，以便组织其利益关系受益人，搭建与客户沟通的桥梁，用专业的推销技巧和周到的服务打动客户，力求完成销售目标。

市场营销专业人员通过创新市场营销策略，精心策划和组织各种市场营销活动，为企业的品牌推广和产品销售注入新的活力。市场营销专业人员为企业营销决策提供数据支持，为公司领导提供决策依据。

**关联职业。**密切相关的职业有商务经理、客户服务专员等。①商务经理，是指为组织招投标、签订合同，根据行业和市场的情况来制定企业商务策略，建立商务运行团队，利用企业内外部资源来保障商务活动顺利进行的人员。市场营销专业人员应结合市场调研和分析的结果，通过确定销售领域、销售配额、销售目标来协调营销工作，分析营销数据，确定市场营销策略。②客户服务专员，是指为市场营销专业人员已确定好的客户进行客户关系维护、管理，解决客户投诉，做好客户售后服务的工作人员。

**相应岗位。**销售代表、市场营销经理、品牌经理、互联网营销师、营销顾问、销售经理、市场推广经理和市场策划经理等。

## 三、市场营销专业人员的主要工作职责

1. 市场调查和分析。制订市场调研计划，负责市场上同类产品销售情况的调查工作，收集整理客户的反馈意见，定期撰写市场调查报告。

2. 营销计划的编制和落实。组织做好销售合同的签订、履行与管理以及货款的结算、回笼和划转工作，及时调整销售策略和销售计划，确保销售任务和市场目标实现。

3. 市场运作和营销策略的制定。确定市场营销策略并监督实施。

4. 做好广告宣传，正确编制销售费用及广告费用计划，研究并提出新产品开发计划。

5. 研究并提出产品定价和调整建议，策划并组织实施产品销售、促销方案。

6. 管理客户服务系统，组织售后服务，与目标客户建立良好的关系。

## 四、市场营销专业人员的薪酬福利待遇

**平均薪酬水平。**市场营销专业人员在企业中一直扮演着独特的角色，不仅因为其处于产业链终端的地位，而且其人员组成和管理模式等方面也与研发、职能和

生产等体系大相径庭。我国市场营销专业人员的薪酬福利待遇根据不同地区、不同行业和不同经验水平而有所差异。相关报告显示，市场营销专业人员的平均薪酬水平在全国范围内为5000~12000元/月。地区、企业规模和从业经验的不同造成了市场营销专业人员薪酬差距较大：市场营销初级职位为5000~8000元/月，中级职位为8000~15000元/月，高级职位则可以达到或超过20000元/月；在大型跨国公司、知名网络公司等，市场营销高级职位的年薪可以达到几十万元甚至上百万元。金融、地产、奢侈品等行业市场营销岗位的平均薪酬领跑全行业，平均月薪均超过万元；而像快速消费品、机械等行业的销售人员薪酬水平也出现了不同程度的增长。

**与类似职业对比。**目前，我国市场营销专业人员的薪酬福利待遇与其他类似职业相比，具有较大的竞争力。以下是一些常见的类似职业及其薪酬福利待遇。

（1）商务策划专员。商务策划专员与市场营销专业人员在职责和技能上有一定的重叠。一般来说，商务策划专员的薪酬水平要略高于市场营销专业人员，这是因为商务策划需要具备更深入的市场分析和策略制定能力。

（2）品牌经理。市场营销专业人员与品牌经理在品牌推广和市场营销方面有相似的职责。品牌经理的薪酬水平通常要较高些，这是因为他们需要负责整个品牌的战略规划和推广活动。

总体而言，市场营销专业人员的薪酬福利待遇相对较好，但具体的薪酬水平还会受到个人经验、能力和所在行业的影响。此外，一些大型企业和跨国公司往往会提供更丰厚的薪酬福利待遇，包括年终奖金、股权激励计划、培训机会等。类似职业薪酬水平见表2-06-07-02-1。

**表2-06-07-02-1 类似职业薪酬水平**

| 职业名称 | 薪酬水平（元/月） |
| --- | --- |
| 营销策划专员 | 7000~15000 |
| 品牌经理 | 10000~30000 |
| 销售专员 | 6000~25000 |

续表

| 职业名称 | 薪酬水平（元/月） |
| --- | --- |
| 销售经理 | 10000~40000 |
| 市场专员 | 6000~10000 |

## 五、从事市场营销专业人员工作需要具备的本领

1. 市场营销专业人员需具备的知识和技能：市场营销理论知识、市场营销环境分析、消费者行为分析、市场调研与数据分析知识与技能、营销策略制定及实施、沟通与协调技能、销售管理知识与能力等。核心技能是市场调研、市场分析、市场开拓、销售管理等。

2. 目前，市场营销专业人员暂无国家职业技能标准，综合市场营销专业人员的招聘要求和工作职责，市场营销专业人员的知识和技能要求见表 2-06-07-02-2。

**表 2-06-07-02-2　市场营销专业人员的知识和技能要求**

| 职业功能 | 工作内容 | 知识和技能要求 |
| --- | --- | --- |
| 市场调研与分析 | 进行营销市场情况调研 | 了解市场需求、竞争对手情况、消费者行为信息数据 |
| | 对市场营销数据分析 | 对调研结果进行深入分析和解读，掌握市场营销环境 |
| 制定营销策略 | 进行产品策略制定 | 主要对商标、品牌、包装、产品定位、产品组合、产品生命周期等方面进行策略制定 |
| | 进行价格策略制定 | 通过对顾客需求的估量和成本分析，确定价格策略 |
| | 进行促销策略制定 | 通过人员推销、广告、公共关系和营销推广等手段进行促销 |
| | 进行渠道策略制定 | 进行渠道类型评估、渠道伙伴选择、渠道政策制定及实施监督 |

续表

| 职业功能 | 工作内容 | 知识和技能要求 |
| --- | --- | --- |
| 销售管理 | 建立客户关系 | 及时了解客户需求，能够与客户之间建立良好的信任，以便与客户维持长期的合作关系 |
| | 掌握销售技巧 | 能够掌握一定的销售技巧，包括销售演示、提问技巧、客户分析和诉求分析等，以便更好地满足客户的需求 |
| | 撰写销售报告 | 能够撰写高质量的销售报告，以便分析销售数据和汇报销售情况 |
| 沟通与协调 | 进行有效沟通及谈判，及时解决和协调客户问题 | 能够具备良好的沟通技能及一定的谈判技巧，以便向客户传达产品或服务的价值；能迅速解决客户所面临的问题，以便增强客户满意度和忠诚度 |
| 营销创新 | 利用新的营销数智化管理手段进行营销 | 能够掌握相关的新媒体营销技能，利用数智化手段进行营销及管理以便更好地推广产品或服务 |

## 六、市场营销专业人员的专业教育现状

### （一）相关专业

1. 普通高等教育院校开设的相关专业：市场营销、营销与策划、广告策划与营销、工商企业管理等。

2. 职业教育院校开设的相关专业：市场营销、电子商务、新媒体营销、商务管理、网络营销等。

### （二）开设相关专业的院校（排名不分先后）

★ 相关院校：中国人民大学、北京大学、复旦大学、上海交通大学、西南财经大学、中山大学、西安交通大学、重庆大学等。

◆ 相关院校：北京工业职业技术学院、上海工商职业技术学院、广东职业技术学院、长沙职业技术学院、武汉职业技术学院、江苏经贸职业技术学院、山东

商务职业学院、浙江经贸职业技术学院、广西职业技术学院等。

## 七、市场营销专业人员的就业创业信息

1. 就业领域。市场营销专业人员是企业中尤其是大型企业中不可或缺的人才。科学、现代化的营销方式可以帮助企业在激烈的市场竞争中更好地发展。随着我国市场经济的不断完善，市场规模不断壮大，市场对营销专业人员的需求也在不断增加。

2. 就业企业。市场营销专业人员既可以从事市场调研、营销策划、广告策划、市场开发、营销管理、推销服务和教学科研等工作，也可以在国内外高校及研究机构中继续深造，还可以在工商、外贸、金融、保险、证券、旅游、房地产等企事业单位从事企业营销管理、客户资源管理、网络营销管理、营销诊断、市场调查和咨询等工作。

## 八、市场营销专业人员的贯通发展

市场营销专业人员的发展路径多元且广阔，包括纵向发展、横向转型、跨领域发展以及自主创业或自由职业者等四个方面。

1. 纵向发展。在同一领域内不断深化专业知识和技能，逐步晋升为高级市场营销专业人员或管理层领导者，甚至成为职业经理人，带领团队实现集体目标和共同价值。在本领域通过参加培训、获得相关认证、担任更高级别的职位等方式，提升自己的专业水平。

2. 横向发展。横向发展路线更多以自我为中心，辅助团队成员和团队达成共同发展目标；通过不断调整目标，完成自我挑战，不断突破自我；发现团队成员短板，让成员始终保持发展的动力。优化和调整的方式有很多，例如：通过扩大营销区域、增加大客户比例，提高大客户的管理能力；通过授权更多产品类型，让员工扩充产品技术能力；通过让老员工带新人的方式来实现领导力的培养。

3. 跨领域发展。将市场营销技能和经验应用到不同领域的不同职位中，这种路径适合希望在不同领域中有所发展的人员，他们可以通过学习新领域的知识、

参加相关领域的培训、寻找跨领域工作机会等方式来实现跨领域发展。

4. 自主创业或自由职业者。根据自己的市场营销经验和技能，自主创业或成为自由职业者。这种路径适合富有创业激情和具备独立工作能力的人员。他们可以利用自己的知识和技能，建立市场调研咨询公司、管理咨询公司或成为自由职业者，为不同的客户提供服务。

市场营销专业人员的发展路径如图 2-06-07-02-1 所示。

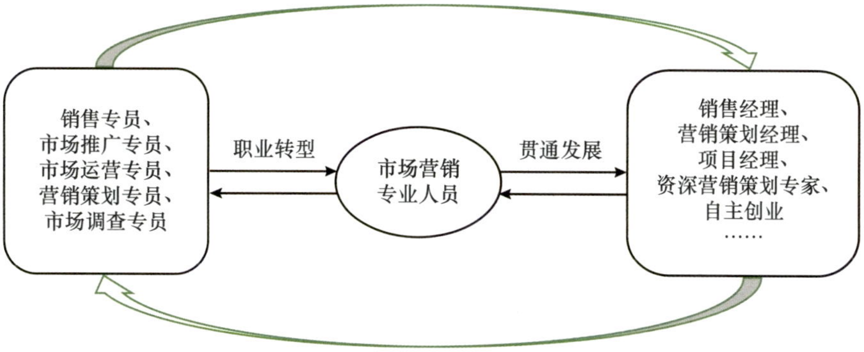


**图 2-06-07-02-1　市场营销专业人员的发展路径**

无论选择哪种路径，市场营销专业人员都应不断学习和提升自己的专业能力，保持对行业和市场的敏感度，积极适应和应对变化，以实现职业的贯通发展。

## 九、市场营销专业人员的发展前景

**从市场供需看。**在全国各类企业、个体工商户、农民专业合作社中，约有 8000 万市场营销专业人员。在人才市场上，营销专业人才的需求量长期保持在第一位的位置。相关数据显示，近年来全国各地人才市场对市场营销专业设立的职位数量稳定在所有职位总数的 20% 左右，长期保持在第一位的位置，并远远领先于对第二位职位的需求。从各地区情况看，用人单位需求职位排名第一位的也都是市场营销 / 公关 / 销售类职位。随着我国经济的持续增长，对营销人才需求旺盛的情况将长期保持。

**从产业发展看。**无论是第一产业、第二产业，还是第三产业，只要有市场的地方就会有客户需求。第一产业的客户服务管理员主要侧重于销售和市场部门；第二产业的客户服务管理员主要任职于市场推广、销售和市场调研等部门；第三产业的客户服务管理员主要集中于营销策划、销售、售后、客户管理等部门。其岗位适从性更广，且需求量更大——特别是在工商、外贸、金融、保险、证券、旅游、房地产等行业。

**从政策红利看。**2019 年，国务院办公厅发布的《关于加快发展流通促进商业消费的意见》指出，搭建品牌商品营销平台。积极培育形成若干国际消费中心城市，引导自主品牌提升市场影响力和认知度，推动国内销售的国际品牌与发达国家市场在品质价格、上市时间、售后服务等方面同步接轨。

2020 年，国务院办公厅发布的《关于推进对外贸易创新发展的实施意见》指出，加快建立国际营销体系。鼓励企业以合作、自建等方式，完善营销和服务保障体系，开展仓储、展示、批发、销售、接单签约及售后服务。推进售后云服务模式和远端诊断、维修。重点推动汽车、机床等行业品牌企业建设国际营销服务网点。

2021 年，国务院办公厅发布的《关于加快发展外贸新业态新模式的意见》指出，大力发展数字展会、社交电商、产品众筹、大数据营销等，建立线上线下融合、境内境外联动的营销体系。

2021 年，国务院办公厅通过的《关于促进内外贸一体化发展的意见》指出，鼓励有条件的大型商贸、物流企业“走出去”，加强资源整合配置，优化国际营销体系，完善全球服务网络。

## 十、相关内容链接

**国家职业标准：**暂缺。

**相关政策文件：**见表 2-06-07-02-3。

**表 2-06-07-02-3　市场营销专业人员相关政策文件**

| 发布或通过时间 | 发布或通过机构 | 文件名称 |
|---|---|---|
| 2019-08 | 国务院办公厅 | 《关于加快发展流通促进商业消费的意见》 |

续表

| 发布或通过时间 | 发布或通过机构 | 文件名称 |
| --- | --- | --- |
| 2020-10 | 国务院办公厅 | 《关于推进对外贸易创新发展的实施意见》 |
| 2021-07 | 国务院办公厅 | 《关于加快发展外贸新业态新模式的意见》 |
| 2021-12 | 国务院办公厅 | 《关于促进内外贸一体化发展的意见》 |

供稿：北京工业职业技术学院　何灵

# 商务策划专业人员

职业编码：2-06-07-03

杰克决定从事与商务策划相关的工作。在一次面试中，他向面试官展示了其在大学期间参与的商业项目，并详细介绍他是如何通过市场调研、竞争分析和创新思维制定出了成功的商务策略的。面试官对杰克的表现印象深刻，向他提出了入职邀请。

作为商务策划人员，杰克的工作是为公司制订和执行商务计划。他与各个部门进行沟通，了解各部门的需求和目标，还通过市场研究和竞争分析，为公司提供有关市场趋势和竞争对手的重要信息。他还与销售团队合作，制定了一系列营销活动和促销策略，成功提高了公司的知名度和销售额。

杰克的能力很快得到了公司的认可，他的商务策划方案助力了公司发展。杰克逐渐成为公司的商务策划专家，并负责指导和培养新人。

## 一、商务策划专业人员的一天

记录时间：2023 年 8 月 15 日　　记录人：张某

### 上午工作情况

**9 点：**

1. 与团队成员开会，讨论项目进展和目标。（项目研讨）

2. 检查和回复电子邮件、电话和其他沟通工具上的消息。（信息处理）

3. 与客户会面，了解他们的需求与目标。（需求沟通）

**11 点：**

1. 进行市场调研和数据分析，分析市场趋势和竞争对手的情况，了解当

前的商业环境，以支持商业决策。（调研分析）

2. 制定商务策划方案，内容包括市场推广、销售和品牌建设等方面。（方案制定）

商务策划专业人员工作会议

## 下午工作情况

**14点：**

1. 参与会议，与团队成员讨论项目进展、解决问题和制订下一步的行动计划。（项目研讨）

2. 编写商业报告、提案和演示文稿，向客户或管理层汇报工作成果和建议。（报告编写）

3. 协调不同部门之间的工作，确保项目按时完成。（沟通协调）

**17点：**

1. 对文件和数据进行整理并归档。（档案整理）

2. 准备明天的工作计划，列出优先事项和目标。（计划罗列）

3. 参加行业活动、研讨会或社交聚会，与同行交流经验和建立人脉关系。（商务交流）

## 二、什么是商务策划专业人员

**职业定义。**商务策划专业人员是指从事社会经济组织商务活动调查、分析、设计的专业人员。

**定义解读。**商务策划专业人员通过研究市场和行业趋势、分析竞争对手和目标用户、进行市场调查，帮助组织制定商务战略，这些专业人员通常具有良好的商业敏感度和市场洞察力，能够识别商机、挖掘潜力，并提出相应的商务策划方案。他们还负责制定营销策略、推广产品、提供服务、拓展销售渠道以及开展市场调研等工作。商务策划专业人员起着桥梁和纽带的作用，通过协调市场、销售、产品等不同部门的工作，促进组织的商务发展并实现盈利目标。

**关联职业。**密切相关的职业有产品专员、公关专员等。①产品专员，是指针对某一项或某一类产品进行规划和管理的人员，主要负责产品的研发、制造、营销、渠道投放等工作。商务策划专业人员通过市场调研和分析，为产品专员提供产品定位、市场定位、目标用户等方面的建议，帮助产品专员在产品设计和开发阶段可以更好地满足市场需求。②商务策划专业人员制定市场推广策略和活动计划，进行品牌宣传、媒体关系建立、活动组织等工作，需要与公关专员合作，从而提高产品的知名度和市场份额。

**相应岗位。**商务策划专员、商务拓展专员、品牌专员、市场调研分析师、商务顾问、市场推广专员和商务运营专员等。

## 三、商务策划专业人员的主要工作职责

1. 目标定位。基于公司产品、服务特色，把握并协调各部门资源，进行商务活动目标定位。

2. 市场调研和分析。进行商务活动诊断、调查，负责市场调研，了解目标市场的需求和竞争情况，并分析市场趋势和机会。

3. 商业计划编制。进行商务活动创意、构想、设计，制订商业计划（包括产品定价、销售策略等），以实现企业的商业目标。

4. 项目管理。指导商务活动实施，负责商务项目的规划、组织、执行和监控，确保项目按时、按质、按量完成。

5. 项目评估和改进。提供商务活动评估服务，分析商务项目的成功与失败因素，并提出改进措施。

## 四、商务策划专业人员的薪酬福利待遇

**平均薪酬水平。**我国商务策划专业人员的薪酬福利待遇根据不同地区、不同行业和不同经验水平而有所差异。相关报告显示，全国范围内，商务策划专业人员的平均薪酬水平在全国范围内为 8000~15000 元 / 月。这是根据不同地区、不同企业规模和不同从业经验进行综合评价后得出的。商务策划专业人员的薪酬水平在不同行业之间也存在差异：一般来说，高科技、金融、互联网等行业对商务策划人员的需求量较大，其薪酬水平相对较高；而传统制造业、零售业等行业的薪酬水平相对较低。此外，薪酬水平通常会随着从业经验的增加而提高。初级商务策划专业人员的薪酬水平通常较低，而拥有丰富经验和成果的高级商务策划专业人员的薪酬水平则相对较高。

**与类似职业对比。**目前，我国商务策划专业人员的薪酬福利待遇与其他类似职业相比，较具竞争力。智联招聘网 2023 年 8 月的数据显示，在上海地区，该职业的薪酬为 10000~13000 元 / 月，高于品牌专员、商务顾问、运营商务专业等职业的薪酬，低于商务拓展专员和市场调研分析师等职业的薪酬。类似职业薪酬水平见表 2-06-07-03-1。

**表 2-06-07-03-1　类似职业薪酬水平**

| 职业名称 | 薪酬水平（元 / 月） |
| --- | --- |
| 商务拓展专员 | 14000~20000 |
| 品牌专员 | 8000~11000 |
| 市场调研分析师 | 13000~20000 |

续表

| 职业名称 | 薪酬水平（元/月） |
|---|---|
| 商务顾问 | 9000~12000 |
| 市场推广专员 | 12000~16000 |
| 运营商务专员 | 8000~10000 |

总体而言，商务策划专业人员的薪酬福利待遇相对较好，但具体的薪酬水平还会受到个人经验、能力和所在行业的影响。

## 五、从事商务策划专业人员工作需要具备的本领

1. 商务策划专业人员需具备的知识和技能：商务理论知识、市场调研与数据分析知识与技能、人际沟通技能、商务谈判技能、项目管理知识与能力等。核心技能是市场调研分析和项目管理与实施、人际沟通和合作能力等。

2. 目前，商务策划专业人员暂无国家职业技能标准，综合商务策划专业人员的招聘要求和工作职责，商务策划专业人员的知识和技能要求见表 2-06-07-03-2。

**表 2-06-07-03-2　商务策划专业人员的知识和技能要求**

| 职业功能 | 工作内容 | 知识和技能要求 |
|---|---|---|
| 商业分析 | 进行市场调研，收集和分析相关数据 | 了解商务策划的基本理论知识，包括市场营销、商业模式、竞争分析等，熟悉市场调研的方法和工具 |
| | | 能够收集、整理和分析市场数据，包括市场调研数据、竞争对手数据等，从中提取出有价值的信息，为商务策划提供数据支持和决策依据 |
| | 评估市场机会和风险 | 具备分析和统计数据的能力，能够有效评估项目中存在的机会和风险 |
| 商务规划 | 制订商务发展目标和战略实施计划 | 了解商务规划的方法和工具，能够制订商务项目的战略计划、实施计划等 |

续表

| 职业功能 | 工作内容 | 知识和技能要求 |
| --- | --- | --- |
| 市场营销 | 制订市场推广计划和销售策略 | 熟悉市场营销的基本概念和方法 |
| | 监督营销活动的执行和效果 | 具备市场调研和产品定位的能力 |
| 项目管理 | 有效分配资源，按计划执行，并关注项目进度和成本 | 具备项目管理的能力，能够合理安排资源 |
| | | 能够有效监控项目进展，进行成本管理 |
| | | 能够及时解决项目中的问题和风险 |
| 商业沟通 | 与团队成员、上级领导、合作伙伴等进行有效沟通和协调 | 具备沟通合作能力，能够与团队成员讨论商务策划方案 |
| | | 具备谈判能力，能够与客户展开交流并解决问题 |
| | | 具备沟通协调能力，能够协调合作伙伴的资源 |
| 创新创业 | 组织和管理创业项目的实施 | 具备创意思维，能够提出创新商业计划 |
| | | 具备创业管理的能力，能够组织和管理创业项目的实施 |
| 持续学习 | 关注商务领域的最新动态和趋势 | 具备自主学习和持续学习的能力 |
| | 参加培训和学习活动 | 能够积极参与商务策划资格考试和获得专业认证 |

## 六、商务策划专业人员的专业教育现状

### （一）相关专业

1. 普通高等教育院校开设的相关专业：商务策划与管理、市场营销、广告学、传媒学、会展经济管理等。

2. 职业教育院校开设的相关专业：商务管理、国际商务、旅游管理、会展策划与管理、电子商务等。

### （二）开设相关专业的院校（排名不分先后）

★ 相关院校：北京大学、清华大学、上海交通大学、浙江大学、复旦大学、南京大学、武汉大学、西安交通大学、四川大学、吉林大学等。

◆ 相关院校：北京信息职业技术学院、上海工商职业技术学院、广东职业技术学院、长沙职业技术学院、武汉职业技术学院、江苏经贸职业技术学院、山东商务职业学院、浙江经贸职业技术学院、广西职业技术学院等。

## 七、商务策划专业人员的就业创业信息

1. 就业创业区域。商务策划专业人员可以在全球范围内找到就业机会。例如，北京、上海、广州等中国的一线城市，以及纽约、伦敦、东京等国际金融中心，都是热门的就业创业区域。此外，我国一些经济发达的地区如杭州、成都、武汉等地，也有较多的商务策划就业机会。

2. 就业创业行业。商务策划专业人员既可以在多个领域中找到就业机会，如市场营销、品牌管理、公关媒体、活动策划、市场调研等领域，也可以在多种行业中担任商务策划职位，如零售、酒店旅游、娱乐、金融、科技等行业。

3. 就业企业。商务策划专业人员可以在多种类型的企业中找到就业机会。大型企业通常设有专门的商务策划团队，他们负责制定和执行公司的市场营销和业务发展战略。例如：谷歌信息技术（中国）有限公司、苹果电子产品商贸（北京）有限公司、微软（中国）有限公司等外商投资企业，都需要商务策划专业人员为其进行市场推广和战略规划；麦肯锡（上海）咨询有限公司、安永（中国）企业咨询有限公司等咨询公司，都需要商务策划专业人员为客户提供专业的咨询服务；阿里巴巴（中国）有限公司、深圳市腾讯计算机系统有限公司、北京百度网讯科技有限公司等互联网企业，也需要商务策划专业人员为其进行市场推广和品牌策划。此外，中小型企业，创业公司、广告代理公司、公关公司等类型的公司，也需要商务策划专业人员帮助他们制订和实施市场推广计划。

注：以上机构信息仅供参考，不代表编写出版方对其推荐或认可。

## 八、商务策划专业人员的贯通发展

商务策划专业人员的发展路径通常可以分为以下四种。

1. 垂直发展。在同一领域内不断深化专业知识和技能，逐步晋升为高级商务策划人员或管理层。这种路径适合对自己所在领域有深入了解并希望在该领域内发展的人员。他们可以通过参加培训、获得相关认证、担任更高级别的职位等方式来提升自己的专业能力和职位等级。

2. 横向转型。将商务策划的技能和经验应用到其他领域或行业中。这种路径适合希望拓宽自己的职业发展领域或寻找新的挑战的人员。他们可以通过学习新的行业知识、参加相关行业的培训课程、寻找跨行业工作机会等方式来实现横向转型。

3. 跨领域发展。将商务策划的技能和经验应用到不同领域的不同职位中。这种路径适合希望在不同领域中有所建树的人员。他们可以通过学习新的领域知识、参加相关领域的培训、寻找跨领域工作机会等方式来实现跨领域发展。

4. 自主创业或自由职业者。根据自己的商务策划经验和技能，自主创业或成为自由职业者。这种路径适合富有创业激情和独立工作能力的人员。他们可以利用自己的商务策划知识和技能，设立商务策划咨询公司或成为自由职业者，为不同的客户提供商务策划服务。

商务策划专业人员的发展路径如图 2-06-07-03-1 所示。

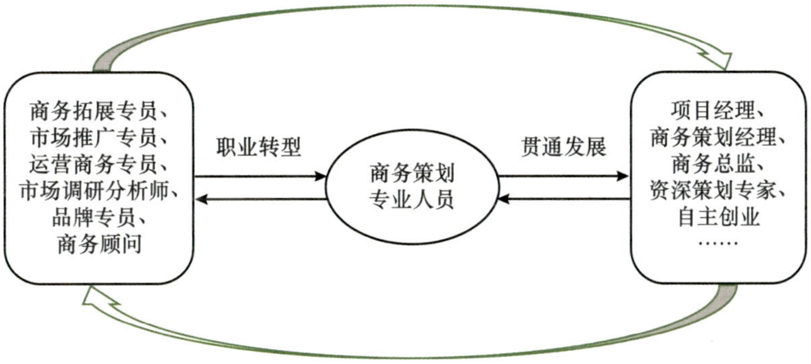


图 2-06-07-03-1　商务策划专业人员的发展路径

无论选择哪种路径，商务策划专业人员都应不断学习和提升自己的专业能力，保持自身对行业和市场的敏感度，积极适应和应对变化，以实现职业的贯通发展。

## 九、商务策划专业人员的发展前景

**从市场供需看。**市场对商务策划专业人员的需求日益增加。随着市场经济的发展和全球化进程的加快，企业间的竞争日趋激烈，此时便需要专业人员为企业进行商务策划，帮助企业制定市场推广、营销和发展策略，以提升企业竞争力。同时，新兴产业不断涌现，如互联网、电子商务、文化创意产业等，这些行业对商务策划人才的需求也在不断增加。

**从产业发展看。**商务策划产业的发展空间广阔。商务策划是企业发展的重要一环，它涵盖了市场分析、竞争对手分析、产品定位、品牌塑造、渠道管理等多个方面。随着企业对营销和市场推广的重视程度提升，商务策划在企业中的地位也越来越重要。同时，商务策划咨询机构的兴起，也为商务策划专业人员提供了更多的就业机会和发展空间。

**从政策红利看。**政策为商务策划专业人员的发展提供了有力支持。政府出台了一系列促进创新创业的政策，为商务策划人才的培养和发展提供了支持。具体的政策包括以下几个方面。

1. 创新创业政策。政府鼓励创新创业，提供创业补贴、税收减免等支持，为商务策划人员自主创业提供了机会和优惠条件。

2. 人才引进政策。政府加大对外引进人才的力度，为商务策划专业人员提供了广阔的发展平台和机会。

3. 产业扶持政策。政府对新兴产业、文化创意产业等进行重点扶持，为商务策划专业人员提供了更多的就业机会和发展空间。

## 十、相关内容链接

**国家职业标准：**暂缺。

**相关政策文件：**见表 2-06-07-03-3。

表 2-06-07-03-3　商务策划专业人员相关政策文件

| 发布或通过时间 | 发布或通过机构 | 文件名称 |
|---|---|---|
| 2021-06 | 商务部 | 《“十四五”商务发展规划》 |

供稿：广西职业技术学院　张一兰

# 管理咨询专业人员

职业编码：2-06-07-08

在未来发展过程中，宏观环境和微观环境正发生着或激烈或微妙的变化，企业对未来发展趋势、发展战略方向存在着难以把握的不确定性。针对企业所处行业的竞争态势及战略发展需求，运用科学的方法，通过深入调查，对企业的优势、劣势、机会和威胁等进行全方位分析，找出企业经营管理中存在的问题及其产生的原因，有针对性地提出科学、切实可行的解决方案，对企业的未来发展制定适合的发展战略，并指导企业推进落实。从事这项管理咨询工作的人员就是管理咨询专业人员。管理咨询专业人员需要不断学习先进的理论和方法，全面、详细地掌握所咨询企业的实际情况，明确所要解决的具体问题、各阶段的子目标，有针对性地开展具体指导，推动企业各项目标的实现。

## 一、管理咨询专业人员的一天

**记录时间：2023 年 9 月 1 日　　　记录人：陈某**

### 上午工作情况

**8 点：**

1. 查看客户发来的电子邮件并回复，根据个人时间安排，梳理一周的工作计划。（周工作计划梳理）

2. 组织企业内部人员召开晨会，由各咨询师根据现有客户合作情况，反馈开展企业咨询的总体情况，了解现有客户在管理咨询过程中存在的问题和客户需求变化情况，由部门主管进行总结。（晨会交流）

3. 开展潜在客户的信息搜集和电话拜访工作，了解客户企业管理咨询需求的具体内容。（电话拜访）

4. 使用社交软件，对线上客户开展企业管理咨询并进行产品介绍，介绍服务过的客户的成效，让客户建立起对企业的认同感，记录客户的具体联系方式和需求方向。（品牌宣传）

**10 点：**

1. 根据上周拟订的客户培训方案，检查、整理、准备好本周将要开展管理咨询的材料，并与下午参加培训的企业进行电话预约，确认培训的时间和地点。（材料准备）

2. 对已经完成培训的客户，或者对已制作好营销方案的客户，依据合同的具体要求催收未付款项。（资金回收）

**下午工作情况**

**15 点：**

1. 根据上午与客户进行预约的情况，到相关企业开展企业管理咨询和项目跟进活动，了解咨询改善的情况。对上一阶段的咨询情况进行介绍，并就某一阶段的咨询工作进行详细介绍，指导企业业务流程的配合。（咨询跟进）

2. 根据企业管理咨询的跟进情况或者课程评价情况，进行详细记录并分析客户下一阶段需要解决的问题。（客户分析）

**17 点：**

1. 返回公司处理和回复线上客户对管理咨询提出的问题，及时与客户取得联系。（客户沟通）

2. 通过公司的管理团队报表对各团队一天的业务进展进行总体了解，指导新进员工开展企业管理咨询服务，解决新进员工在管理咨询中存在问题的解决方式和方法。（指导新员工）

管理咨询专业人员与客户洽谈业务

管理咨询专业人员为客户提供咨询服务

## 二、什么是管理咨询专业人员

**职业定义。**管理咨询专业人员是指从事企事业单位发展战略和经营管理调研、诊断、分析并提供解决方案的人员。

**定义解读。**管理咨询专业人员通常是指在企业内部或外部咨询机构中，具备专业知识和经验，根据客户的目标及市场的需要，为企事业单位制定发展战略方案，对市场营销调研、财务管理咨询、精益生产管理流程改进等问题进行诊断、分析，提出改进方案的人员。管理咨询专业人员应具有良好的时间管理能力、高效的工作管理方法、精深的专业领域知识、良好的职业道德规范。

**关联职业。**密切相关的职业有市场营销专业人员、品牌专业人员、商务策划专业人员等。①市场营销专业人员对市场行情信息、消费者的价格敏感度、行业竞争格局等信息的把握较为准确。市场营销专业人员的信息对于管理咨询专业人员开展企事业单位的行业分析、把握市场起到了一定的作用，二者存在较强的关联。②品牌专业人员对品牌的创建、维护和管理有系统和专业的研究。品牌专业人员的工作与管理咨询专业人员的部分工作存在着交集，管理咨询专业人员的重要作用也是为企事业单位打造品牌。③商务策划专业人员的策划工作与管理咨询专业人员工作中各项目的运行具有关联性。

**相应岗位。**管理咨询师、营销管理咨询师、财务管理咨询师、精益生产管理咨询师、企业管理咨询顾问等。

## 三、管理咨询专业人员的主要工作职责

1. 研究、分析客户的管理需求。结合客户情况，研究客户通过管理咨询想要达到的目标，明确目标实现的时间、资源匹配、团队配合等。同时，要开展客户的维护与开发工作。根据现有客户管理咨询的进度，进行客户项目的跟进；根据潜在客户的需求，查阅相关专业资料，了解开展管理咨询业务的可行性；对达成合作意向的客户，进行合同起草、签订。

2. 调研、诊断客户经营战略和经营管理状况。通过线上问卷调研和线下实地考察等方式，分析调研数据背后的原因。根据客户的经营特点、企业的组织结构以及市场行情的分析，界定企业的市场定位；利用相关理论和方法，制定企业经

营战略方案。企业经营战略方案的可行性、预期性特征，会影响企业的战略方向调整，以及各部门的分工、战略方案实施的总体时间和进度等。

3. 研究、制定企业管理咨询方案。通过已制定的企事业单位的初步战略方案，结合搜集的信息，制定企业管理咨询方案。根据企业发展现状，结合客户的目标或者企业的发展方向，利用先进的管理理论和方法，对企业所处的行业进行分析，界定企业发展所处的情况，为企业制定发展战略方案、市场营销方案、精益生产管理方案、财务管理优化方案。

4. 指导、协助客户实施改善方案。根据实施改善方案的时间点，指导客户开展工作，并对具体工作中存在的障碍提出解决对策。

5. 总结、评估改善方案实施效果。改善方案实施后，对照客户需要实现的目标，结合具体实施过程中的情况，进行总结。针对实现的目标和未实现的目标，已解决和仍存在的困难等，厘清相关行业数据分析的思路，为深入开展工作提供借鉴。

## 四、管理咨询专业人员的薪酬福利待遇

**平均薪酬水平。**管理咨询专业人员的平均薪酬为 17332 元 / 月，中位数为 13207 元 / 月。其薪酬水平因不同行业企业、入职时间的长短、所服务行业的特点等因素而有所差别。

**与类似职业对比。**管理咨询专业人员比市场调查人员的月平均薪酬约高 3000 元，与品牌专员相比约低 2000 元，与商务策划专业人员相比约高 6000 元。类似职业薪酬水平见表 2-06-07-08-1。

**表 2-06-07-08-1　类似职业薪酬水平**

| 职业名称 | 薪酬水平（元 / 月） |
| --- | --- |
| 管理咨询专业人员 | 17332 |
| 市场调查人员 | 14002 |
| 品牌专员 | 19009 |
| 商务策划专业人员 | 11344 |

## 五、从事管理咨询专业人员工作需要具备的本领

1. 管理咨询专业人员需具备的知识和技能：商业计划能力、学习新知识能力、客户沟通能力、行业分析能力、撰写方案能力、项目跟进能力，以及推动项目达成目标的能力。

2. 目前，管理咨询专业人员暂无国家职业技能标准，综合管理咨询专业人员招聘要求和工作职责，管理咨询专业人员的知识和技能要求见表 2-06-07-08-2。

**表 2-06-07-08-2 管理咨询专业人员的知识和技能要求**

| 职业功能 | 工作内容 | 知识和技能要求 |
| --- | --- | --- |
| 商业计划能力 | 商业计划能力和新知识学习能力、客户沟通能力 | 能有计划地根据客户的要求开展咨询业务 |
| | | 具备高效学习及灵活运用新知识的能力，能够快速构思方案 |
| | | 与客户沟通确定咨询需要解决的问题和实现的目标，与客户签订合同的能力 |
| 分析能力 | 行业分析能力、企业分析能力 | 能有效梳理行业现状和存在问题，使用国内外的企业战略管理工具分析企业所处的环境和在行业中的地位，使用生产管理工具改进企业生产流程，使用财务管理理论和工具分析企业资金运作管理的方式，使用市场调研工具分析客户的需求和目标，使用商业模式分析工具分析企业商业模式改进优化的方案 |
| | | 能结合企业实际情况分析企业工作流程，企业组织架构的调整方式，对市场行情的把握有一定的深度 |
| 撰写方案能力 | 实际撰写能力 | 能熟练使用计算机独立撰写企业管理咨询方案，制作企业管理咨询所需图表，并制定阶段性的企业辅导方案，为企业改善工作流程、优化质量管理体系、制定企业发展战略提供明确且切实可行的方案。咨询方案需要有总体框架、具体时间节点、工作事项，以及所需使用的物料等 |
| 执行能力 | 跟进咨询项目能力，达成企业目标能力 | 具备组织、管理和沟通能力。具备出色的沟通和表达能力，富有亲和力和感染力；及时跟进企业管理咨询方案，及时反馈企业管理咨询中发现的重点问题，带领团队开展各项具体业务工作 |

## 六、管理咨询专业人员的专业教育现状

### （一）相关专业

1. 普通高等教育院校开设的相关专业：工商管理、电子商务、财务管理、会计学、人力资源管理、物流管理等。

2. 职业教育院校开设的相关专业：工商企业管理、市场营销、商务数据分析、电子商务、大数据与财务管理、大数据与会计、现代物流管理等。

### （二）开设相关专业的院校（排名不分先后）

★ 相关院校：华侨大学、浙江师范大学、福建商学院、武汉商学院、上海商学院、哈尔滨商业大学、广州商学院、深圳职业技术大学、广东财经大学、中国人民大学、北京工商大学。

◆ 相关院校：江苏经贸职业技术学院、泉州海洋职业学院、浙江工商职业技术学院、佛山职业技术学院、厦门华天涉外职业技术学院、厦门城市职业学院、重庆工商职业学院、宁夏职业技术学院、常州工业职业技术学院。

## 七、管理咨询专业人员的就业创业信息

1. 就业领域。管理咨询专业人员可以在北京、上海、广州、深圳、厦门、福州、义乌等经济较发达城市的企事业单位从事管理咨询工作，具体的就业岗位有管理咨询师、生产管理人员、质量管理人员、企业社会责任专员，以及企业管理相关事项的咨询人员等。管理咨询专业人员的就业领域主要集中在咨询服务业，服务的客户遍及农业、工业、建筑业、制造业、批发业、零售业、商务服务业等行业。

2. 就业企业。管理咨询专业人员可以在管理咨询企业就业，如公诚管理咨询有限公司、上海博森管理咨询有限公司、百思特管理咨询有限公司、北京众合天下管理咨询有限公司、北京北大纵横管理咨询有限责任公司、中智管理咨询有限公司、北京红杉盛远管理咨询有限公司、苏州贵和企业管理咨询服务有限公司等。

注：以上机构信息仅供参考，不代表编写出版方对其推荐或认可。

## 八、管理咨询专业人员的贯通发展

管理咨询专业人员的发展路径多，前景广阔，包括垂直发展、横向发展、跨行业转型发展以及自由创业和技术经纪人等四个方面。

1. 垂直发展。管理咨询专业人员可通过不断积累经验和提升专业技能，从管理咨询助理开始，发展到初级管理咨询专业人员、中级管理咨询专业人员、高级管理咨询专业人员，再到管理咨询项目主管、管理咨询师项目总监等更高层管理职位。这一路径要求管理咨询专业人员不断积累对咨询行业理论和实践的探索、理解，提升服务能力和水平、更好地服务于客户需求。

2. 横向发展。横向发展为管理咨询专业人员提供了拓宽职业领域的机会，可以将管理咨询专业人员知识应用于其他相关职能岗位，如投资业务专员、培训业务专员、行政业务专员等。通过横向发展，管理咨询专业人员能够不断丰富职业经验，提升跨领域相关工作能力，为组织带来全面的管理咨询服务。

3. 跨行业转型发展。跨行业发展是管理咨询专业人员的另一重要职业发展路径。他们可以将管理咨询技能应用于其他行业，如农业、生产制造业、服务业等。管理咨询专业人员在积累了丰富的从业经验后，可以在企业从事企业战略管理顾问、企业生产管理人员、企业薪酬咨询委员会委员等职业中实现跨行业发展。

4. 自由创业和技术经纪人。管理咨询专业人员通过积累的丰富经验和专业技能，为企业提供管理咨询和定制化服务。其中部分具有创业意识的管理咨询专业人员可以选择创办管理咨询公司，为客户提供管理咨询方案，实现职业发展的更高层次。部分管理咨询专业人员通过自身积累的知识，开展技术经纪服务，开展专业培训和辅导等，实现个人职业发展。

管理咨询专业人员的发展路径如图 2-06-07-08-1 所示。

管理咨询专业人员的职业发展路径多，面对复杂的市场经济环境，无论选择何种路径，都需要不断提升自己的专业知识和技能，以适应不断变化的市场经济环境。

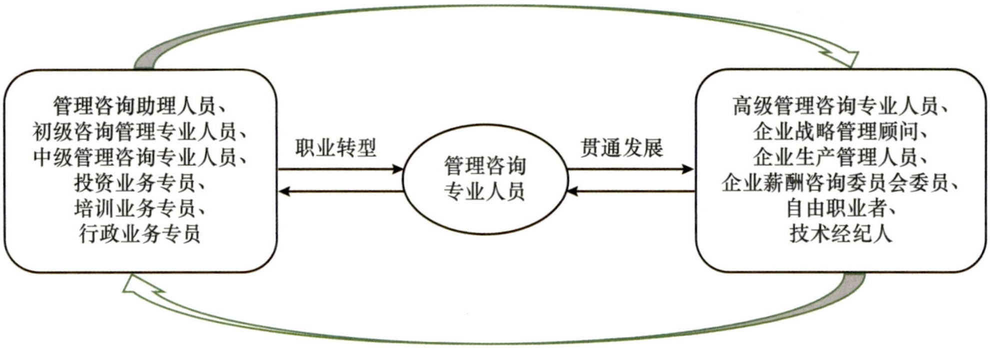


图 2-06-07-08-1　管理咨询专业人员的发展路径

## 九、管理咨询专业人员的发展前景

**从市场供需看。**随着社会经济的发展，企业管理存在的问题日益繁杂，面对科技的进步、国家法律法规的不断完善，企业需要对信息资源进行规范化管理，高效获取有用的价值，以适应社会发展的需要。近年来，我国管理咨询行业市场规模呈现快速增长态势。据有关咨询企业发布的相关管理咨询行业发展形势分析及市场竞争策略报告，截至 2022 年，我国管理咨询行业市场规模约为 2500.4 亿元，应用领域方面，管理咨询行业在国内最大的市场是制造业企业。2022 年，制造业的管理咨询占全行业营业收入比约为 42.44%，其中最直接和重要的企业客户是装备制造业、金属及非金属加工、石油化工、制药、纺织服装、食品加工业等。随着国家对乡村振兴、科技服务的重视程度提高，今后在数字经济领域、乡村建设等方面的咨询业务也将会大大增加。

**从产业发展看。**管理咨询专业人员涉及第一产业、第二产业和第三产业。例如，2023 年 7 月，农业农村部、国家标准化管理委员会、住房和城乡建设部印发的《乡村振兴标准化行动方案》，使得农业的标准化管理有了具体的行动方案，国家对农业方面的支持力度大大增加；关于工业领域的精益生产管理方式，《中国质量奖管理办法》的颁布使得质量管理体系的建立也将越来越受到重视；在服务领域的客户服务标准化建设工作也非常重要。

**从政策红利看。**服务业高度发达作为社会发展的标志之一，必将越来越受到重视，管理咨询业作为知识服务的重要组成部分也必将迅猛发展。随着国家对质量管理、品牌管理、科技成果和产教融合的重视，企业辅导和企业培训业务越来越繁忙；相应地，科技方面的奖励政策对在产品质量方面取得较大突破的企业将提供更大的资金支持。做好管理咨询的工作，对企业发展是有利的，不仅能改善企业的流程、工艺，同时也能推动企业向标准化、规范化方向发展。

## 十、相关内容链接

**国家职业标准：**暂缺。

**相关政策文件：**见表 2-06-07-08-3。

**表 2-06-07-08-3　管理咨询专业人员相关政策文件**

| 发布或通过时间 | 发布或通过机构 | 文件名称 |
|---|---|---|
| 2019-10 | 国家发展改革委、市场监管总局 | 《关于新时代服务业高质量发展的指导意见》 |
| 2021-09 | 中共中央、国务院 | 《全面深化前海深港现代服务业合作区改革开放方案》 |
| 2022-02 | 国家发展改革委等部门 | 《关于促进服务业领域困难行业恢复发展的若干政策》 |

供稿：泉州海洋职业学院　黄金帅

# 物业经营管理专业人员

职业编码：2-06-07-10

随着经济的快速发展和城市化进程的加速，物业管理行业开始进入发展的“快车道”。物业管理的发展在提高居民生活和环境质量、推进城市化进程等方面都起到了积极的作用，物业管理的水平将直接影响城市的整体面貌以及广大人民群众的幸福感和获得感。

自 1981 年深圳成立第一家物业公司以来，物业管理已经发展了 40 余年。从物业管理企业的主要业务、注册数量来看，当前我国物业管理已走过萌芽阶段和传统服务阶段，正处于转型探索阶段。该阶段，物业管理公司除开展传统的清洁、设备维护、绿化以及安保等业务外，还拓展出针对房地产开发商开展的新房代销等业务、针对媒体开展的广告宣传等业务，行业呈现出快速化、全产业化发展的态势。企查查数据显示，截至 2023 年 9 月 11 日，我国共登记注册 466 万家物业管理相关公司。其中，2023 年登记注册 376397 家，2022 年登记注册 475865 家，2021 年登记注册 969669 家，2020 年登记注册 547737 家。从年登记注册量来看，2021 年登记注册总量达到峰值，比 2020 年增长 77.03%。

## 一、物业经营管理专业人员的一天

记录时间：2023 年 8 月 26 日　　记录人：朱某博

### 上午工作情况

**9 点：**

1. 检查钉钉系统，查看所有员工的打卡情况（如未打卡则记录下来，通

知部门主管，并跟踪回复），处理钉钉申请（如假期、外勤、调班等）。（员工管理）

2. 开物业早会，汇报前一天的工作完成情况。（早会交流）

3. 处理业主的投诉与反馈。（投诉处理）

4. 收集各部门当天的工作计划。（计划收集）

**10点：**

1. 检查员工的着装、仪态是否得体，工作中是否有违规现象。（形象检查）

2. 处理业主的投诉与反馈。（投诉处理）

3. 检查清洁人员的着装、工作态度，当天工作的开展情况（如会所功能房、公共区域、停车场等）。（清洁工作检查）

物业经营管理专业人员日常办公

**11点：**

1. 送洗制服。（形象管理）

2. 通知各部门领取办公用品、桶装水、纸巾等。（行政事务处理）

3. 归还项目所有钥匙（含工区、厂库、板房、商铺）。（钥匙归还）

## 下午工作情况

**14点：**

1. 处理对外（包括政府部门、物业商会等）的邮件、信函，对内如与合约公司（包括保安公司、清洁公司、汽车租赁公司、电梯公司等）的信函。（信函处理）

2. 处理上午未完成的其他工作。（未尽事宜处理）

**15点：**

1.进行下午巡场，跟进当天清洁工作计划的落实。（工作检查）

2.处理当天其他工作，如订购饮用水、采购办公用品、更换员工制服，处理更衣柜和员工入职、离职等事务。（日常事务处理）

**17点：**

计划和安排第二天的工作，并进行当天工作总结。（工作总结）

物业经营管理专业人员巡视工作

## 二、什么是物业经营管理专业人员

**职业定义。**物业经营管理专业人员是指从事物业管理项目市场拓展、资产经营和管理的专业人员。

**定义解读。**物业经营管理专业人员是指按照物业管理服务合同约定，通过对房屋建筑及与之相配套的设备、设施和场地进行专业化维修养护管理以及维护相关区域内环境卫生和公共秩序，为业主、使用人提供服务的人员。物业管理员是指对投入使用的房屋及其附属设备与配套设施进行经营性管理，并向物业产权人、使用人提供多方面、综合性有偿服务的人员。

**关联职业。**密切相关的职业有企业人力资源管理师、人力资源管理专业人员、人力资源服务专业人员、会展策划专业人员、房地产开发专业人员以及管理咨询专业人员等。

**相应岗位。**物业前台客服、物业行政专员、物业财务专员以及物业工程维修员等。①物业前台客服主要负责与业主沟通，包括收集业主意见与建议、处理客户投诉，按照部门分工反馈到各主管部门解决，收缴物业管理费和停车费并开具发票，协助业主预约清洁服务等。②物业行政专员主要负责员工的入职招聘、调动、离职等资料信息的采集与存档，员工档案的日常维护及管理，员工社保缴纳、制定工资标准、员工业务培训、员工日常考勤等。③物业财务专员主要负责员工工资的发放，负责公司的现金、银行存款的收支、管理、记账、结算等工作。④物业工程维修员主要负责公共区域及与水、电等相关的设备的维护和保养，业主家中水电设施的简单维修（换灯、检查水电）。

## 三、物业经营管理专业人员的主要工作职责

1. 拓展物业项目，进行物业项目招投标及合同管理。
2. 分析物业管理风险，设计物业管理风险防范方案，指导处置紧急事件。
3. 配合物业承接查验。
4. 组织管理人员入驻与装修，对房屋及设备设施和物业环境进行维护。
5. 维护和管理客户关系。
6. 经营管理物业资产。

物业经营管理专业人员的主要工作职责如图 2-06-07-10-1 所示。

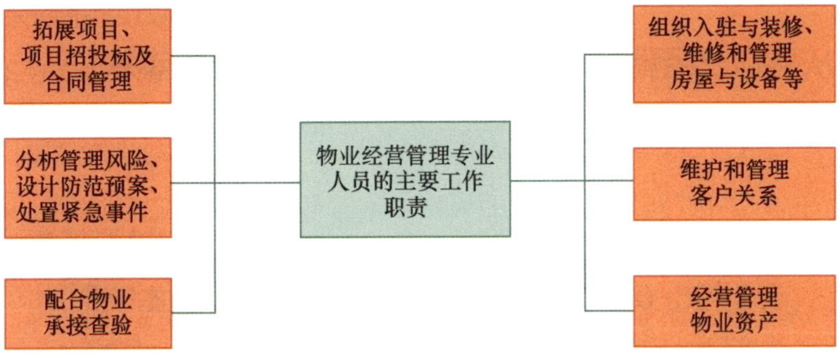


图 2-06-07-10-1　物业经营管理专业人员的主要工作职责

## 四、物业经营管理专业人员的薪酬福利待遇

**平均薪酬水平。**根据国家统计局发布的《2022 年规模以上企业就业人员年

平均工资情况》，房地产行业人员的年平均工资为 84845 元，在全国 16 个行业分类中处于中等偏下水平。在房地产行业，物业经营管理专业人员归类为“社会生产和生活服务人员”，该类人员的年平均工资为 53910 元，均低于房地产行业中“中层及以上管理人员”“专业技术人员”等其他类别人员的年平均工资。从区域看，东部地区的年平均工资为 74054 元，均高于中部和东北等其他区域。

**与类似职业对比。**猎聘网 2023 年 9 月的数据显示，物业经营管理专业人员的薪酬为 3000~13000 元 / 月，东部沿海地区较高。与其他职业相比，该职业比酒店服务员和办公室文员的薪酬稍高。类似职业薪酬水平见表 2-06-07-10-1。

表 2-06-07-10-1　类似职业薪酬水平

| 职业名称 | 薪酬水平（元 / 月） |
| --- | --- |
| 办公室文员 | 3000~10000 |
| 园艺师 | 2000~15000 |
| 酒店服务员 | 3000~10000 |

## 五、从事物业经营管理专业人员工作需要具备的本领

根据人力资源社会保障部、住房和城乡建设部发布的《物业管理师国家职业标准》（2023 年版），物业经营管理专业人员的本领要求见表 2-06-07-10-2。

表 2-06-07-10-2　物业经营管理专业人员的本领要求

| 本领要求 | 具体项目 | 细节内容 |
| --- | --- | --- |
| 职业道德 | 职业道德基本知识 | （1）基本概念<br>（2）主要内容 |
| | 职业守则 | （1）遵法守约，爱岗敬业<br>（2）忠于职守，勤勉尽责<br>（3）诚实守信，热情友好 |

续表

| 本领要求 | 具体项目 | 细节内容 |
|---|---|---|
| 基础知识 | 物业管理基本概念 | （1）物业、物权与物业管理的概念<br>（2）物业管理的产生与发展<br>（3）物业管理的基本制度<br>（4）物业管理基本制度建设的历史沿革<br>（5）物业管理的性质与原则<br>（6）物业管理的主要内容与环节<br>（7）物业管理服务质量与标准 |
| | 物业管理机构基本知识 | （1）物业服务企业知识<br>（2）业主大会与业主委员会知识<br>（3）建设单位知识<br>（4）专业服务企业知识 |
| | 物业管理相关知识 | （1）建筑工程基础知识<br>（2）消防基础知识<br>（3）环境保护基础知识<br>（4）信息技术应用基础知识 |
| | 相关法律、法规知识 | （1）《中华人民共和国民法典》相关知识<br>（2）《中华人民共和国劳动法》相关知识<br>（3）《中华人民共和国劳动合同法》相关知识<br>（4）《中华人民共和国消防法》相关知识<br>（5）《中华人民共和国特种设备安全法》相关知识<br>（6）《中华人民共和国安全生产法》相关知识<br>（7）《物业管理条例》相关知识 |
| 主要技能 | 专业技能 | 具有较好的观察、学习、理解、表达、判断和计算能力，形体知觉、色觉、空间感正常，身体灵活、动作协调 |
| | 技能等级 | 四级 / 中级工、三级 / 高级工、二级 / 技师、一级 / 高级技师 |

## 六、物业经营管理专业人员的专业教育现状

### （一）相关专业

1. 普通高等教育院校开设的相关专业：管理科学与工程、房地产经营与管理、城市规划、人力资源管理、工商管理、经济学、法学等。

2. 职业教育院校开设的相关专业：现代家政服务与管理、酒店管理、文秘等。

### （二）开设相关专业的院校（排名不分先后）

★ 相关院校：清华大学、武汉东湖学院、中国人民大学、同济大学、天津大学、哈尔滨工业大学、西安交通大学、东南大学、东北财经大学、中央财经大学、吉林建筑大学、南京工业大学、山东青年政治学院等。

◆ 相关院校：北京社会管理职业学院、珠海城市职业技术学院、北京市城建职业技术学校、江苏建筑职业技术学院、天津城市建设管理职业技术学院、山东城市建设职业学院、山西信息职业技术学院等。

## 七、物业经营管理专业人员的就业创业信息

物业管理行业是一个新兴产业，特别是东部沿海城市，其物业服务覆盖率较高，就业人员数量较多，就业空间较大，工资水平相对较高。根据上海市统计局提供的数据，截至 2021 年年末，上海市房屋总建筑面积达到 15.08 亿平方米。其中：住宅建筑面积达到 7.29 亿平方米，非住宅建筑面积达到 7.79 亿平方米，住宅和非住宅占比分别为 48.34% 和 51.66%；物业管理总建筑面积为 11.82 亿平方米，覆盖全市房屋总面积的 78.4%，管理总面积同比递增 2.34%。根据广州市物业管理行业有关研究报告，2022 年广州市的物业公司总在管面积为 4.15 亿平方米，商品住宅物业管理覆盖率达到 92.4%。

当前，物业管理行业处于结构调整阶段。自 2021 年以来，多家物业公司通过并购、市场拓展、战略合作等手段实现了企业的提质扩容。例如，碧桂园并购了富力物业、嘉宝物业等，并确定 2021—2025 年的目标为收入、利润实现年复合增长率 50% 以上，达成 1000 亿元的营收，合约面积超过 18 亿平方米。

中国物业公司主要有龙湖物业服务集团有限公司、万科物业发展股份有限公

司、美联物业、深圳市金地物业管理有限公司、碧桂园服务、长城物业集团股份有限公司、中海物业管理有限公司、保利广州物业管理有限公司、绿城物业服务集团有限公司、深圳市彩生活物业管理有限公司、时代物业管理有限公司、深圳华润物业管理有限公司、深圳市中民物业管理有限公司、中航物业管理有限公司、恒大物业等，以上公司为物业经营管理专业人员提供了较大的发展空间和平台。

注：以上机构信息仅供参考，不代表编写出版方对其推荐或认可。

## 八、物业经营管理专业人员的贯通发展

物业经营管理专业人员的发展路径主要有管理路线、专家路线和创业路线三条，具体内容如下。

1. 管理路线。先从物业公司一线员工做起，经过 2~5 年物业管理知识的积累和技能的提升，晋升到物业公司行政主管，再由行政主管晋升到物业公司经理。

2. 专家路线。主要为物业公司提供物业管理咨询服务，为物业公司发展战略、文化建设以及管理新模式建言献策，成为物业管理行业的专家。

3. 创业路线。物业经营管理专业人员在掌握物业管理基本的理论知识和技能的基础上，积累了丰富的物业管理经验。依据个人的职业规划，整合资源，成立物业管理公司，承接各类物业服务。

物业经营管理专业人员的发展路径如图 2-06-07-10-2 所示。

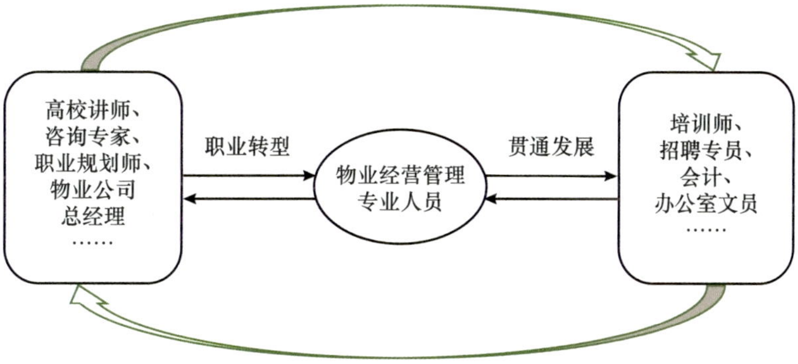


图 2-06-07-10-2　物业经营管理专业人员的发展路径

## 九、物业经营管理专业人员的发展前景

**从市场供需看。**市场空间潜力巨大，服务场景呈多元化发展趋势，业务模式更加成熟。专家认为服务业将是未来 10 年人才需求量最大的行业。物业管理、专业咨询、法律服务等这些属于新兴的广义服务业，是服务业人才需求增长的主体部分。以物业管理行业发展较为发达的上海市为例，根据上海市物业管理协会对上海市物业公司和物业管理人员的调查数据，上海市物业管理行业从业人员的平均年龄为 45.5 岁，且呈现出上升趋势，这说明物业行业劳动力市场供应趋紧，需求较大。

**从产业发展看。**中国物业管理行业历经近 40 年发展历程。据《经济日报》报道，2020 年我国物业管理行业营业收入达 1.18 万亿元。近两年受房地产行业发展影响，物业管理行业增速相对较慢，并且面临着结构转型、产业升级的挑战，物业服务趋向高品质多样化升级。从物业管理行业发展模式来看，相较于传统的基础物业服务，多元化增值服务业务打通了美好生活服务的“最后一公里”，更能有效满足业主需求，有助于实现物业管理行业的高质量发展。

**从政策红利看。**国家先后出台多项物业管理法律、法规，为物业管理行业发展提供法律依据。为规范物业管理活动，维护业主和物业服务企业的合法权益，改善人民群众的生活和工作环境，2003 年 6 月 8 日，国务院颁布了《物业管理条例》，自 2003 年 9 月 1 日起施行，先后于 2007 年、2018 年修改。在 2020 年 5 月 28 日颁布的《中华人民共和国民法典》中，物业管理的内容包括“物业服务企业或者其他管理人根据业主的委托，依照本法第三编有关物业服务合同的规定管理建筑区划内的建筑物及其附属设施，接受业主的监督，并及时答复业主对物业服务情况提出的询问”“物业服务人应当按照约定和物业的使用性质，妥善维修、养护、清洁、绿化和经营管理物业服务区域内的业主共有部分，维护物业服务区域内的基本秩序，采取合理措施保护业主的人身、财产安全”等。2020 年 12 月 25 日，为推动物业服务向高品质和多样化升级，满足人民群众不断增长的美好居住生活需要，住房和城乡建设部等部门发布了《关于加强和改进住宅物业管理工作的通知》。

## 十、相关内容链接

**国家职业标准：** 暂缺。

**相关政策文件：** 见表 2-06-07-10-3。

**表 2-06-07-10-3　物业经营管理专业人员相关政策文件**

| 发布或通过时间 | 发布或通过机构 | 文件名称 |
| --- | --- | --- |
| 2003-06 | 国务院 | 《物业管理条例》 |
| 2020-12 | 住房和城乡建设部等部门 | 《关于加强和改进住宅物业管理工作的通知》 |

供稿：珠海城市职业技术学院　孙艳伟

# 报关人员

职业编码：2-06-07-12

随着我国对外开放政策的稳步推进以及自由贸易试验区提升战略的实施，面向全球的高标准自由贸易区网络不断扩大，贸易强国建设步伐进一步加快，国际货物贸易在国家对外开放、经济发展中持续扮演着重要角色。

报关作为国际货物贸易众多环节中至关重要的一环，在货物的顺利进出口中占据着举足轻重的地位。报关人员是货物进出口报关路上的“高精度导航仪”，其不仅能帮助货主安排好报关各个环节的工作，还能通过周密的筹备帮助货主节省报关时间。报关人员肩负的责任看似仅是货物进出口的申报，实则关系着企业的发展、经济的繁荣，科学、合法的规划可以为企业节约费用，合理的流程能为企业节省时间。快速高效的通关是国家对外开放和经济发展的助推器。

## 一、报关人员的一天

**记录时间：2023 年 9 月 5 日**　　　　**记录人：李某**

**上午工作情况**

**9 点：**

1. 制订当天的工作计划及时间节点。（计划制订）

2. 审核、整理进出口货物的单证，即整理妥当提单、发票、装箱单、合同和其他单证电子扫描件，为在报关系统上进行申报做好准备。（单证审核）

报关人员在工作

3. 利用海关电子化报关系统进行相关货物的电子申报，将货物的名称、规格型号、价格、数量、金额及原产地等信息准确无误地填写到系统当中，并将准备好的电子单证作为附件上传系统。上传完成后，对电子报关单和电子单证进行再次符合性检查，上报系统，等待海关审单中心进行审核。（报关单证填制）

**11 点：**

1. 查看海关审核进度，针对海关给出的审核意见，做好下一步的工作准备。（进度查看）

2. 出现货物单证申报遗漏或者申报的货物比较敏感等情况时，针对该票货物联系客户进行再次确认、澄清。如果报关单填报失误，在系统上修改后再次提交；如果前期归类有误或者单据有误，应及时联系客户进行单据和信息修改。涉及监管条件发生变化的，根据监管条件重新进行申报。（信息修改）

**下午工作情况**

**14点30分：**

1. 根据查验要求，提前准备与货物相关的文件，如原产地证、说明书、进出口合同等材料。安排车辆将货物运输至指定的查验场地并配合海关、检验检疫、海事等监管部门进行统一查验，等待放行。（货物查验）

2. 利用海关提供的税单信息与客户进行确认后办理缴税，并将缴纳完成的税单上传系统页面，海关确认无误后对货物放行。（缴税办理）

3. 海关放行后，在进出境检验检疫系统办理报检手续，并缴纳各种港口费用。（费用缴纳）

**16点：**

1. 将所有手续齐全的电子信息单证发送给运输车队，车队凭借单据到码头提取货物并负责将货物运送到指定地点。（提货安排）

2. 对本次进出口货物进行登记备案，为后期抽检和查阅做好准备。（台账整理）

3. 协助客户根据货物的材质、属性、规格型号等内容进行商品编码归类，并根据编码开展进出口策划，科学、合理、合法地安排好货物进出口的流程和进度。（下一单货物对接）

**17点30分：**

对照上午的工作计划，针对没有按时完成的工作找出原因，重新确定时间节点。（计划复盘）

## 二、什么是报关人员

**职业定义。**报关人员是指从事进出口货物、进出境物品的申报、纳税、检验检疫相关事宜的专业人员。

**定义解读。**报关人员是代表所属的企业（单位）向海关办理进出口货物申报纳税等手续的职业。报关人员需要具备进出口法律法规知识、对外贸易知识以及为企业（单位）提供相关进出口咨询服务的技能。

具体来说，报关人员需要结合企业进出口货物的特质，根据我国进出口相关法律、法规，为进出口货物进行商品编码，在货物进出境前根据商品编码向海关申报，填写进出口货物报关单及相关单据，办理报税、检验、检疫等手续并配合海关进行抽检，经海关放行后，协助客户进行货物提取或者装船出口。报关人员的工作专业性强、工作要求高。随着国家对外贸易的发展、服务需求质量的提升及数字化的转型升级，市场对报关人员的需求持续增加，报关人员就业前景广阔。

**关联职业。**密切相关的职业有货运代理服务员、货运代办业务员、国际商务专业人员、经纪与代理专业人员等。

**相应岗位。**报关专员、货运代理专员、报关主管、货运代理主任、报关经理、进出口专员、进出口部经理等。

## 三、报关人员的主要工作职责

1. 进出口货物的海关申报。根据进出口货物的商品名称、特质、属性、规格型号等进行商品编码，并根据货物的商品编码、数量、完税价格、进出口国家、原产地等情况填制进出口货物报关单。进行海关申报的同时，根据编码管理向海关提交相应的报关单据。

2. 进出口税务手续办理。根据进出口货物的实际情况办理缴纳税费、退税、补税、减税、免税等事宜。

3. 加工贸易手续办理。针对加工贸易货物办理加工贸易手（账）册备案、变更、深加工结转、外发加工、核销及报税监管业务等事宜。

4. 货物查验及检验、检疫。根据进出口货物的海关通关情况，配合办理进出口货物的检查、抽样、检验、检疫、鉴定、结关等事宜。

5. 进出口咨询服务。提供进出口货物方面的合规管理、供应链安全策划及咨询服务。

6. 进出境货物的检验、检疫。办理进出境物品的申报、纳税、检验、检疫等相关事宜。

7. 其他事宜。应当由报关单位办理的其他报关事宜。

## 四、报关人员的薪酬福利待遇

**平均薪酬水平。**根据国家统计局发布的《2022 年规模以上企业就业人员年平均工资情况》，社会生产服务和生活服务人员的年平均工资为 70234 元。从行业门类看，报关人员所属的交通运输、仓储和邮政业在全国 16 个行业分类中的年平均工资水平位于第二位，仅次于信息传输、软件和信息技术服务业。从区域看，经济越发达的地区，报关人员的年平均工资水平就越高，如经济发展迅速的上海、江苏、浙江等地的年平均工资为 77365 元，高于其他地区。

**与类似职业对比。**根据智联招聘、前程无忧、BOSS 直聘等网站发布的招聘信息，报关人员的薪酬福利待遇略高于贸易跟单员，与运输代理服务员的水平相当，略低于国际商务专业人员。类似职业薪酬水平见表 2-06-07-12-1。

**表 2-06-07-12-1　类似职业薪酬水平**

| 职业名称 | 薪酬水平（元 / 月） |
|---|---|
| 报关人员 | 4000~12000 |
| 运输代理服务员 | 5000~12000 |
| 贸易跟单员 | 4000~9000 |
| 国际商务专业人员 | 6000~14000 |

注：以上薪酬水平在不同区域差别较大，一般东部地区、港口城市的薪酬水平较高。

## 五、从事报关人员工作需要具备的本领

1. 报关人员需要具备的知识和技能：进出口法律法规、对外贸易知识，海关政策、条款及相关流程知识，外贸英语、进出口税务知识，进出口报关技能、风险应对能力、沟通协调能力以及计算机操作技能等技能。核心技能是进出口报关技能、风险应对能力、沟通协调能力。

2. 目前，报关人员从业者暂无国家职业技能标准，综合报关人员的招聘要求和工作职责，报关人员的知识和技能要求见表 2-06-07-12-2。

**表 2-06-07-12-2　报关人员的知识和技能要求**

| 职业功能 | 工作内容 | 知识和技能要求 |
|---|---|---|
| 进出口报关 | 进行货物的进出口报关 | 海关政策、条款及相关流程知识。熟悉海关政策、海关监管制度，以及海关的操作流程、检验检疫等知识，能够对海关进出口货物实施监督管理 |
| | | 对外贸易知识。能够进行进出口货物报关单的填制，根据不同的进出口国家规定对进出口单据如发票、合同、提单等进行审核 |
| | | 外贸英语。能够阅读、编制及审核进出口合同、发票、提单等进出口单据，必要情况下与国外进出口货运代理公司、进出口企业、运输企业进行邮件、电话沟通交流 |
| | | 沟通协调能力。能够根据进出口流程的要求与进出口企业、海关、外汇管理局、银行、港口及运输企业展开良好的沟通 |
| | | 风险应对能力。能根据贸易政策形势的变化例如关税调整、贸易壁垒、贸易协定更新等，及时调整报关策略，妥善应对在进出口过程中可能会出现的风险 |
| | | 计算机基本操作能力。能够熟练操作计算机以进行各种单据的填报，熟练使用海关通关电子系统进行电子报关 |
| 进出口策划管理 | 进行货物进出口策划管理 | 进出口法律、法规知识。能够根据进出口货物的属性、材质、特征、规格型号等对货物进行相应的归类编码，并且根据商品编码对货物的进出口手续进行提前策划管理，为企业决策提供意见 |
| | | 进出口税务知识。熟悉进出口环节需缴纳的税种及其征收基础、适用税率，以及其他相关税务知识 |
| | | 外贸运输保险知识。能够根据进出口货物的特质、尺寸、进出口时间要求及费用预算等情况，合理安排包装、装卸、运输及运输保险 |

## 六、报关人员的专业教育现状

### （一）相关专业

1. 普通高等教育院校开设的相关专业：国际经济与贸易、物流管理、跨境电子商务、贸易经济、国际经济发展与合作。

2.职业教育院校开设的相关专业：国际经济与贸易、关务与外贸服务、跨境电子商务、港口物流管理、现代物流管理等。

**（二）开设相关专业的院校（排名不分先后）**

★ 相关院校：对外经济贸易大学、北京科技大学、中央财经大学、中国人民大学、复旦大学、上海交通大学、南京大学、浙江大学、中山大学、四川大学、桂林航天工业学院等。

◆ 相关院校：浙江工商职业技术学院、上海交通职业技术学院、广西工商职业技术学院、青岛港湾职业技术学院、山东外贸职业学院、天津滨海职业学院等。

## 七、报关人员的就业创业信息

报关人员在全国范围都有分布，重点分布在港口城市和边境城市。相关人员既可以在各类进出口企业、外贸企业、运输企业、报关代理企业从事专业的报关工作，也可以创办报关代理公司，开展代理报关报检、进出口报关业务咨询、进出口检验检疫咨询、进出口税务咨询、加工贸易咨询等工作。

吸纳报关人员较多的用人单位有以下几类。

1.进出口企业。厦门华联电子股份有限公司、宁波信泰机械有限公司、福建永荣控股集团有限公司、东富龙科技集团股份有限公司、中际联合（北京）科技股份有限公司。

2.外贸企业。高化学（上海）国际贸易有限公司、中诺鑫诚（北京）国际贸易集团有限公司、多弗国际控股集团有限公司、深圳市柏拉图国际贸易有限公司。

3.运输企业。中国邮政速递物流、敦豪全球货运（中国）有限公司、德邦物流、中亚宝丰国际物流有限公司、中外运集装箱运输有限公司等。

4.报关代理企业。上海兴亚报关有限公司、广州华平国际货运代理有限公司、广州普曦达信息科技有限公司、广州进贸通供应链有限公司等。

注：以上机构信息仅供参考，不代表编写出版方对其推荐或认可。

## 八、报关人员的贯通发展

报关人员的发展路径主要有四条。具体内容如下。

1. 管理路线。报关人员可以从企业内部晋升，从企业报关专员、货代专员到报关主管、报关经理乃至公司高层，通过不断提升业务知识和管理水平来逐步提升职位及薪酬。

2. 专业型路线。报关人员可以通过学习新知识、积累经验，向国家贸易链条上其他类型的职业如货运代理服务人员、贸易跟单人员等横向发展，成为具有国际视野、精通国际贸易规则的国际贸易复合型人才。

3. 专家型路线。报关人员可以通过学习外贸知识、拓展国际视野，向涉及外贸业务更加广泛、涉及领域更加广泛的国际商务人员、外贸服务人员横向发展，最终成为能独当一面的国际商务师、外贸咨询专家。

4. 创业路线。基于横向、纵向资源优势，如人脉资源、信息资源、资金资源等，进行创新创业。结合自身条件创办代理报关企业、外贸企业、货运代理企业等。

报关人员的贯通发展如图 2-06-07-12-1 所示。

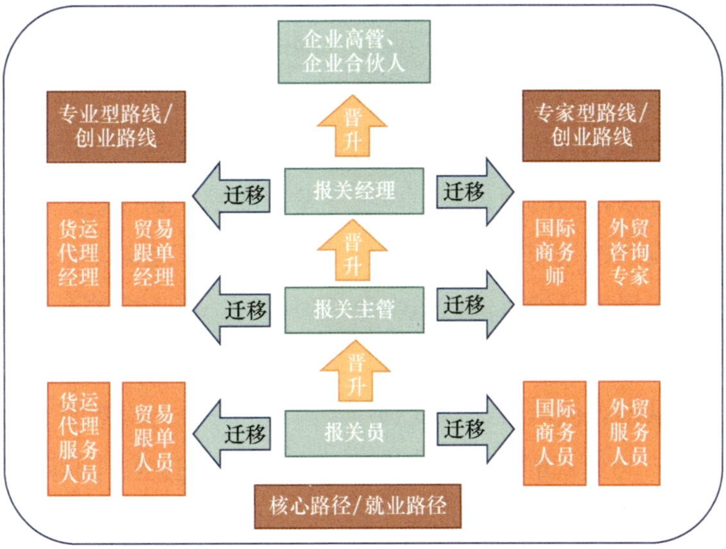


图 2-06-07-12-1　报关人员的贯通发展

## 九、报关人员的发展前景

**从市场供需看。**《中华人民共和国2022年国民经济和社会发展统计公报》显示，2018—2022年，我国货物进出口总额从315505亿元增长到420678亿元。结合国家高水平对外开放战略的实施，市场对报关人员的需求将逐年增加，尤其是具有丰富的理论知识和实践经验的高水平报关人员，其市场需求较大，待遇也较高。

**从产业发展看。**随着我国对外开放的深入实施，国际贸易持续深度推进，蓬勃发展的对外贸易给报关业注入了强大的动力。随着对外贸易发展的加速、服务需求的升级、制度的革新以及信息化水平的提高，对报关工作的专业化水平要求也越来越高。自2014年起，虽然海关总署取消了报关人员的准入门槛，企业可以自由聘用报关人员，但是行业的发展对报关人员的高要求并没有降低。从产业发展的角度看，报关人员的需求将会持续增加。

**从政策红利看。**由《"十四五"对外贸易高质量发展规划》提出的加快人才队伍建设的保障措施可知，国家鼓励将外贸人才纳入各类人才引进和培养计划，加强经贸领域智库建设，培养一批具有国际视野、精通国际贸易规则的专家。人才队伍建设对于保障我国对外贸易的高质量发展至关重要，报关人员作为重要的外贸人才，有着较好的发展前景。

由《国务院办公厅关于加快发展外贸新业态新模式的意见》可知，随着贸易强国建设进程的加快，市场对外贸供应链的发展要求不断提高，此时则需要专业的外贸型人才以专业的视角推动外贸领域制度创新、管理创新、服务创新、业态创新、模式创新。报关是外贸供应链中非常重要的一环，相关人员则是外贸相关行业中急需和紧缺的人才。

综上所述，从市场供需、产业发展、政策红利三个方面来看，报关人员的发展前景较为乐观。与此同时，也要意识到，行业发展迅速、国际形势不断变化，应对各国国际贸易法规保持密切关注。报关人员需要持续提升自己的专业能力、综合素质，以适应市场需求和产业发展趋势的变化。

## 十、相关内容链接

**国家职业标准：**暂缺。

**相关政策文件：**见表 2-06-07-12-3。

**表 2-06-07-12-3　报关人员相关政策文件**

| 发布或通过时间 | 发布或通过机构 | 文件名称 |
|---|---|---|
| 2021-07 | 国务院办公厅 | 《国务院办公厅关于加快发展外贸新业态新模式的意见》 |
| 2021-09 | 中共中央、国务院 | 《全面深化前海深港现代服务业合作区改革开放方案》 |
| 2021-11 | 商务部 | 《“十四五”对外贸易高质量发展规划》 |
| 2023-04 | 国务院办公厅 | 《国务院办公厅关于推动外贸稳规模优结构的意见》 |

供稿：广西工商职业技术学院　黄巧鸾

# 企业合规师

职业编码：2-06-07-14

“企业运营、合规先行。”当前，我国企业合规化建设正面临巨大的需求和挑战，企业合规师的重要性逐步凸显。企业合规师作为为企业排查风险、规范管理和支撑决策的高端人才，正成为增强我国企业发展韧性的中坚力量，在企业发展中发挥着“压舱石”“稳定器”的作用，具有良好的职业发展机遇和发展前景。

## 一、企业合规师的一天

**记录时间：2023 年 8 月 20 日**　　**记录人：马某鹏**

### 上午工作情况

**9 点：**

1. 制订企业合规管理战略规划和管理计划。（计划制订）

2. 识别、评估合规风险与管理企业的合规义务。（合规识别）

3. 制定并实施企业内部合规管理制度和流程。（制度制定）

4. 开展企业合规咨询、合规调查，处理合规举报。（合规调研）

**11 点：**

1. 监控企业合规管理体系运行的有效性，开展评价、审计、优化等工作。（体系监控）

2. 处理与外部监管方、合作方相关的合规事务，向服务对象提供相关政策解读服务。（服务解读）

3. 开展企业合规培训、合规考核、合规宣传及合规文化建设。（文化建设）

4. 参与企业重大业务决策，提供合规风险评估和建议。（决策参与）

开展企业合规培训

### 下午工作情况

**13 点：**

1. 协调企业内部各部门，推动合规管理的落实和实施。（管理实施）

2. 协调企业外部律师、审计师等资源，处理复杂合规问题和案件。（案件处理）

3. 监测国家法律、法规、行业标准的变化，及时更新企业的合规要求。（合规更新）

4. 组织制定企业内部的道德规范和行为准则，推动企业诚信文化建设。（文化推动）

**15 点：**

1. 参与企业商务活动，确保企业的商业行为符合合规要求。（业务外联）

2. 对企业内部人员进行合规培训，提高其合规意识和能力。（内部培训）

3. 协助企业建立内部监督机制，对违规的行为进行惩处。（违规处理）

4. 参与反腐败、反垄断、反欺诈和反洗钱等专项行动，协助企业建立合规体系。（专项行动参与）

## 二、什么是企业合规师

**职业定义。**企业合规师是指从事企业合规建设、管理和监督工作，使企业及企业内部成员行为符合法律法规、监管要求、行业规定和道德规范的人员。

**定义解读。**企业合规师在企业内部或外部负责监督、评估、指导企业的合规管理工作，需要具备一定的法律、经济、管理等方面的知识，并能够根据企业的实际情况，制定相应的合规管理方案，协助企业遵守相关法律法规和规范性文件，预防和应对合规风险。

作为一个融合管理职能和法律职能的新职业，企业合规师在现代企业的组织治理、转型发展进程中不可或缺。

**关联职业。**密切相关职业主要有会计人员、审计人员、税务人员、金融服务人员、法务人员、风控人员等。

**相应岗位。**合规稽查员、合规培训专员、合规认证员、合规宣传员、合规联络员、合规专员、合规主管、合规经理、合规总监等。

## 三、企业合规师的主要工作职责

企业合规师是企业中负责合规管理的重要角色，他们的主要工作职责是确保企业遵守所有适用的法律法规、道德规范和行业标准，以避免发生违规行为和减少风险。企业合规师的主要工作职责如下。

1. 制订企业合规管理战略规划和管理计划。企业合规师需要对企业面临的合规风险进行全面评估，并制订相应的战略规划和管理计划，以确保企业能够充分识别和管理合规风险。

2. 识别、评估合规风险与管理企业的合规义务。了解企业业务和经营环境，掌握企业所面临的合规风险，如反腐败、数据保护、环境保护等。评估合规风险的严重性和可能性，分析风险对企业的影响，如对声誉、财务、法律等方面的影响。确定和管理企业的合规义务，了解相关法律法规、道德规范和行业标准要求，制订合规管理计划，确保企业能够及时应对合规风险。

3. 制定并实施企业内部合规管理制度和流程。企业合规师需要制定一套内部合规管理制度和流程，包括财务报告、税务处理、内部控制、反腐败等方面的规定，以确保企业在各个方面都符合法律法规和行业标准。

4. 开展企业合规咨询、合规调查，处理合规举报。企业合规师需要提供合规咨询，帮助企业理解和遵守法律法规，同时还需要开展合规调查，处理合规举报。

5. 监控企业合规管理体系运行的有效性，开展评价、审计、优化等工作。企业合规师需要定期评估企业合规管理体系运行的有效性，并进行必要的优化和改进，以确保企业能够及时发现和应对合规风险。

6. 处理与外部监管方、合作方相关的合规事务，向服务对象提供相关政策解读服务。企业合规师需要与企业外部的监管机构和其他相关方进行沟通，以确保企业遵守法律法规和行业标准，并提供必要的合规培训和政策解读服务。

7. 开展企业合规培训、合规考核、合规宣传及合规文化建设。企业合规师需要定期组织开展合规培训和合规考核，提高员工的合规意识和能力，同时还需要开展合规宣传和合规文化建设，营造企业良好的合规氛围。

企业合规管理的主要功能如图 2-06-07-14-1 所示。

**图 2-06-07-14-1　企业合规管理的主要功能**

## 四、企业合规师的薪酬福利待遇

**平均薪酬水平。**2021 年，国家统计局按行业分城镇非私营单位对就业人员平均工资统计的结果表明，金融业员工的年平均工资为 150843 元，其中上海为 397655 元、北京为 298200 元，居于全国前列。2022 年，城镇私营单位分行业门类就业人员的年平均工资为 110304 元，月平均工资为 9192 元。看准网调查显示，2023 年全国合规人员的平均薪酬为 13357 元 / 月。职友集网调研显示，该职位的月平均薪酬区间为 4500~50000 元，薪酬差距较大，其中在 30000~50000 元的岗位最多，占 34.4%。企业合规师的薪酬水平因地区、工作经验和专业程度等因素而异。一般来说，企业合规师的年薪为 12 万 ~30 万元，拥有丰富经验和熟练操作技能的企业合规师年薪可达数十万元甚至百万元以上。

**与类似职业对比。**据看准网统计，类似职业薪酬水平见表 2-06-07-14-1。

**表 2-06-07-14-1　类似职业薪酬水平**

| 职业名称 | 薪酬水平（元 / 月） |
| --- | --- |
| 风控人员 | 24871 |
| 投资经理 | 21842 |
| 审计人员 | 19698 |
| 分析师 | 19325 |
| 清算人员 | 16149 |
| 法务人员 | 16600 |
| 公司律师 | 14899 |
| 互联网金融 | 13414 |

## 五、从事企业合规师工作需要具备的本领

1. 企业合规师需具备的知识和技能：法律知识、风险评估与管理能力、财务

管理知识、沟通协调能力、数据隐私保护知识、信息技术应用等能力。核心技能是法律知识、风险评估与管理、财务管理和信息技术应用等能力。

2. 目前，企业合规师暂无国家职业技能标准，综合企业合规师的招聘要求和工作职责，企业合规师的知识和技能要求见表 2-06-07-14-2。

**表 2-06-07-14-2 企业合规师的知识和技能要求**

| 职业功能 | 工作内容 | 知识和技能要求 |
|---|---|---|
| 合规规划与实施 | 制定企业合规战略规划，实施合规管理计划，确保符合最新法律法规 | 熟悉国内外相关法律法规及行业规定，及时追踪法规变化，确保企业合法经营 |
| 风险评估与管理 | 采用数据分析工具识别潜在的合规风险点，制定风险缓解措施，监控风险变化 | 具备全面的风险评估能力，能够熟练辨识、评估合规风险，掌握风险评估方法，制定有效的应对策略，降低企业不确定性，实现合规风险有效管理 |
| 制度建设和培训 | 制定和修订企业合规制度，开展员工合规培训，提高全员合规意识 | 精通制度设计与法律知识，掌握培训技巧与沟通能力，确保合规体系有效建立与执行 |
| 监督与审计 | 监控企业行为，确保符合合规标准，定期进行内部审计，评估合规管理体系的有效性 | 掌握审计原理与方法，识别合规风险，运用工具分析数据，清晰记录审计结果并提出改进建议 |
| 沟通协调 | 与内外部各方进行有效沟通，确保合规信息的准确传递，协调解决合规问题 | 具备强大沟通协调能力，深刻理解法律知识，能简明传达合规信息，有效协调内外部资源，解决复杂问题 |
| 危机处理 | 快速响应合规危机事件，减少负面后果，修复企业形象 | 具备快速识别合规危机能力，能够准确评估法律影响、有效沟通协调资源、果断解决问题 |

## 六、企业合规师的专业教育现状

### （一）相关专业

企业合规或合规管理专业是一个新兴的专业领域，目前还没有被广泛认可的学历或职业认证。我国高等教育体系中，还没有合规学及其类似专业，与合规学联系最为紧密的专业是法学专业和管理学专业。合规人才市场需求旺盛，一些高等教育机构开始提供与合规相关的专业课程和学位，以培养具备合规专业知识和技能的人才。

1. 普通高等教育院校开设的相关专业：法学、信用风险管理与法律防控、人力资源管理、会计或财务管理、金融和审计等。

2. 职业教育院校开设的相关专业：法律事务、大数据与财务管理、金融服务与管理、商务管理、人力资源管理、审计学等。

### （二）开设相关专业的院校（排名不分先后）

★ 相关院校：中国人民大学、中国政法大学、华东师范大学、深圳大学、上海财经大学、西南政法大学、西南财经大学、湘潭大学等。

部分高校已开设了与企业合规相关的专业课程，例如：华东师范大学企业合规研究中心开设了企业合规方向的法学硕士专业课程；中央财经大学企业合规研究中心开设了企业合规方向的会计硕士专业课程；中国政法大学合规治理与理论研究中心开设了合规治理方向的法学硕士专业课程；上海财经大学、深圳大学合规研究院开设了合规管理方向的硕士专业课程。

◆ 相关院校：河北政法职业学院、潍坊职业学院、浙江金融职业学院、上海电子信息职业技术学院、重庆城市管理职业学院、安徽审计职业学院、山东铝业职业学院、广州南洋理工职业学院、北京电子科技职业学院等。

部分职业院校开设了与企业合规相关的专业课程，例如：山东铝业职业学院开设了企业合规管理专业课程；重庆城市管理职业学院开设了企业合规管理专业课程；广州南洋理工职业学院开设了企业合规与监管专业课程；北京电子科技职业学院开设了企业合规师专业课程。

## 七、企业合规师的就业创业信息

鉴于合规的重要性，未来的合规岗位将会与人力资源、财务等职能部门一样，成为企业的标配。合规岗位在央企已经得到全面推广，民营企业也正在快速跟进。

截至 2023 年 8 月，70% 的央企已设首席合规官，已有 68 家央企集团和 631 家重要子公司设置了首席合规官。每家企业有 1 名首席合规官和 1 个合规管理岗，各部门也需要有合规人员。央企集团及重要子公司，每家公司平均配备 40 名合规人员，全系统合规管理人员超过 2.8 万人。中国约有 4800 万户企业（扣除规模以上企业），假设 5 年后，5% 的公司配备 1 正 2 副共 3 名合规人员，则共计约有 720 万人的企业合规师需求。规模以上企业和中小企业的合规师缺口则为 1000 万人。随着企业合规意识的增强，企业合规师的职业认可度越来越高，其就业前景非常广阔。

企业合规师的就业领域包括但不限于以下几方面。①金融行业。②医药行业。③汽车行业。④律师事务所、咨询机构。

随着企业合规意识的不断提高和监管机构对合规要求的不断加强，企业合规管理和监督工作将越发受到重视。企业合规师可以将自身的专业知识和经验应用于创业领域，建立自己的企业合规咨询公司，开发合规管理软件，提供合规管理咨询、培训和监督等服务，开发符合市场需求的合规产品和服务。

## 八、企业合规师的贯通发展

企业合规师的发展路径是一个多维度、多层次的过程，它涵盖了垂直发展、横向转型、跨领域发展和自由创业及自由职业者四个方面。

1. 垂直发展。企业合规师的垂直发展路径通常体现在企业内部的层级晋升。从合规专员起步，通过不断积累经验和提升专业能力，可以逐步晋升至合规经理、合规总监乃至合规首席官等高层管理职位。这一路径要求合规师持续深化对企业运营和合规要求的理解，同时提升领导力和管理能力，以适应更高职位的职责和挑战。

2. 横向转型。横向贯通则是指企业合规师在不同行业领域间的转换。由于合规管理的普遍性和重要性，合规师可以在金融、医疗、保险、食品药品等行业中发挥专业作用。这种转型不仅能够丰富合规师的职业经验，还能够拓宽视野，增强处理不同行业合规问题的能力。

3. 跨领域发展。跨领域贯通涉及企业合规师向其他职业领域的转型，如成为律师、咨询师、审计师或风控经理等。这要求合规师具备跨学科的知识和技能，能够将合规管理的专业知识与新领域的专业要求相结合，实现职业角色的多元化发展。

4. 自由创业及自由职业者。随着个人品牌和专业能力的建立，企业合规师可以选择自由创业或成为自由职业者，提供合规咨询、培训或独立审计等服务。这一路径要求合规师具备市场洞察力、业务拓展能力和个人品牌建设能力，能够在自由市场中找到自己定位，实现个人价值。

企业合规师的发展路径如图 2-06-07-14-2 所示。

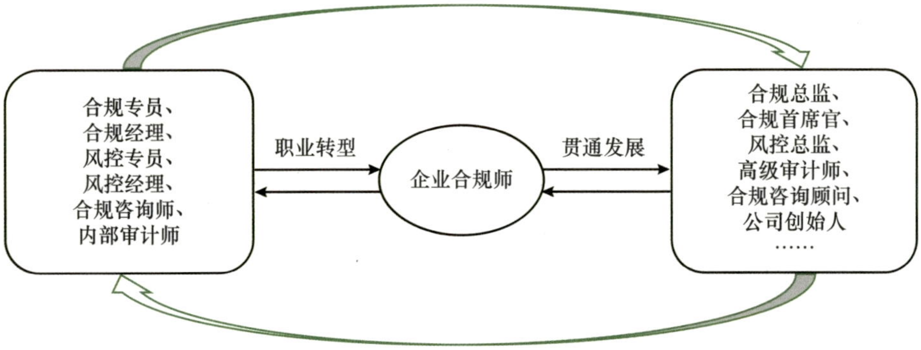


图 2-06-07-14-2　企业合规师的发展路径

企业合规师的贯通发展是一个不断学习和适应的过程，无论是在垂直晋升、横向转型、跨领域发展还是自由创业中，都需要持续更新知识、提升技能，并保持对新趋势的敏感度，以实现个人职业生涯的全面发展。

## 九、企业合规师的发展前景

**从市场供需看。**随着市场经济的不断发展和政策法规的逐步完善，企业对合规管理的需求不断增加。以 2020 年国家统计局、国家市场监督管理总局、商务部等提供的数据估算，企业合规师的人才缺口约为 952 万人，这个数字无法满足未来庞大的企业合规管理需求。领英大数据显示，在人才供需方面：2015 年，领英平台上中国企业对合规人才的需求仅占全球的 2.2%，2020 年增长到 5.73%，2022 年增长到 17.53%，合规人才需求位列全球第 3 位，但中国的合规人才储量位居全球第 13 位。从这组数据的对比可以清晰看到中国培养合规人才的必要性和紧迫性。从巨大的人才缺口，大型企业的密集上市，上市公司或准上市公司对合规人才尤其是对高级合规人才需求的明显增长等方面可以看出，企业合规师的需求量越来越大，就业前景非常广阔。

**从产业发展看。**随着企业规模的不断扩大和业务类型的不断丰富，企业合规问题逐渐凸显其重要性，成为企业经营和发展中不可回避的重要环节。一是随着市场监管体系的不断完善和国际贸易的深入开展，企业合规风险逐渐增加，企业需要具备更强的合规意识和合规能力来保障自身的合法合规运营。二是随着法治社会的深入发展，法律、法规和政策环境也在不断变化和调整，企业需要不断跟进和适应新的合规要求。三是随着企业合规意识的不断提高和合规管理的深入推进，企业合规师的职业地位和薪资待遇也将逐渐提升。企业合规师将成为企业管理中不可或缺的一部分。

**从政策红利看。**2018 年 11 月 2 日，为推动中央企业全面加强合规管理，加快提升依法合规经营管理水平，着力打造法治央企，保障企业持续健康发展，国务院国资委发布了《中央企业合规管理指引（试行）》。2018 年 12 月 26 日，为更好地服务企业开展境外经营，推动企业持续提升合规管理水平，国家发展改革委、外交部、商务部、人民银行等联合印发了《企业境外经营合规管理指引》。

2021 年 3 月 18 日，人力资源社会保障部会同国家市场监督管理总局、国家统计局向社会正式发布了 18 个新职业。“企业合规师”作为其中之一正式进入《中华人民共和国职业分类大典（2022 年版）》。“企业合规师”成为正式职业，是国家促进企业合规建设的重要举措。2022 年 10 月 12 日，《合规管理体系要求及使用指南》国家标准发布实施，这标志着企业合规管理体系正式进入认证时代。

国家市场监督管理总局等部门出台了一系列政策措施，加强对企业合规管理的指导和监督，为企业合规师的培养和发展提供了政策支持和保障。

## 十、相关内容链接

**国家职业标准：**暂缺。

**相关政策文件：**见表 2-06-07-14-3。

**表 2-06-07-14-3　企业合规师相关政策文件**

| 发布或通过时间 | 发布或通过机构 | 文件名称 |
| --- | --- | --- |
| 2018-11 | 国务院国资委 | 《中央企业合规管理指引（试行）》 |
| 2018-12 | 国家发展改革委等部门 | 《企业境外经营合规管理指引》 |
| 2022-08 | 国务院国资委 | 《中央企业合规管理办法》 |

供稿：上海电子信息职业技术学院　马振鹏

# 技术经理人

职业编码：2-06-07-16

当前我国正处于转变经济发展方式与新科技革命和产业变革的历史性交汇期，既充满机遇，又面临挑战。科技是第一生产力，每一次科技进步都带来了社会的变革，科技成果转移转化是科技发挥其力量的重要方式，是科学技术与经济建设相结合的重要纽带。科学技术只有应用到经济活动中，发展为高新技术产品或产业，实现资源成本最低化和生态环境破坏最小化，形成社会价值和经济价值，其成果转移转化才算成功完成。在这一环节中，技术经理人扮演着非常重要的角色。

一个完整的技术转移流程漫长且复杂，要求技术经理人具备相关技术和法律知识，以及商务、财务、管理等方面的一系列能力。技术经理人自身职业素养的高低已经成为技术转移成功与否的重要因素。

## 一、技术经理人的一天

**记录时间：2023 年 9 月 8 日** **记录人：李某**

**上午工作情况**

**9 点：**

查阅关于企业技术创新方案的报告，思考如何要求各部门分析企业技术需求，制订技术创新战略规划和管理计划。（计划制订）

**10 点：**

召开办公例会，确定下周的 5 场会议安排。

（1）中层管理会议：评估企业技术风险，并提供相应的管理方案和建议。（风险评估）

（2）部门骨干会议：制定并实施企业内部技术管理制度和流程，确保技术管理的顺利进行；协助企业建立内部监督机制，对违反技术管理要求的行为进行处理和惩罚。（制度制定、违规处理）

（3）行业专家会议：开展技术咨询，提供技术解决方案，并协助企业实施相关项目。（咨询服务实施）

（4）员工培训会议：组织内部技术培训，提升员工的技术技能和知识水平，推动技术创新。（内部培训）

（5）技术文化会议：推动企业内部技术文化建设，提高员工的技术意识和能力，制定行为准则和规范，促进技术管理的良好实践。（文化建设）

**11 点：**

1. 到技术中心监控企业技术系统的运行情况，进行评估和优化工作，确保系统的有效性和稳定性。（系统监控）

2. 协调与外部合作伙伴的技术管理事务，提供相关政策解读和支持服务。（合作伙伴协调）

技术经理人合作伙伴协调会议

**下午工作情况**

13点：

1. 协调各部门，推动技术管理实施，确保技术项目顺利进行。（管理协调）

2. 协调外部人士，处理复杂的技术管理问题和项目。（外部协调）

3. 跟踪国家法律、法规和行业标准的变化，及时更新企业的技术管理要求和策略。（策略更新）

14点：

代表企业参加上级主管部门组织召开的线上技术安全会议。（会议交流）

16点：

1. 参与技术业务活动，确保商业行为符合技术管理要求。（业务对接）

2. 参与技术安全、数据隐私保护等专项行动，协助企业建立技术管理体系和安全防护措施。（专项行动参与）

## 二、什么是技术经理人

**职业定义。**技术经理人一般是指在高校、科研院所、高新技术公司等机构从事技术转移的专业人士。

**定义解读。**技术经理人需要具备良好的技术背景，能够辨识科技项目的技术水平和应用场景，帮助科学家寻找合适的合伙人并组建创业团队，熟悉科技成果转化的法律、法规和操作程序。技术交易是科技发展到一定阶段的产物，通过将科技应用到市场经济、把技术作为商品进行交易，使发明创造造福于社会，可以促进生产力更平衡、更充分地发展，从而实现社会价值，达到多方共赢。

技术经理人初期称为技术经纪人。经纪人是指从事经纪活动的人，既可以是自然人，也可以是经纪组织。有关辞典把“经纪人”定位为“中间商人”，其在买卖双方中承担中介作用，以赚取佣金为目的。原国家工商总局对经纪人的定义为：在经济活动中，以收取佣金为目的，为促成他人交易，而从事居间、行纪或者代理等经纪业务的公民、法人和其他经纪组织。

技术经纪人作为经纪人的一种，主要为技术成果成功向生产转化服务。20 世纪 80 年代，随着改革开放政策的实行，我国开始建立技术经纪服务机构，技术经纪人应运而生。

**关联职业。**密切相关的职业主要有技术架构师、系统工程师、数字化管理师等。

**相应岗位。**技术管理岗、技术架构岗、项目管理岗、产品管理岗、数据分析岗等。具体岗位名称和职责会根据企业的需求和组织结构而有所不同。

## 三、技术经理人的主要工作职责

1. 技术规划和战略制定。深入了解企业的技术需求和目标，制定相应的技术规划和战略。分析市场趋势和竞争对手的技术策略，为企业提供技术发展的方向和建议。确保技术规划与企业整体战略相协调，支持业务增长和创新。

2. 技术架构设计和管理。设计和规划企业的技术架构，确保系统的稳定性、可扩展性和安全性。管理和优化现有的技术基础设施，确保系统的高效运行和业务顺利进行。跟踪最新技术趋势和工具，评估其适用性并推动其在企业中的应用。

3. 项目管理和执行。领导和管理技术项目，确保项目按时按量完成。协调各部门和团队，推动项目的顺利实施，解决项目中出现的问题和障碍。监控项目的进度和预算，及时报告项目的状态和风险。

4. 技术团队管理和发展。招聘、培养和管理技术团队，提供技术指导和支持，解决团队成员在项目中遇到的技术问题，激励、促进团队的合作和创新。

5. 技术风险管理和安全保障。识别和评估技术风险，制定相应的风险管理策略和措施。管理和维护企业的信息安全，确保系统和数据的保密性和完整性。遵守相关法规和标准，确保企业的技术操作合规。

6. 技术咨询和沟通。为高层管理层提供技术咨询和建议，为其作出技术决策提供支持。与内部和外部利益相关者进行有效的沟通和协调，确保技术项目的顺利推进。参与行业会议和研讨会，持续关注最新技术发展趋势。

## 四、技术经理人的薪酬福利待遇

**平均薪酬水平。**全国技术经理人的月平均薪酬为 17194 元，中位数为 13067

元。技术经理人的薪酬水平表现出较好的上升趋势，且月平均薪酬高于其他类似职业，这显示出技术经理人职位在薪酬方面所具有的竞争优势。技术经理人的薪酬待遇相对较好，7% 的技术经理人，其薪酬是当地平均薪酬的 1~3 倍，且普遍高于当地平均薪酬。

**与类似职业对比。**看准网、智联招聘、前程无忧等网站公开提供的信息及招聘信息显示，类似职业薪酬水平见表 2-06-07-16-1。

**表 2-06-07-16-1　类似职业薪酬水平**

| 职业名称 | 薪酬水平（元 / 月） |
|---|---|
| 技术经理人（初级） | 13260 |
| 技术经理人（高级） | 31500 |
| 技术经理人（专员 / 经理） | 6500 |
| 技术经纪人（电气行业） | 9260 |
| 机电技术经理（弱电方向） | 21200 |

## 五、从事技术经理人工作需要具备的本领

1. 从事技术经理人工作需要具备广泛的知识和多样化的技能。通过不断学习和实践，技术经理人可以不断提升自己的专业素养和综合能力，以确保能够有效地推动科技成果的转移、转化和产业化。从事技术经理人工作需要掌握的知识技能有：能够评估技术的成熟度、创新性和具有商业化潜力的技术专业知识。了解目标市场的需求和趋势，能够预测市场变化对科技成果转化的影响的行业与市场知识，掌握基本的商业运营模式和盈利方式，了解风险投资、并购、上市等资本运作方式的商业与金融知识，了解专利申请、商标注册、版权保护等知识产权管理流程，能够为企业提供法律咨询和保护建议的法律与知识产权知识：熟悉科技成果转化相关的政策文件和操作流程，能够指导企业申请相关政策支持的政策与法规知识。具备良好的谈判技巧，能够在合作谈判中维护双方利益，达成共识的沟通协调能力；具备项目执行和监控能力，确保项目按计划推进，及时解决问题和调整计划的项目管理能力等。

2. 目前，技术经理人暂无国家职业技能标准，综合技术经理人的招聘要求和工作职责，技术经理人的知识和技能要求见表 2-06-07-16-2。

**表 2-06-07-16-2　技术经理人的知识和技能要求**

| 职业功能 | 工作内容 | 知识和技能要求 |
|---|---|---|
| 技术探索 | 学习技术专业知识 | 深入了解一个或多个技术领域的基础知识，包括技术原理、发展趋势、应用前景等。能够评估技术的成熟度、创新性和商业化潜力 |
| | 挖掘科技成果 | 熟悉相关行业的市场动态、竞争格局、政策环境等。了解目标市场的需求和趋势，能够预测市场变化对科技成果转化的影响 |
| | | 掌握基本的商业运营模式和盈利方式，了解风险投资、并购、上市等资本运作方式。能够进行财务分析，评估科技成果的商业价值和投资回报 |
| | | 熟悉相关法律法规，特别是与科技成果转化相关的知识产权法律、合同法、公司法等。了解专利申请、商标注册、版权保护等知识产权管理流程，能够为企业提供法律咨询和保护建议 |
| 技术挖掘 | 完成项目管理 | 紧跟国家和地方的科技政策、产业政策和税收政策，了解其对科技成果转化的影响。熟悉科技成果转化相关的政策文件和操作流程，能够指导企业申请相关政策支持 |
| | | 能够制订科技成果转化的项目计划，明确项目目标、任务和时间表。具备项目执行和监控能力，确保项目按计划推进，及时解决问题和调整计划 |
| | 市场分析与营销 | 能够进行市场调研，分析市场需求和竞争态势，为科技成果转化提供市场定位和推广策略。具备一定的营销能力，能够策划和组织推广活动，提高科技成果的知名度和影响力 |

## 六、技术经理人的专业教育现状

### （一）相关专业

技术经理人的专业教育目前尚不成熟。虽然有少数院校开设了技术经理人相关专业，但这些专业的教学内容、教学方法和人才培养模式等还在探索中。目前，技术经理人的相关专业包括但不限于企业数字化管理、信息管理与信息系统、大数据技术与应用、数据分析与处理，以及各领域开设的数字化专业等。这些专业主要涉及技术经理人所需的信息技术、数据分析、业务流程管理等知识和技能，如图书档案数字化管理、数字化设计与制造技术、数字经济、空间信息与数字技术、数据科学与大数据技术、数字媒体技术等。

**（二）开设相关专业的院校（排名不分先后）**

★ 相关院校：北京大学、复旦大学、贵州大学、江苏大学、南京大学、清华大学、西南交通大学、中南大学、郑州大学、河北工业职业技术学院、深圳职业技术学院等。

◆ 相关院校：北京电子科技职业学院、重庆电子工程职业学院、赤峰工业职业技术学院、辽宁轨道交通职业学院、上海电子信息职业技术学院、山西工程职业技术学院、天津机电职业技术学院、浙江机电职业技术学院等。

## 七、技术经理人的就业创业信息

技术经理人的需求随着社会和经济的发展逐渐增加，全国招聘网站发布的职位中涉及技术经理人的岗位有近 1 万个，具有丰富经验和高级职称的公共风险管理师的月平均薪酬可达 3 万元以上。此外，技术经理人还可以通过自主创业的方式来实现就业，例如，结合自身的技能和经验，开设数字化管理咨询公司或者数字化管理培训公司等，为其他企业提供数字化管理相关的咨询、培训和实施服务。

技术经理人的就业领域非常广泛，主要包括高校、科研院所、高新技术公司等。①高校、科研院所：负责开展高校科研团队走访和科技成果挖掘；负责开展科技成果转化项目的市场调研、数据收集和可行性论证分析；负责开展技术转移合作，对接交流院所。②高新技术产业：进行高校科研成果对接，促成校企合作；进行技术转移及科技成果转化项目的市场调研、数据收集和可行性分析；进行企业知识产权、校企合作项目、人才项目等科技服务的挖掘；进行相关政府部门、企业、科研院校关系的维护及管理。

就业单位：先进技术成果长三角转化中心、西安交通大学国家技术转移中心、深圳市网新新思软件有限公司、西安远诺技术转移有限公司、蜂鸟智造（成都）

科技有限公司、北京维正专利代理公司等企事业单位。

就业领域：技术转移、科技成果转化。①技术转移：与科研人员建立紧密联系，梳理其研发创新资源（包括但不限于研发能力、科技成果、研发设备等），初步筛选有商业潜力的科技成果，并展开持续跟踪服务。②成果转化：面向产业企业，与相关负责人建立有效联系，梳理其产业资源，挖掘其创新资源需求（包括但不限于技术需求、人才需求、设备需求等），并展开持续跟踪服务。

注：以上机构信息仅供参考，不代表编写出版方对其推荐或认可。

## 八、技术经理人的贯通发展

技术经理人的贯通发展是个人选择和规划的过程，具体发展路径和形式因人而异。在不同的行业领域、不同性质的单位中，技术经理人的发展路径有所区别，一般遵循初级技术经理人—中级技术经理人—高级技术经理人 / 技术策略师—技术总监 / 首席技术官的发展路径（见图 2-06-07-16-1）。技术经理人的贯通发展通过多种方式将不同类型、领域和层次的风险管理岗位联系在一起，实现全面的职业发展。

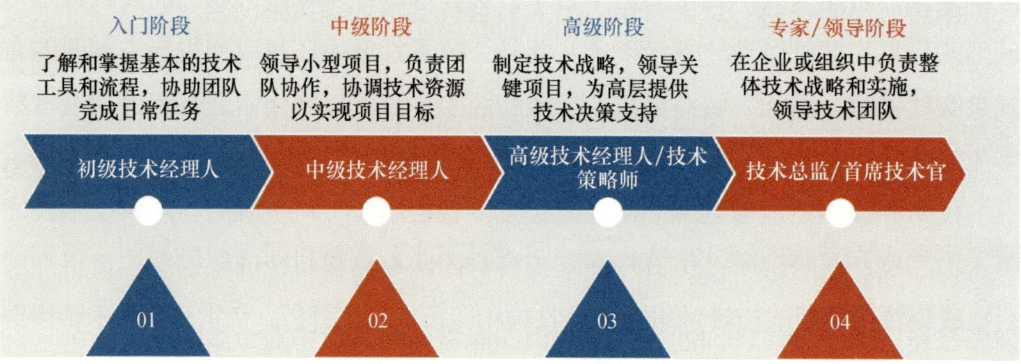


图 2-06-07-16-1　技术经理人的发展路径

第一，遵循职业晋升流程。技术经理人可以通过不断学习和积累经验，逐渐晋升为高级技术经理、技术总监或技术副总裁等高级管理职位。这些职位通常担负更大的责任、拥有更大的权力，如制定技术战略、跨部门协调和高级决策等。

第二，跨行业就业。技术经理人在不同行业之间具有转型的机会。由于先进技术在各个行业的应用越来越广泛，技术经理人可以将专业知识和技能应用于不同行业，开拓新的职业领域。

第三，创业。技术经理人具备专业技术知识和商业意识，可以选择创办自己的技术公司。在创业过程中，技术经理人可以发展和实现自己的创新想法，并塑造自己的企业文化和团队。

第四，国际市场就业。技术经理人往往具备全球化的视野和进行跨国合作的能力，有机会在国际舞台上展示其技术领导力，可以参与国际项目、在跨国公司工作，扩展业务至全球市场。

总之，随着科学技术的发展，企业对数字化转型和创新的需求不断增加，技术经理人在当前以及未来的科技社会中将继续扮演重要角色，职业发展前景非常乐观。

## 九、技术经理人的发展前景

**从市场供需看。**2021 年共有 3649 家高校及科研院所以转让、许可、作价投资和技术开发、咨询、服务方式转化的合同总金额为 1581.8 亿元，总合同项数为 564616 项，合同当年到账金额（不含作价投资）为 1016.9 亿元。2021 年，科技成果转化总合同金额超过 1 亿元的高校及科研院所数量有 314 家。但是，科技成果供给方与市场需求方之间的信息不对称仍明显制约着高校科技成果转移转化成效的提升。专业技术经理人参与及促成高校科技成果转化的案例仍不普遍，其主要原因之一是高校的专职技术经理人数量与科技成果转移转化需求相差甚远。据统计，当前中国合同转化金额为 2000 亿元左右。以 2022 年为例，北京、江苏和上海三个地区的合同转化金额分别为 318.9 亿元、163.3 亿元、150.9 亿元，这个数字还在不断递增。由此可见，需要大量的技术经理人来提升科技成果转化效能。

**从产业发展看。**截至 2021 年年底，针对高精尖产业的发展，高校及科研院所创设和参股公司数量为 3415 家，比上一年增长 17.6%，其中：中央所属高校院所创设和参股公司数量为 1260 家，比上一年增长 47.9%；地方所属高校院所创设和参股公司数量为 2155 家，比上一年增长 4.1%。高校、科研院所创设和参股公司数量如图 2-06-07-16-2 所示。

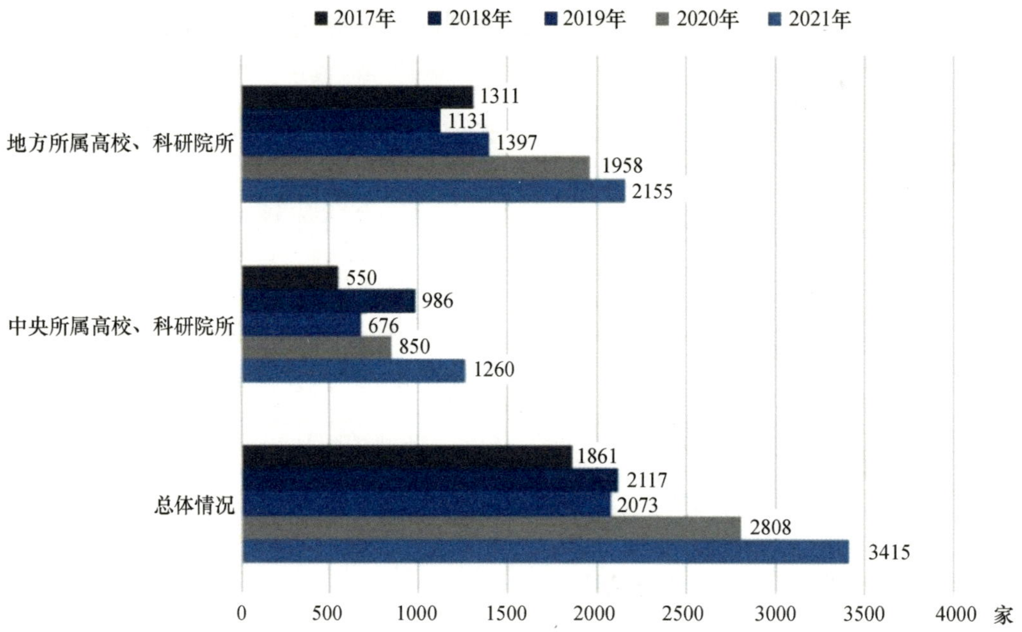


图 2-06-07-16-2 高校、科研院所创设和参股公司数量

目前，我国高校及科研院所、高精尖企事业单位，乃至世界 500 强企业，都在科技转化领域积极布局，对技术经理人的需求呈现几何级数增长的局面。技术经理人行业前景非常广阔。

技术转移实践表明，技术转移可以使研发效率提高 60%，节约研发经费 40%。与高等院校、科研院所建立紧密且稳定合作关系的企业，一般市场竞争力较强。在面对科学家和企业家时，技术经理人作为中介方，积极做好双方的沟通协调工作，勤奋务实，尊重双方在思想理念、工作目的和利益追求上的差异，从中斡旋，促进合作，以科技成果为纽带，利用双方优势，将二者凝聚成一股更强大的力量。除此之外，进行充分协调，用技术的成果价值和潜在的市场机遇，吸引锐意进取的企业家。如果能够将这些方面的成果转化工作做到位，技术经理人将会有很大的发展空间。

**从政策红利看。**2022 年 9 月，技术经理人作为新职业纳入《中华人民共和国国家职业分类大典（2022 年版）》。构建高素质的技术经理人队伍，是高校、科研院所科技成果转化能力建设的重要内容之一。“十三五”以来，高校、科研院所在科技创新主阵地持续发力，在经济主战场积极促进成果落地应用。相关报告显示，3554 家高等院校在 2020 年期间完成科技成果转化合同共 466882 项，金额达 1256.1 亿元。其中，转让、许可、作价投资方式转化合同共 20977 项，金额超过 200 亿元，超 40 家高校及科研院所单项转化合同额超过 1 亿元。

## 十、相关内容链接

**国家职业标准：**暂缺。

**相关政策文件：**见表 2-06-07-16-3。

**表 2-06-07-16-3 技术经理人相关政策文件**

| 发布或通过时间 | 发布或通过机构 | 文件名称 |
|---|---|---|
| 2021-10 | 人力资源社会保障部办公厅 | 《专业技术人才知识更新工程数字技术工程师培育项目实施办法》 |
| 2021-12 | 国务院 | 《“十四五”数字经济发展规划》 |
| 2023-02 | 中共中央、国务院 | 《数字中国建设整体布局规划》 |

供稿：上海电子信息职业技术学院 李强

# 不动产确权登记专业人员

职业编码：2-06-07-17

某村庄最近很热闹，城里来了几个年轻人，挨家挨户进行登记，又是查证件，又是量房子，又是画图纸，还给该村庄人和他们的房子合影，说是要办理房屋确权登记。大家议论纷纷，说自己住了几代人的房子还需要啥证据？也有人说确权了是好事，这房子在法律上就明明白白属于自己了，不会被别有用心的人惦记。工作队在村头大晒场摆了桌台，村民委员会主任在喇叭里吆喝大家去现场咨询，领队的科长要给大家科普一下什么叫房屋确权登记。

房屋确权登记属于不动产确权登记的一项内容，与群众关系最为密切。不动产确权是指在土地登记过程中的权属审核阶段对土地权属的来源、权属性质的确认。确权要经过土地登记申请、地籍调查、核属审核、登记注册、颁发土地证书等土地登记程序。

《中华人民共和国民法典》第二百零九条规定，不动产物权的设立、变更、转让和消灭，经依法登记，发生效力；未经登记，不发生效力，但是法律另有规定的除外。确权是登记的基础，未确权就无法对土地权属的来源、性质进行确认。房地产商买地建房、农村目前正在进行的房屋确权登记，目的都是保障其权属合法、保障所有者的权利。

## 一、不动产确权登记专业人员的一天

记录时间：2023 年 8 月 31 日　　　　记录员：王某松

### 上午工作情况

**9 点：**

1. 开会，听取科长安排的近段时间的主要工作内容。为有关单位办事人员和其他群众办理业务。（工作安排）

2. 按照流程仔细审核相关项目批文、不动产权属证明、土地使用证明等相关资料，以确保其完整性和真实性。（资料审核）

3. 接待来访者，解答来访者的咨询，提供关于不动产确权登记的法律法规解读、流程指导等服务。（咨询解答）

**10 点 30 分：**

1. 按计划梳理今日需要进行确权勘察的项目及材料，规划路线，分配人员，会同测绘人员到现场进行实地勘测、调查核实，以确认不动产的地理位置、面积、周边环境等信息是否与提交的资料一致。（调查核实）

不动产确权登记业务办理

2. 现场核查完成后，根据法律、法规和相关政策，进一步核查不动产的权属情况，包括查阅相关权属证明文件、登记簿册等资料，确认不动产的所有权及其他权益情况。（权属核查）

**下午工作情况**

**14点：**

1. 根据调查核实的结果，工作人员将相关数据进行整理并录入系统，建立相应的不动产资源档案。（数据录入）

2. 经核查无误后，工作人员进行数据处理，生成不动产确权登记证书、不动产权属证明等相关文件，并按规定加盖专章，履行签字等手续。（申请处理）

**16点30分：**

行政人员对完成登记的不动产进行档案管理，以便于查询，并确保相关资料的安全性和完整性。（档案管理）

## 二、什么是不动产确权登记专业人员

**职业定义。**不动产确权登记专业人员是指在不动产和自然资源确权登记经办、管理和服务机构中，从事不动产和自然资源地籍调查组织实施、权属确认、审核登簿、争议调处、咨询代理和产权信息数据开发管理的专业人员。

**定义解读。**不动产确权是依照法律、政策的规定，对某一范围内的土地（或称一宗地）的所有权、使用权的隶属关系和他项权利的确认、确定，简称确权。每宗地的土地权只有经过土地登记申请、地籍调查、核属审核、登记注册、颁发土地证书等土地登记程序，才能得到最后的确认和确定。

房产确权是依照法律、政策的规定，经过房地产申报、权属调查、地籍勘丈、审核批准、登记注册、发放证书等登记规定程序，确认某一房地产的所有权、使用权的隶属关系和他项权利。房产确权仅针对开发商或单位初次申请用地。近期国家针对农村住房开展的确权是对之前未进行确权的农村住房所进行的一次“普查”与确权，可以保障房屋所有人依法对自己的房屋享有占有、使用、收益和处分的权利。

**关联职业。**密切相关的职业领域或单位主要有以下几个方面。

1. 自然资源局及下属机构。依据国家和政府的相关规定与办事流程，为房地产开发或其他项目进行确权登记服务。

2. 房地产开发与投资。为房地产开发商和投资者提供专业的确权登记服务，帮助其了解和处理相关房产权益问题，以保障其投资利益。

3. 房地产评估与咨询。为房地产评估公司和咨询机构提供专业意见和数据支持，参与房地产市场调研、评估和咨询工作，为相关决策提供依据。

4. 法律服务。与律师、法务人员合作，处理涉及产权的法律事务，如起草合同、解决纠纷等。

5. 地产交易服务。随着房地产市场的繁荣，确权登记专业人员也可以与地产经纪人、房产中介等合作，提供相关服务，协助房屋买卖双方进行房产过户和办理确权登记手续等。

## 三、不动产确权登记专业人员的主要工作职责

1. 制定地籍调查和确权登记技术方案，组织实施和指导地籍调查权属核实、地籍测绘等内外业务。

2. 开展不动产和自然资源确权登记审核业务，指导登记窗口开展事务性工作。

3. 提供不动产和自然资源权属争议调处方案，组织实施权属争议调处活动。

4. 开展不动产和自然资源确权登记信息数据的采集与集成、建库与管理、分析与应用、共享与保护。

5. 接受委托，开展地籍调查、权属确认、权属争议调处和不动产登记申请办证等代理业务。

6. 进行不动产和自然资源确权登记相关法律、法规和业务咨询活动。

不动产确权登记专业人员的主要工作职责如图 2-06-07-17-1 所示。

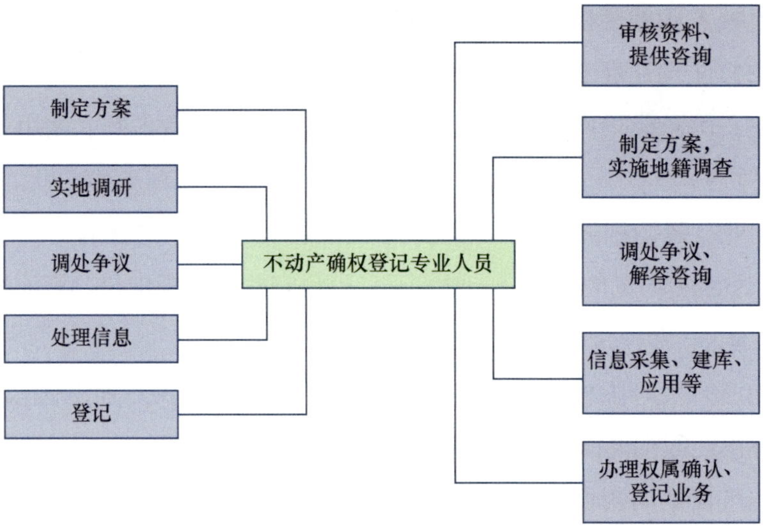


图 2-06-07-17-1　不动产确权登记专业人员的主要工作职责

## 四、不动产确权登记专业人员的薪酬福利待遇

**平均薪酬水平。**从行业看，不动产确权登记专业人员属于人力资源管理服务人员；从岗位性质看，不动产确权登记专业人员属于专业技术人员和办事人员；从所在组织性质看，不动产确权登记专业人员所在组织机构及行业分为行政事业单位、建筑业、房地产业、科学研究和技术服务，以及水利、环境和公共设施管理业。不动产确权登记专业人员的薪酬因地区、行业、经验和职位级别而异。

自然资源局等国家机关单位，中部地区三线城市科员的月平均薪酬为4000~5000元，科级为5000~6000元，不发达地区的合同制员工起薪为2000元。

企业单位不动产确权登记专业人员的薪酬情况与其所属行业及业务量、薪资政策相关。根据国家统计局《2022年规模以上企业就业人员年平均工资情况》，2022年规模以上企业就业人员年平均工资情况见表2-06-07-17-1。

**表 2-06-07-17-1　2022 年规模以上企业就业人员年平均工资情况**

| 行业 | 专业技术人员（元 / 年） | 办事人员（元 / 年） |
| --- | --- | --- |
| 本行业平均工资 | 133264 | 85881 |
| 建筑业 | 84671 | 59184 |
| 房地产业 | 110405 | 78385 |
| 科学研究和技术服务业 | 160812 | 109588 |
| 水利、环境和公共设施管理业 | 107887 | 69730 |

2022 年，全国规模以上企业就业人员年平均工资为 92492 元。其中：专业技术人员（除建筑业外）的工资均高于年平均水平，科学研究和技术服务业专业技术人员的工资高出年平均工资 73.9%，高出本行业平均工资 20.7%，科学研究和技术服务业办事人员的工资高出年平均工资 18.5%，高出本行业平均工资 27.6%，其余和行业整体工资水平密切相关。

**与类似职业对比。**不动产确权登记专业人员的薪酬具有一定的优势。智联招聘、58 同城等平台的数据统计显示，在广州地区，该职业的薪酬水平高于人事助理、行政专员、文员的薪酬水平。类似职业薪酬水平见表 2-06-07-17-2。

**表 2-06-07-17- 2　类似职业薪酬水平**

| 职业名称 | 薪酬水平（元 / 月） |
| --- | --- |
| 不动产确权登记人员 | 5000~20000 |
| 人事助理 | 3500~4800 |
| 行政专员 | 3000~4000 |
| 文员 | 2300~3500 |

## 五、从事不动产确权登记专业人员工作需要具备的本领

1. 不动产确权登记专业人员需具备的知识和技能：不动产确权登记专业知识、大数据统计与处理知识、不动产相关的法律法规等。核心技能是不动产确权登记、

大数据统计与处理能力等。

2. 目前，不动产确权登记专业人员暂无国家职业技能标准，综合不动产确权登记专业人员的招聘要求和工作职责，不动产确权登记专业人员的知识和技能要求见表 2-06-07-17-3。

**表 2-06-07-17-3 不动产确权登记专业人员的知识和技能要求**

| 职业功能 | 工作内容 | 知识和技能要求 |
| --- | --- | --- |
| 不动产确权 | 进行不动产权属调研 | 了解不动产确权的基本理论知识，能够熟练使用访谈、文献分析等工作分析方法，收集、整理和分析信息，为不动产确权提供数据支持和决策依据 |
| | 核实不动产的权属 | 核实不动产的权属（包括查阅相关权属证明文件、调查权属变更历史等），确保权属的合法性和真实性 |
| 不动产界址测量 | 测量不动产界址 | 具备测量技术与能力，能够进行不动产的界址测量工作（包括测量不动产的边界、面积等），确保登记信息与实际情况相符 |
| 不动产确权登记 | 不动产登记 | 具备文档制作能力、文件编辑能力；能够熟练完成不动产登记申请流程，包括填写登记申请表、提交相关证明文件、缴纳登记费用等，确保申请程序的规范和顺利进行。具备项目流程管理能力 |
| | 信息管理 | 能够熟练使用 Excel、SAS、SPSS 等数据处理软件，完成不动产登记信息的管理和维护，包括登记档案的整理归档、信息的更新和查询等，确保登记信息的安全性和可靠性 |
| | 政策解答 | 具备良好的沟通能力和逻辑思维能力，能够为权利人和相关当事人提供不动产登记方面的法律咨询和解答。关注政策法规的新动态，帮助解决在登记过程中产生的问题和纠纷 |

## 六、不动产确权登记专业人员的专业教育现状

### （一）相关专业

与不动产确权登记专业人员的专业要求相关性较大的专业：土地资源管理、

城市规划与管理、测绘等。

（二）开设相关专业的院校（排名不分先后）

★ 相关院校：南京大学、中国矿业大学、中国地质大学、东北农业大学、西南大学、华中科技大学、长安大学、东北大学、哈尔滨工业大学、河南大学、云南财经大学、中国人民大学、兰州资源环境职业技术大学。

◆ 相关院校：重庆建筑工程职业学院、黑龙江生态工程职业学院、江阴职业技术学院、广西建设城市学校、重庆资源与环境保护职业学院、白银矿冶职业技术学院、广州市建筑工程职业学校、天津市城市建设管理职业技术学院、淄博建筑工程学校、韶关市建筑中专学校。

## 七、不动产确权登记专业人员的就业创业信息

吸纳不动产确权登记专业人员较多的政府机构及企业有以下几类。

1. 政府机构。吸纳不动产确权登记专业人员就业的政府机构包括但不限于国务院自然资源部门和地方各级自然资源局及其下属单位，如自然资源部不动产登记中心、各地市级自然资源和不动产确权登记中心等。

2. 企业。吸纳不动产确权登记专业人员就业的企业包括但不限于房地产开发企业、不动产确权登记平台、测绘公司、律师事务所、咨询公司等，如唐山新益测绘工程有限公司、北京城建勘测设计研究院有限责任公司、北京地星伟业科技股份有限公司、北京航天勘察设计研究院、北京苍穹数码测绘有限公司、广州海建工程咨询有限公司、广东省测绘技术有限公司、广东凯城勘查测绘科技有限公司、广东省测绘工程有限公司、广州市天驰测绘技术有限公司等。

一些有经验和能力的不动产确权登记专业人员会选择自主创业，成立不动产确权登记咨询公司或律师事务所，主要通过与相关政府机构建立业务关系，为房地产开发商、个人和企业提供专业的不动产确权登记服务、咨询和法律援助等业务。除此之外，他们还会开展相关的培训和咨询业务，为其他相关的机构和人员提供培训和咨询服务，以扩大业务范围。

随着国内不动产市场的变化以及不动产确权登记制度的不断完善和推行，不动产确权登记专业人员需要不断提升自己的专业能力和知识水平，以应对日益复

杂的工作需求。

注：以上机构信息仅供参考，不代表编写出版方对其推荐或认可。

## 八、不动产确权登记专业人员的贯通发展

不动产确权登记专业人员的发展路径主要有四条。

1. 管理路线。如在地方各级自然资源局工作的不动产确权登记专业人员，随着业务能力和管理能力的提升，按照所在单位职务晋升路径逐步发展。

2. 专家路线。不断提升专业技能水平，在专业技术职称等级上不断提升，成为不动产确权登记领域的专家。这条路线往往伴随着职务和职位的同步上升，如律师事务所专门负责确权项目的律师，可以逐步由律师助理提升至四级律师、三级、二级直至一级律师。

3. 复合人才路线。向其他行业跨越或职业转型，主要通过行业转换实现职业转型。例如，可以从行政事业单位转型为企业人员，或者通过考试从其他行业企业进入公务员队伍或事业单位，还可以通过不动产登记代理人资格考试或律师资格考试，成为专业代理人或专业律师（主要负责民商领域）。

4. 创业路线。基于个人爱好、职业生涯规划或对经济发展形势的洞察，选择包括不动产确权登记服务在内的市场服务行业，创建咨询公司、测绘公司或第三方公司。

不动产确权登记专业人员的发展路径如图 2-06-07-17-2 所示。

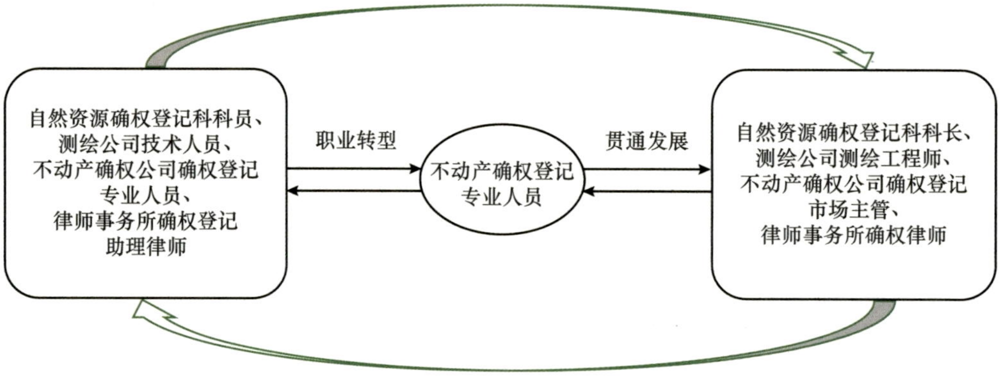


图 2-06-07-17-2　不动产确权登记专业人员的发展路径

## 九、不动产确权登记专业人员的发展前景

**从市场供需看。**我国幅员辽阔、资源丰富，不动产数量庞大、交易活跃，极易引发纠纷与权属不明晰等问题，亟须进行确权。目前，全国约有 3000 个大厅、4 万个窗口、10 万人的登记队伍，每天为 40 万群众和企业提供各类登记服务。10 年来，累计颁发不动产权证书 7.9 亿多本、不动产登记证明 3.6 亿多份，电子证书证明 3.3 亿多本。规范确权、规范管理，是社会发展的需求，也是市场健康有序发展的需求，这给不动产确权登记专业人员提供了广泛的就业空间。

**从行业发展看。**2022 年，《中华人民共和国职业分类大典（2022 年版）》发布，不动产确权登记专业人员作为新职业进入国家职业分类大典。2023 年 4 月 25 日召开的全国自然资源和不动产确权登记工作会议强调：积极推动自然资源统一确权登记制度落地。以点带面，对水流、森林、山岭、草原等自然资源进行确权登记。全面完成易地扶贫搬迁安置住房不动产登记，全国 258.18 万套建档立卡户安置住房实现“应登尽登”，960 万搬迁群众拿到“红本本”。会议要求，要系统谋划未来 5 年的确权登记工作，持续深化不动产登记改革创新，全面保护人民群众不动产合法权益，持续推进农村不动产确权登记，完善自然资源确权登记制度，加强统一登记基础建设。

**从政策驱动看。**国家陆续出台相关法规政策、转化政府职能，变管理为服务，规范办事程序，简化办事流程，这是国家法治建设不断完善的结果，也是人民群众和企业团体法律意识不断提高的结果。2019 年 7 月 24 日，《自然资源部关于第一批废止和修改的部门规章的决定》提出，不动产登记机构受理不动产登记申请后，应当对包括下列条款的内容进行查验：①权属来源材料或者登记原因文件与申请登记的内容是否一致；②不动产界址、空间界限、面积等权籍调查成果是否完备，权属是否清楚、界址是否清晰、面积是否准确；③房屋等建筑物、构筑物所有权首次登记，查看房屋坐落及其建造完成等情况；④ 2023 年开始，市、县人民政府根据情况对本行政区域内未登记的不动产，组织开展集体土地所有权、宅基地使用权、集体建设用地使用权、土地承包经营权的首次登记。这是一项庞大而持久的工程，为不动产确权登记专业人员提供了大量的就业机会。

## 十、相关内容链接

**国家职业标准：** 暂缺。

**相关政策文件：** 见表 2-06-07-17-4。

**表 2-06-07-17-4　不动产确权登记专业人员相关政策文件**

| 发布或通过时间 | 发布或通过机构 | 文件名称 |
| --- | --- | --- |
| 2022-04 | 自然资源部 | 《不动产登记代理专业人员职业资格制度规定》《不动产登记代理人职业资格考试实施办法》 |

供稿：广东女子职业技术学院　黄宁

# 人力资源管理专业人员

职业编码：2-06-08-01

“木桶定律”的核心内容是，水桶盛水的多少，不取决于桶壁上最高的那块木板，而取决于其最短的那块；而“新木桶定律”（也叫“长板理论”）的核心内容是，在团队协作中，需要发现每个成员的“长板”，并将其作用发挥到极致。优化团队组合，把正确的人放在正确的位置，使团队效率达到最大化，这就是人力资源管理专业人员重要工作内容之一。

“十四五”规划提出，到 2035 年，我国要进入世界创新型国家的前列、实现建成人才强国的战略目标。《“十四五”就业促进规划》与之相互衔接，提出了实现城镇新增就业 5500 万人以上，城镇调查失业率控制在 5.5% 以内的目标，同时也提出了加强职业技能培训工作的指导思想、基本原则、主要目标、重点任务和保障措施。要想实现经济稳定持续发展，需要高素质的人力资源管理专业人员作为支撑，需要对其提出规范化、标准化、专业化的职业要求。

## 一、人力资源管理专业人员的一天

**记录时间：2023 年 9 月 1 日** **记录人：龚某然**

### 上午工作情况

**9 点：**

1. 查看邮件系统（或招聘管理系统）里的简历，筛选出与本公司招聘岗位相匹配的简历，推送给用人部门。（员工招聘）

2. 编写新员工入职培训方案。（员工培训）

3. 其间接听员工投诉电话、招聘信息咨询电话等并进行处理。(劳动关系处理)

**10点：**

1. 参加部门会议，对下一年度单位人力资源发展规划和年度计划以及岗位分析进行商议。(人力资源规划和工作分析)

2. 会后处理员工咨询的薪资、社保等事宜。(劳动关系处理)

**11点：**

1. 参加离职员工面谈。(劳动关系处理)

2. 为离职员工办理离职手续、处理员工变更信息，以及相关理赔类事务。(劳动关系处理)

**下午工作情况**

**13点：**

1. 向用人部门反馈招聘信息，制作面试通知、进行面试邀约。(员工招聘)

2. 根据绩效任务，制定下一年度员工绩效考核方案。(绩效管理)

3. 接听员工投诉电话、招聘信息咨询电话等并进行处理。(劳动关系处理)

**15点：**

1. 整理报销单据、理赔单据等，处理报销事宜。(费用管理)

2. 综合考勤、绩效、补贴等情况，制作员工工资表。(薪酬管理)

**17点：**

1. 查看上半年的公司人效，发现比较低，决定重新设计薪酬体系，主要采用激励方案。(薪酬设计)

2. 参加组织文化建设会议。(企业文化建设)

3. 完成工作日志。(工作记录)

## 二、什么是人力资源管理专业人员

**职业定义**。人力资源管理专业人员是指从事企事业单位人力资源规划设计、招聘配置、培训开发、绩效考核、薪酬福利、劳动关系管理的人员。

**定义解读**。人力资源管理专业人员应该做到：根据单位的战略目标编制人力资源发展规划和年度计划，进行定员定额和工作岗位分析；根据单位人力资源发展规划和年度计划制定并实施员工招聘、甄选和配置；为单位员工制订职业生涯发展规划和职业技能开发计划，组织单位培训工作；结合单位发展战略，参考行业和市场最佳实践，制定适合单位的绩效考核体系，确定考核标准，在合适的时间针对不同岗位组织实施绩效考核；为了适应和支撑单位发展，能够设计、制定并实施员工薪酬福利和激励保障方案；通过员工上岗、离岗面谈及手续办理，处理员工申诉、人事纠纷和意外事件；恰当处理劳动争议，构建和谐的劳资关系；积极建设有效、健康向上的组织文化，引导组织员工价值观，维护单位良好形象。人力资源管理专业人员应该关注组织发展能力，是组织的战略伙伴。

**关联职业**。密切相关的职业有人力资源服务专业人员、职业信息分析专业人员、职业技术实训指导专业人员等。①人力资源服务专业人员，是指在人力资源服务机构中，从事人力资源招聘、职业指导、人力资源和社会保障事务代理、人力资源培训、人才测评、劳务派遣、高级人才寻访、人力资源外包、人力资源管理咨询、人力资源信息软件服务等多种服务的专业人员；人力资源管理专业人员在进行工作分析、人员招聘、培训等人力资源管理时，有时需要人力资源服务机构的帮助，或者直接将业务外包给人力资源服务机构。②在为员工进行职业生涯规划、职业培训时，人力资源管理专业人员可以咨询职业信息分析专业人员、职业技术实训指导专业人员。

**相应岗位**。中小企业或事业单位的相应岗位主要有人力资源部经理、人事专员、招聘专员、培训/人才发展专员、绩效考核专员、绩效薪酬专员等，大型企业还有人力资源专家、人力资源总监、首席人力资源官、组织发展、人才发展、学习与发展等岗位，猎头类公司的相应岗位主要为猎头。基于人力资源管理大师戴维·尤里奇的思想，结合自身的人力资源转型实践，大型企业提出了人力资源“三支柱”模型（见图 2-06-08-01-1），具体包括人力资源专家中心、人力资源业务合作伙伴、人力资源共享服务中心三类。

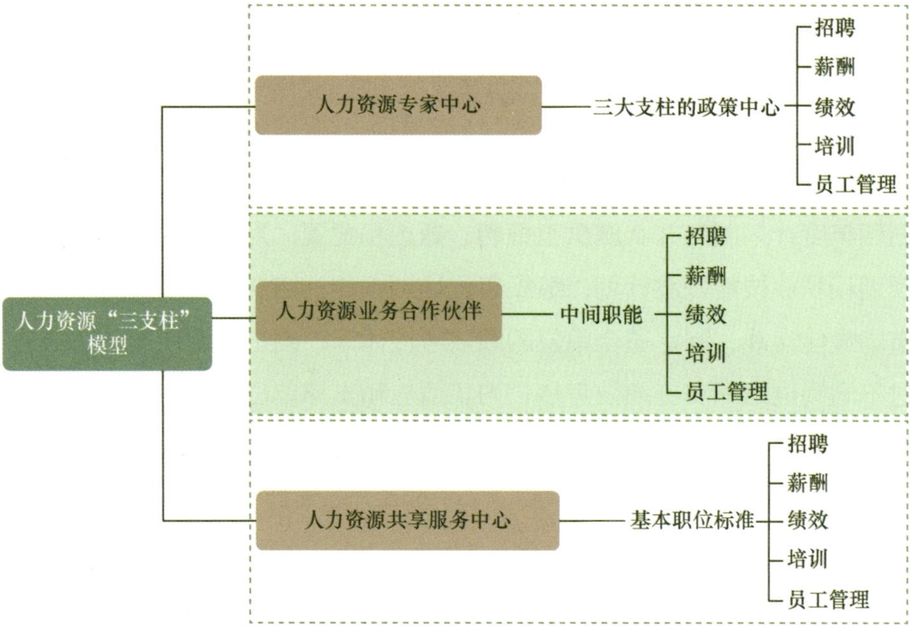


图 2-06-08-01-1　人力资源“三支柱”模型

## 三、人力资源管理专业人员的主要工作职责

在人才竞争趋于全球化的今天，组织的竞争就是人才的竞争，人力资源管理的工作越发重要，其包括的模块也越多（人力资源管理的六大模块如图 2-06-08-01-2 所示），其管理已远远超出传统人事范畴。当前，人力资源管理专业人员已经被纳入组织发展战略规划中，成为组织谋求发展壮大的核心因素，其从业者的素质和技能直接影响着组织在市场竞争中的地位。人力资源管理专业人员的主要工作职责是为企业或组织提供人力资源支持，促进员工的成长和发展，具体内容如下。

1. 规划预测组织未来的员工需求数量以及基本素质构成，编制年度人才需求计划表，经批准后组织并实施。

2. 完成组织架构及岗位设计、评价及完善工作，组织各岗位工作分析和员工定岗定编。

3. 建立组织招聘体系，根据组织需求，拟订年度招聘计划，实施人员招聘、甄选和配置计划，合理控制招聘成本。

4. 根据各岗位的任职要求及员工的素质特点，编制组织岗位职业发展通道及各类专业技术人员职称晋升年度计划。

5. 根据培训需求展开调查，编制并实施组织年度培训计划、月培训计划，合理控制培训成本。

6. 负责建立和完善员工绩效管理体系，组织制定考核指标体系。

7. 组织员工绩效考核的实施，并在实施中提供培训与辅导，负责完成员工绩效管理的结果统计分析及提出应用建议。

8. 制定组织薪酬管理制度，设计组织薪酬体系，编制并实施员工薪资方案和福利计划。

9. 负责员工薪酬福利的计算、审核及发放，定期进行市场薪酬水平调研，制定激励保障方案。

10. 负责人员劳动合同的签订与管理，建立畅通的沟通渠道，负责人员离职面谈和劳动争议的协调。

11. 负责办理人员入职、调动、退休、离职手续的审批，并做好离职人员社会保险和人事档案的移交工作。

12. 根据人事档案管理有关规定，做好员工人事档案整理、信息化更新工作，做好档案保密管理。

13. 根据组织发展战略，制订实施组织文化建设工作计划，监督指导各部门落实组织文化建设各项工作。

14. 完成组织交付的其他临时性工作。

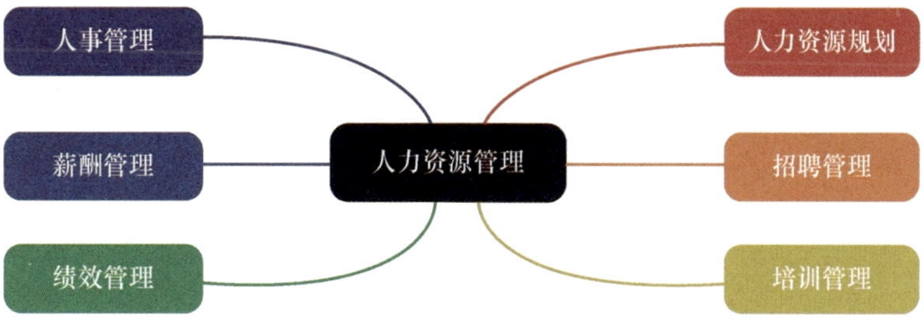


图 2-06-08-01-2　人力资源管理的六大模块

## 四、人力资源管理专业人员的薪酬福利待遇

**平均薪酬水平。**根据人力资源社会保障部发布的《2022年企业薪酬调查信息》，经济和金融专业人员平均薪酬的最低分位值为3.94万元/年，中位值为7.41万元/年，最高分位值为18.91万元/年，在全国62类职业中处于较高水平。智联招聘网站发布的数据显示：人力资源专员的薪酬波动较大，月薪最低值为3000~15000元；薪酬绩效专员的月薪为4000~10000元；人力资源业务合作伙伴的薪资较高，为6000~11000元。

**与类似职业对比。**租赁和商务服务人员平均薪酬的最低分位值为2.61万元/年，中位值为4.46万元/年，最高分位值为8.88万元/年。经济和金融专业人员的薪酬水平远超租赁和商务服务人员的薪酬水平。智联招聘网站发布的数据显示，数据分析专员、职业教育数据分析师的薪酬与人力资源管理专业人员的薪酬水平相当。

## 五、从事人力资源管理专业人员工作需要具备的本领

1. 掌握人力资源管理的相关知识。了解人力资源管理的基本理论和实践技巧，学习劳动法律、法规和组织规章制度，掌握人力资源规划、工作分析、招聘、培训、绩效、薪酬、劳动关系以及职业生涯规划等人力资源工作的操作技能。人力资源管理专业人员的知识和技能要求见表2-06-08-01-1。

**表2-06-08-01-1　人力资源管理专业人员的知识和技能要求**

| 职业功能 | 工作内容 | 技能要求 | 知识要求 |
|---|---|---|---|
| 人力资源规划 | 单位组织规划设计与变革 | 能够设计组织结构，进行组织结构变革与整合，进行岗位分析 | 组织结构的模式，组织结构设计的内容，岗位设计的基本原则及方法 |
| | 人力资源预测与供求平衡 | 能够进行组织人力资源需求的总量预测和结构预测，进行组织内外供给预测，并提出平衡对策 | 人力资源供求预测的内容、影响需求预测的主要因素 |

续表

| 职业功能 | 工作内容 | 技能要求 | 知识要求 |
| --- | --- | --- | --- |
| 人力资源规划 | 劳动定额定员管理 | 能够制定、修订劳动定额定员标准，并且推进定额定员的标准化；能够采用统计分析法制定劳动定额，核算单件工时定额 | 劳动定额定员标准及其标准化的概念与内容，影响劳动定额的因素，制定定额定员的依据与要求 |
| | 人力资源费用预算与核算 | 能够编制组织人工成本与人力资源管理费用预算方案，核算组织人力资源管理费用 | 组织人力资源费用的构成与人力资源费用预算的基本原则，企业人力资源管理费用核算的要求与管理行为失误的成本 |
| 招聘与配置 | 人员招聘计划制订 | 能够制订人员招聘计划，控制招聘成本 | 人员招聘计划的概念及内容，招聘成本的内容及特点 |
| | 招聘信息发布、人员初步选拔 | 能够选择合适的信息发布渠道，筛选应聘者简历，进行应聘人员背景调查并安排体检 | 招聘需求信息发布的渠道和方式，简历筛选的内容及方法，应聘人员背景调查的意义、内容和原则 |
| | 面试组织与实施 | 能够设计面试题目，能够组织面试活动 | 面试题目的特点及要求，面试的概念、特点、流程及方式 |
| | 员工录用管理 | 能够办理员工录用手续，签订劳动合同，组织新员工培训，收集整理新员工信息 | 员工录用的原则，员工信息管理系统的功能与信息管理的作用 |
| 培训与开发 | 员工培训与开发计划设计与实施 | 能够设计并实施员工培训与开发的中长期计划以及年度计划 | 员工培训与开发计划的概念内容 |
| | 培训课程体系设计与培训方法的选择 | 能够设计员工培训课程体系，选择并应用各种培训方法 | 培训课程设计的基本原则，各类培训方法的内容及其应用范围 |

续表

| 职业功能 | 工作内容 | 技能要求 | 知识要求 |
|---|---|---|---|
| 培训与开发 | 员工培训的有效评估及经费核算控制 | 能够进行培训实施效果评估，核算培训成本，编制培训经费预算方案 | 培训有效性评估的概念、信息类型及内容，培训成本的概念与构成，员工定向成本的含义 |
| | 员工职业生涯规划与管理 | 能够对员工进行职业生涯规划与管理，指导员工进行职业生涯发展的自我开发与管理 | 职业生涯管理的概念、分类、理论及原则，员工职业生涯发展的自我开发与管理的含义与原则 |
| 绩效管理 | 绩效管理体系制定 | 能够进行绩效管理总体系统的设计，设定绩效考评标准 | 绩效管理系统设计的内容，绩效考评指标的类型及要求 |
| | 绩效考评 | 能够根据实际情况，运用各种绩效考评方法实施绩效考评 | 绩效考评方法的分类及应用策略 |
| | 绩效反馈 | 能够开展并指导绩效反馈面谈，归档绩效考评资料 | 绩效反馈面谈的内容及应用范围 |
| 薪酬管理 | 薪酬制度设计 | 能够根据薪酬战略设计薪酬制度、薪酬体系 | 薪酬、薪酬管理、薪酬体系、薪酬战略、薪酬制度的概念与内容 |
| | 岗位评价及市场薪酬调查 | 能够进行岗位评价，分析评价数据；能够进行市场薪酬调查、分析数据、撰写报告 | 岗位评价的概念与内容，市场薪酬调查的概念、种类及报告的内容 |
| | 员工福利管理 | 能够编制福利总额预算及制订单项福利计划，办理社会保险缴纳手续 | 员工福利的概念、内容，社会保险的基本内容 |
| 劳动关系管理 | 劳动标准制定与实施 | 能够制定组织工作时间制度，最低工资保障制度以及组织内部劳动规则 | 劳动标准的概念与结构，工作时间与最低工资标准的概念与内容，组织内部劳动规则的内容 |
| | 劳动合同管理 | 办理劳动合同的变更、解除和终止手续，管理合同档案 | 劳动合同管理的相关概念、内容与要求 |

续表

| 职业功能 | 工作内容 | 技能要求 | 知识要求 |
|---|---|---|---|
| 劳动关系管理 | 劳动争议处理 | 能够进行劳动争议调解，参加劳动争议仲裁 | 劳动争议调解和劳动争议仲裁的概念、特点及相关法律、法规 |
| | 和谐劳动关系构建 | 能够进行组织文化建设，构建劳动关系协调机制，履行社会责任 | 组织文化的概念及内容，工会组织的职能、民主管理制度的内容，国际劳动立法与标准 |

2. 获取相关证书。相关证书包括人力资源共享服务职业技能等级证书、薪酬管理职业技能等级证书、人力资源数字化管理职业技能等级证书、人力资源管理师证书、国际人力资源管理师职业资格证书等。

3. 具有优秀的人际沟通与协调能力、出色的组织及分析能力、较强的领导和管理能力，以及优秀的文字表达能力、较强的计划和控制能力等。

4. 具有一定的英语水平。在外企任职时，具备良好的英语表达能力将有利于工作的开展。

## 六、人力资源管理专业人员的专业教育现状

### （一）相关专业

1. 普通高等教育院校开设的相关专业：工商管理、市场营销、国际商务、财务管理、行政管理、劳动与社会保障、劳动关系等。

2. 职业教育院校开设的相关专业：工商企业管理、市场营销、劳动与社会保障、行政管理、职业指导与服务等。

### （二）开设相关专业的院校（排名不分先后）

★ 相关院校：中国人民大学、北京大学、浙江大学、西南财经大学、东北财经大学、山东大学、大连理工大学、西安交通大学、北京师范大学、南开大学、首都经济贸易大学、江西财经大学、武汉大学、厦门大学、兰州大学、华东师范

大学、中央财经大学、吉林大学、对外经济贸易大学、上海师范大学、天津市职业技术师范大学等。

◆ 相关院校：长沙民政职业技术学院、北京劳动保障职业学院、石家庄职业技术学院、北京社会管理职业学院、青岛职业技术学院、天津渤海职业技术学院、石家庄信息工程职业学院、上海城建职业学院、河北政法职业学院、浙江建设职业技术学院、唐山职业技术学院、河北青年管理干部学院等。

## 七、人力资源管理专业人员的就业创业信息

人力资源管理专业人员的主要就业方向：一是各行业企业；二是公共事业单位，如政府机关、各种社会群体和组织；三是科研教学机构；四是人力资源服务机构，如中介机构、培训机构、咨询机构、招聘网站等。其中，最直接的就业方向是企业人事岗位，其最大优势是不限行业、不限公司。目前，人力资源管理专业人员人才缺口仍然很大。相关数据显示，2023 年人力资源管理专业人员招聘需求量较大的地区有天津、东莞、南宁、深圳、厦门、上海、重庆、北京、杭州等城市。

## 八、人力资源管理专业人员的贯通发展

人力资源管理专业人员的职业发展方向有四个：

一是在人力资源部门发展。一般分为管理通道和专业通道两条路线。管理路径，如人力资源助理—人力资源专员—人力资源主管—人力资源经理—人力资源总监。初入职场，都会从人力资源专员做起，处理档案整理、入离调转等；人力资源主管负责培训、薪酬、招聘等项目；人力资源经理负责人力资源整个部门的运作；人力资源总监负责配合公司完成战略目标的制定与实施，有时甚至上升成为公司的业务伙伴。专业路径为深入某一模块，深耕细作，成为该模块的专家，人力资源伙伴关系，如绩效薪酬助理—绩效薪酬专员—绩效薪酬主管—绩效薪酬经理—绩效薪酬总监，从单一模块深入发展，逐步晋升。

二是跨部门跨岗位发展。从人力资源部门到业务部门或其他管理部门，轮岗或是转部门。人力资源从业者比较了解各个岗位的工作内容，可以进入公司其他

业务部门，从事一些管理工作。当然，要实现这个转型的前提是具备业务部门或其他管理部门所需要的专业知识与技能。

三是人力资源的向外延职业发展。可以考虑咨询、猎头、培训、人力资源服务外包业务等。可以在专业领域有所建树后进入专业的人才服务机构、培训公司、管理咨询公司工作，用自己的专长为更多的人及单位服务以实现自己的专业价值，或在条件具备时自主创办该类公司，推进人力资源产业化发展。

四是向人力资源专家方向发展。成为专家就要提升自己的能力，包括理论水平和实践经验，努力进取，提高自己的专业技术水平，打造个人的职业竞争能力，要通过实践积累经验，成为专业领域的“高手”。

人力资源管理专业人员的发展路径如图 2-06-08-01-3 所示。

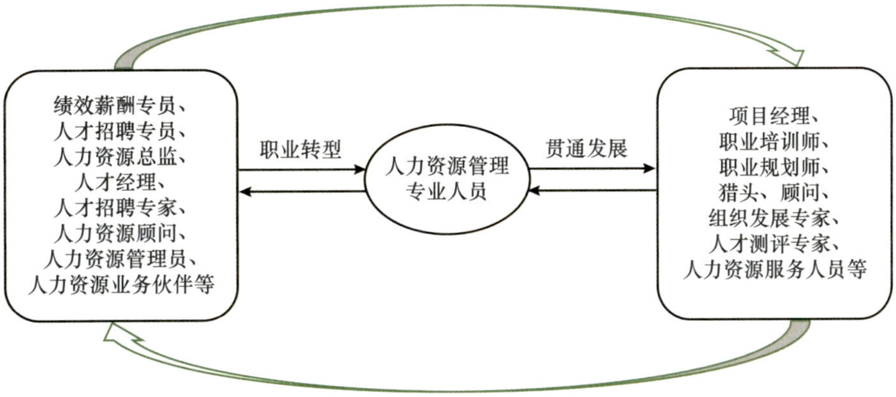


图 2-06-08-01-3　人力资源管理专业人员的发展路径

## 九、人力资源管理专业人员的发展前景

**从市场供需看。**《中国企业人力资源发展报告（2022）》中引用万宝盛华集团 2022 年的人才短缺调查结果显示，中国雇主最难填补的前五大职位中，其一就是人力资源。根据人力资源社会保障部发布的统计公报数据，近年来我国人力资源服务行业营业收入逐年提高，2022 年全年营业总收入达到 2.5 万亿元。随着中国经济进入高质量发展的新阶段，人力资源服务新动能不断形成，现代服务业快速发展，催生了对人力资源服务的旺盛需求。追求“高质量”，

是人力资源服务业发展的核心标准。未来，人力资源服务业将进一步向规范化、精细化、品牌化、集群化、信息化、国际化发展，经济高质量发展需要大量各类人才。

**从产业发展看。**人力资源管理属于服务类第三产业。2012—2021 年，我国人力资源服务机构服务用人单位数量持续上升。自 2016 年以来，我国人力资源服务机构服务能力提升明显，服务用人单位数量增幅始终保持在 15% 左右，2020 年达到 18%；2021 年，服务用人单位数量达到 5099 万家次，较 2020 年增长 2%。服务于人才和各类组织的人力资源服务业已走过 40 多年发展历程，基本形成了多元化、多层次的人力资源市场服务体系。

**从政策红利看。**2007 年 3 月 19 日，国务院发布《关于加快发展服务业的若干意见》，明确提出要"发展人才服务业，完善人才资源配置体系"。这是人才（人力资源）服务第一次被作为服务业中的一个行业门类写入国家文件之中，标志着人才服务作为一种行业形态的正式确立；之后，为更全面地反映其覆盖领域，其名称调整为"人力资源服务业"，并在 2011 年被写入《产业结构调整指导目录(2011 年修正本)》和《国民经济行业分类》(GB/T 4754—2011)。2012 年，国务院发布《服务业发展"十二五"规划》，将人力资源服务业列为生产性服务业中要重点发展的 12 个门类之一。2008—2018 年，人力资源社会保障部与其他部门联合发布了几十项有关人力资源服务业的政策法规。各省市地区也纷纷立足本地实际情况，因地制宜，制定出台了多项发展本地人力资源服务业的地方性政策法规。党的二十大报告提出，深入实施"人才强国战略"，坚持"人才引领驱动"，加快建设"人才强国"，为做好新时代人才工作提供了根本遵循和行动指南。人力资源服务业是实施人才强国战略和就业优先战略的重要载体，对于促进社会化就业、更好发挥我国人力资源优势、服务经济社会发展具有重要意义。2021 年 11 月 8 日，人力资源社会保障部等五部门发布《关于推进新时代人力资源服务业高质量发展的意见》。2022 年 12 月 5 日，人力资源社会保障部发布《关于实施人力资源服务业创新发展行动计划（2023—2025 年）的通知》。一系列政策文件的发布说明，我国人力资源市场功能作用日益增强，人力资源服务业蓬勃发展。

## 十、相关内容链接

**国家职业标准：**暂缺。

**相关政策文件：**见表 2-06-08-01-2。

**表 2-06-08-01-2　人力资源管理专业人员相关政策文件**

| 发布或通过时间 | 发布或通过机构 | 文件名称 |
|---|---|---|
| 2021-08 | 国务院 | 《“十四五”就业促进规划》 |
| 2021-11 | 人力资源社会保障部等五部门 | 《关于推进新时代人力资源服务业高质量发展的意见》 |

供稿：河北政法职业学院　冯荣珍

# 人力资源服务专业人员

职业编码：2-06-08-02

在大数据、人工智能等技术加持的背景下，如何在人才招聘、人才测评、教育培训、人事管理等工作中与时俱进，人力资源管理如何跟上时代发展和组织发展步伐，如何实现人力资源整体解决方案协同化、数据化、智能化等，是各类企业面临的共同难题。如何转变观念、提高社会适应力，满足自身的期望和追求，有尊严、有保障地充分就业，是劳动者共同关心的问题。人力资源服务专业人员为用人单位管理和开发人力资源、劳动者就业和职业发展、新时代人才强国战略和就业优先战略提供坚实支撑。

## 一、人力资源服务专业人员的一天

记录时间：2023 年 8 月 28 日　　记录岗位：招聘 BP　　记录人：黎某

**上午工作情况**

**9 点：**

1. 参加招聘需求澄清会，运用“4W”法则明确前端寻源要求。（4W 法则：“WHO”，具有招聘需求的部门 / 产品及其具体业务；“WHAT”，招聘需求中对专业、学历、工作年限等的要求；“WHEN”，招聘需求的具体开放及截止时间；“WHERE”，招聘需求所覆盖的区域。）

2. 汇报上周招聘进展，制订本周招聘计划。

3. 跟进候选人当日的到岗情况。

**10 点：**

1. 跟进管道流程中候选人的进展（待综测人选跟催，与待面试人选约定面试时间，跟进面试结果等）。

2. 跟进待入职候选人的进展（在职人选是否完成离职交接，是否完成体检，入职材料是否已反馈、是否合格等）。

**11 点：**

提醒第二天有面试的候选人及面试官，并做好准备工作，确保面试正常进行。

**下午工作情况**

**14 点：**

1. 登录各大招聘网站寻访合适简历，及时处理主投简历。

2. 后台实时观察职位曝光率，及时刷新平台职位状态。

3. 与上午已读未回复的候选人继续沟通，解答疑惑，提高回复率。

**16 点：**

人力资源服务专业人员在招聘会上提供职业规划咨询服务

1. 关注各大企业近期的招聘及裁员动态。

2. 关注客户公司近日动态，如新品发布等。

3. 客户侧不定期安排业务赋能。

**17 点：**

1. 复盘当日招聘进展。

2. 向招聘主管汇报反馈。

## 二、什么是人力资源服务专业人员

**职业定义。**人力资源服务专业人员是指在人力资源服务机构中从事人力资源招聘、职业指导、人力资源和社会保障事务代理、人力资源培训、人才测评、劳务派遣、高级人才寻访、人力资源外包、人力资源管理咨询、人力资源信息软件服务等多种服务的人员。

**定义解读。**人力资源是能够推动社会经济发展，具有劳动能力的人的体力、智力、技能的总和。人力资源服务业是为经济社会发展提供人力资源流动配置服务的现代服务业重要门类，服务领域广泛，涉及劳动者的求职服务、职业指导、技能提升，以及用人单位的招聘服务、人力资源外包、高级人才寻访（猎头）、人才测评、专业培训、事务代理等业务形态。人力资源服务专业人员能够为劳动者实现就业和职业发展，为用人单位管理和开发人力资源提供能力和价值提升等优质服务。人力资源服务专业人员要一专多能，掌握人力资源六大模块基础知识，从基础事务向业务执行、制定战略纵向发展，从人力资源标准服务提供者向人力资源业务合作伙伴、人力资源领域专家纵深成长，为客户提供更优质、更深层次的服务。

**相关职业。**根据人力资源服务机构的业务分布及其服务企业的需求，密切相关的职业主要有高校毕业生就业指导服务从业人员、流动人员人事档案管理服务从业人员、人力资源外包服务从业人员、招聘服务从业人员、高级人才寻访服务从业人员、人力资源管理咨询服务从业人员、人力资源培训服务从业人员、人才测评服务从业人员、劳务派遣服务从业人员、人力资源网站服务从业人员等。

**相应岗位**。人事专员—业务合作伙伴—主管 / 经理—大区经理—总监—首席人力资源官。基层和中层岗位通常会根据服务模块划分进阶岗位，例如：招聘专员—招聘业务合作伙伴—招聘主管—（大区）招聘经理—招聘总监。

## 三、人力资源服务专业人员的主要工作职责

人力资源服务专业人员通常开展以下一项或若干项服务业务：高校毕业生就业指导服务、流动人员人事档案管理服务、人力资源外包服务、招聘服务、高级人才寻访服务、咨询、人力资源培训服务、人才测评服务、劳务派遣服务、人力资源网站服务等，其主要工作职责见表 2-06-08-02-1。

**表 2-06-08-02-1　人力资源服务专业人员主要工作职责**

| 服务业务 | 主要工作职责 |
| --- | --- |
| 高校毕业生就业指导服务 | 为帮助高校毕业生形成正确的就业创业观念，提升就业创业能力，促进就业创业，提供咨询、辅导和培训等服务 |
| 流动人员人事档案管理服务 | 为流动人员人事档案提供接收、转递、收集、归档、整理、保管、保护、利用等系列服务 |
| 人力资源外包服务 | 按照客户委托要求，承接客户人力资源管理、开发、配置及相关专业服务 |
| 招聘服务 | 按照客户委托要求，组织客户单位和求职者进行洽谈、双向选择等人力资源交流活动 |
| 高级人才寻访服务 | 为客户提供咨询、搜寻、甄选、评估、推荐并协助录用高级人才等系列服务 |
| 人力资源管理咨询服务 | 根据客户要求，依据其组织目标，为客户提供内外部环境调研和分析，明确人力资源管理规划和人力资源管理目标，制定人力资源管理解决方案等服务 |
| 人力资源培训服务 | 为满足或提高培训对象在工作中所需能力和素质而提供培养和训练等服务 |

续表

| 服务业务 | 主要工作职责 |
| --- | --- |
| 人才测评服务 | 通过定性和定量的方法，为受测者提供知识、能力和心理特征等测量和评价服务 |
| 劳务派遣服务 | 协助人力资源服务机构依法与劳动者签订劳动合同，按照协议将劳动者派遣至用工单位工作，并协助用工单位对劳动者的劳动过程进行指挥、监督和管理 |
| 人力资源网站服务 | 通过互联网或移动互联网，为单位和个人提供人力资源服务及信息 |

## 四、人力资源服务专业人员的薪酬福利待遇

**平均薪酬水平。**根据国家统计局发布的数据，2022 年租赁和商务服务业规模以上企业就业人员的平均年薪为 90540 元。从行业分岗位看，人力资源服务专业人员属于专业技术人员，平均年薪为 146861 元。从区域看，人力资源服务专业人员的平均年薪东部地区的最高，为 153798 元，中部地区为 93297 元，西部地区为 109831 元，东北地区为 96119 元。

**与类似职业对比。**BOSS 直聘 2023 年 9 月的数据显示，广州地区的人力资源服务专业人员相关岗位的薪酬一般要高于传统的人力资源、行政管理等类似职业相关岗位的薪酬。类似职业薪酬水平见表 2-06-08-02-2。

**表 2-06-08-02-2　类似职业薪酬水平**

| 职业名称 | 薪酬水平（元 / 月） |
| --- | --- |
| 人事行政专员 | 3000~8000 |
| 高级人事专员 | 5000~17000 |

## 五、从事人力资源服务专业人员工作需要具备的本领

人力资源服务专业人员为客户提供服务时应符合下列要求：以人为本，尊重客户；仪表端庄，服务规范；主动热情，文明礼貌；有效沟通，团结协作。同时，人力资源服务专业人员应遵守法律、法规、行规、行约和相关规章制度，掌握相关业务理论知识，熟悉工作流程和岗位要求，按公共服务规则或约定事项办理相关服务，重承诺、守信用，恪守保密要求，不泄露用人单位和个人的相关信息。

根据《高级人才寻访服务规范》（GB/T 25124—2019）、《人才测评服务业务规范》（GB/T 30663—2014）等推荐性国家标准，整理该职业在提供不同业务服务时需要具备的知识和技能。人力资源服务专业人员的知识和技能要求见表 2-06-08-02-3。

**表 2-06-08-02-3　人力资源服务专业人员的知识和技能要求**

| 职业功能 | 工作内容 | 知识和技能要求 |
|---|---|---|
| 高校毕业生就业指导服务 | 为高校毕业生就业创业提供咨询、辅导和培训等服务 | 熟悉高校毕业生就业创业相关的法律、法规和政策 |
| | | 扎实的人力资源管理和心理学等专业知识 |
| | | 一定的人力资源工作经历 |
| | | 较好的语言表达和沟通协调能力 |
| 流动人员人事档案管理服务 | 为流动人员提供人事档案接收、转递、收集、归档、整理、保管、保护、利用等服务 | 扎实的档案管理专业知识 |
| | | 熟悉人力资源和社会保障等方面的政策法规 |
| | | 耐心细致与较强的责任心 |
| 人力资源外包服务 | 为客户提供人力资源管理、开发、配置等相关服务 | 扎实的人力资源外包服务专业知识和技能 |
| | | 熟悉人力资源和社会保障等方面的政策法规 |
| | | 良好的沟通能力 |
| | | 较强的办公软件操作能力 |
| | | 良好的服务意识和职业素养 |

续表

| 职业功能 | 工作内容 | 知识和技能要求 |
|---|---|---|
| 招聘服务 | 根据用人单位、求职者的需求，提供人岗匹配信息服务，组织招聘活动 | 扎实的专业知识和技能 |
| | | 较强的组织协调和沟通能力 |
| | | 较强的信息安全意识和应急能力 |
| | | 较强的观察能力 |
| 高级人才寻访服务 | 根据客户对高级人才的需求，提供咨询、搜寻、甄选、评估、匹配、推荐、入职管理等服务 | 扎实的专业知识和技能 |
| | | 良好的分析和沟通能力 |
| | | 较强的语言和文字表达能力 |
| | | 较强的服务和保密意识 |
| 人力资源管理咨询服务 | 根据客户要求及其组织目标，制定人力资源管理解决方案 | 丰富的人力资源管理、经营管理、相关行业等知识 |
| | | 良好的沟通和统计分析能力 |
| | | 较强的分析和解决问题的能力 |
| | | 良好的服务意识和职业素养 |
| | | 较强的文案写作能力 |
| | | 一定的管理咨询工作经历 |
| 人力资源培训服务 | 为客户提供培养职业素质、训练职业技能等服务 | 较强的培训服务专业知识和岗位能力 |
| | | 熟悉培训项目流程 |
| | | 良好的组织、管理、沟通和协调能力 |
| | | 较强的责任心 |
| 人才测评服务 | 对受测者的知识、能力、职业倾向和心理素质等进行测量和评价 | 行业认可的人力资源相关职业资格证书 |
| | | 丰富的心理学、管理学及人力资源管理专业知识 |
| | | 较强的人才测评专业技能 |
| | | 良好的沟通、观察、分析与判断等能力 |

续表

| 职业功能 | 工作内容 | 知识和技能要求 |
|---|---|---|
| 劳务派遣服务 | 与劳动者签订劳动合同并按协议将劳动者派遣至用工单位工作 | 熟悉劳务派遣服务的流程和要求 |
| | | 良好的沟通能力 |
| | | 较强的办公软件操作能力 |
| 人力资源网站服务 | 通过人力资源网站，为用人单位提供网络招聘服务，为劳动者提供网络求职服务等 | 扎实的人力资源管理和信息网络技术等专业知识 |
| | | 行业认可的职业资格证书 |
| | | 一定的网站运营工作经历 |

## 六、人力资源服务专业人员的专业教育现状

### （一）相关专业

目前已有较多院校开设了与人力资源服务相关的专业，涉及普通高等教育院校和职业教育院校，其开设的相关专业主要包括人力资源管理、劳动与社会保障、公共事业管理、行政管理、工商企业管理、企业数字化管理、市场营销、现代文秘、法律事务、网络直播与运营等。

### （二）开设相关专业的院校（排名不分先后）

★ 相关院校：中国人民大学、华南理工大学、华侨大学、苏州大学、陕西师范大学、郑州大学、哈尔滨工业大学、湖南大学、中南财经政法大学、华东师范大学、深圳职业技术大学等。

◆ 相关院校：广东松山职业技术学院、北京劳动保障职业学院、广东科学技术职业学院、无锡职业技术学院、南宁职业技术学院、重庆青年职业技术学院、河南工业贸易职业学院、长沙民政职业技术学院等。

## 七、人力资源服务专业人员的就业创业信息

从数据上看，我国华东区域的人力资源服务专业人员总数最多，且分布比例相对均匀；华南区域的广东省对人力资源服务专业人员需求最为旺盛，接近全国的

1/5；华中区域的湖北、湖南、河南三省的人力资源服务专业人员从业人数不分伯仲；华北区域的人力资源服务专业人员主要集中于北京市；西南区域的四川省和重庆市，从业人数旗鼓相当；西北区域的人力资源服务专业人员主要集中于陕西省；东北地区除了辽宁省（主要是大连市和沈阳市），其他区域的相关岗位数量较少。该职业从业人员主要集中在各类人力资源服务机构和企业，地域上主要分布于上述经济发达地区以及各省级行政区的中心城市、直辖市等。该职业从业人员如果在工作中积累了丰富的经验，也可以自主创业，如成立人力资源服务机构、劳务派遣公司、顾问咨询公司等。

能够吸纳较多人力资源服务专业人员的用人单位主要有以下类型。

1. 协会机构。各省市的人力资源服务协会、研究会，如广东劳动学会、陕西省劳动学会、上海市劳动和社会保障学会等。

2. 股份有限公司。如北京国际人力资本集团股份有限公司、北京科锐国际人力资源股份有限公司、上海外服控股集团股份有限公司等上市公司，广州红海人力资源集团股份有限公司、正德人力资源股份有限公司、广西锦绣前程人力资源股份有限公司等。

3. 有限责任公司。如广州人才集团有限公司、中国国际技术智力合作集团有限公司、万宝盛华大中华有限公司、人瑞人才科技集团有限公司、北京外企人力资源服务有限公司等。

此外，还包括一些公司的分公司、子公司。如广东省人才市场有限公司韶关分公司、升林人力资源有限责任公司四川分公司、广州仕邦人力资源有限公司深圳分公司等。

注：以上机构信息仅供参考，不代表编写出版方对其推荐或认可。

## 八、人力资源服务专业人员的贯通发展

人力资源服务专业人员的发展路径通常可以分为以下四种。

1. 垂直发展。在同一领域内不断深化专业知识和技能，逐步晋升为高级人力资源服务人员或管理层。这种路径适合对自己所在领域有深入了解并希望在该领域内发展的人员。他们可以通过参加培训、获得相关认证、担任更高级别

的职位等方式来提升自己的专业能力和职位等级，成为人力资源服务和管理领域专家。

2. 横向转型。将人力资源服务的技能和经验应用到其他领域或行业中。这种路径适合希望拓宽自己的职业发展领域或寻找新的挑战的人。他们可以通过学习新的行业知识、参加相关行业的培训课程、寻找跨行业工作机会等方式来实现横向转型。例如，从乙方人力资源服务公司转至甲方公司从事人力资源管理工作等。

3. 跨领域发展。将人力资源服务的技能和经验应用到不同领域的不同职位中。这种路径适合希望在不同领域中有所建树的人。他们可以通过学习新的领域知识、参加相关领域的培训、寻找跨领域工作机会等方式来实现跨领域发展。

4. 自主创业或自由职业者。根据自己的人力资源服务技能和经验，以及个人专长和兴趣爱好，自主创业或成为自由职业者。这种路径适合富有创业激情和独立工作能力的人。他们可以利用自己的人力资源服务知识和技能，设立人力资源服务公司或成为自由职业者，为不同的客户提供人力资源服务。例如，开设综合型的人力资源服务公司，开设专注某个领域的培训服务公司等。

人力资源服务专业人员的发展路径如图 2-06-08-02-1 所示。

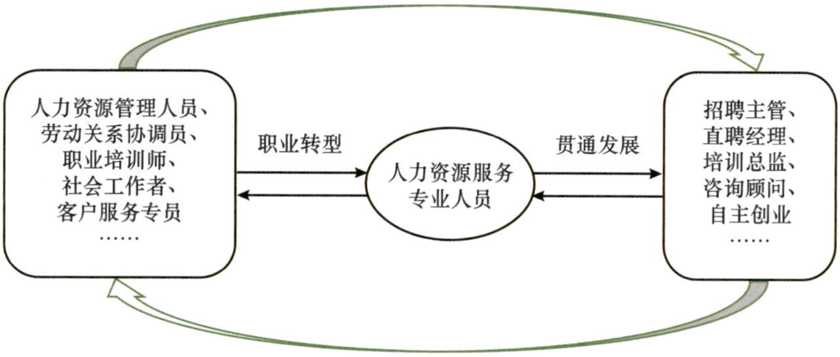


图 2-06-08-02-1　人力资源服务专业人员的发展路径

## 九、人力资源服务专业人员的发展前景

**从市场供需看。**人力资源服务专业人员的就业状况整体呈现出稳中有升的态势。

从细分模块来看，招聘、培训、绩效、组织发展等模块的优秀人才数量稀缺。

《2023 中国民营经济人才趋势分析专刊》显示，“人力资源”在“2023 年民营企业热招岗位 TOP20”和“2023 年民营企业热投岗位 TOP20”中分列第 3 位和第 2 位。由此可见，该职业的市场需求呈现出“供需两旺”的态势。2023 年民营企业热招岗位 TOP20、热投岗位 TOP20 分别如图 2-06-08-02-2、图 2-06-08-02-3 所示。

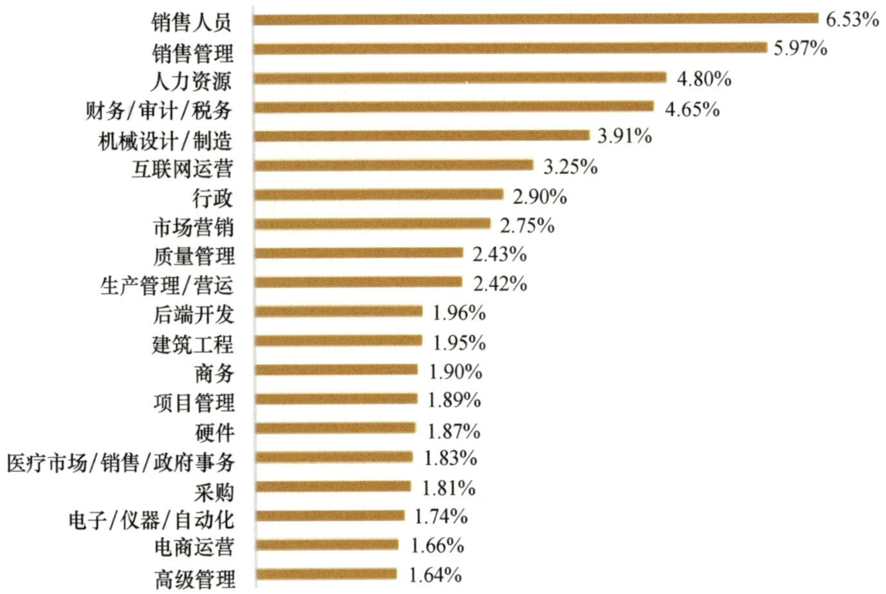


（数据来源：猎聘大数据）

**图 2-06-08-02-2　2023 年民营企业热招岗位 TOP20**

**从产业发展看。**随着经济发展和科技进步，我国的人力资源服务业正面临巨大的变革和机遇。截至 2022 年年末，全国全行业共有人力资源服务机构 6.3 万家，较上年增加 0.39 万家，同比增长 6.6%；共有人力资源服务专业人员 104 万人，较上年增加 0.85 万人，同比增长 0.82%；全国全年为 3.1 亿人次劳动者提供就业、择业和流动服务，较上年增加 0.06 亿人次，同比增长 3.2%；服务用人单位 5268 万家次，较上年增加 169 万家次，同比增长 3.3%。未来，我国人力资源服务业将在数字化转型和创新驱动的推动下迎来更广阔的发展前景。

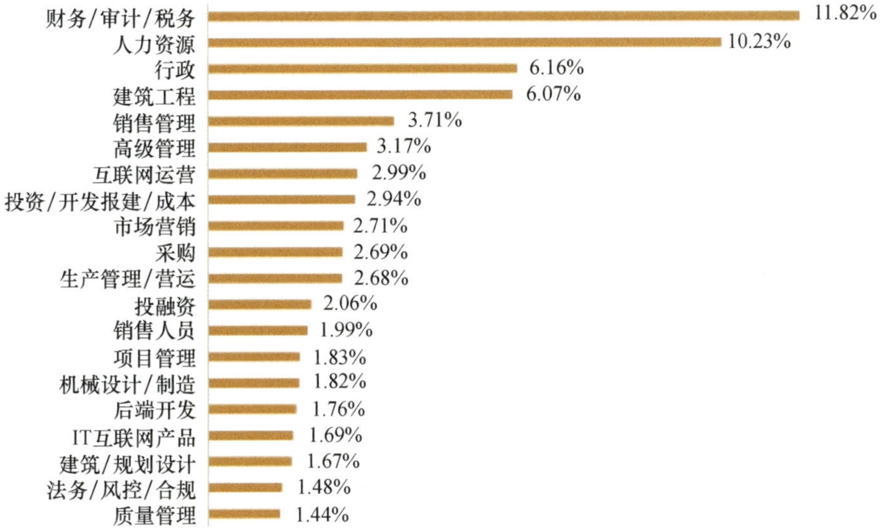


（数据来源：猎聘大数据）

图 2-06-08-02-3　2023 年民营企业热投岗位 TOP20

**从政策红利看。**发展人力资源服务业列入“十二五”以来的历次“五年规划”和产业目录。党的十九大报告提出，着力加快建设实体经济、科技创新、现代金融、人力资源协同发展的产业体系。党的二十大报告提出人才强国战略，强调人才是第一资源，促进高质量充分就业。人力资源服务业是实施人才强国战略和就业优先战略的重要载体。近年来，人力资源社会保障部相继发布《关于实施人力资源服务业创新发展行动计划（2023—2025 年）的通知》《人力资源服务机构管理规定》等政策文件，鼓励人力资源服务业高质量、规范化发展。各省、各地市也纷纷出台相关政策，加大对人力资源服务业发展的支持力度。

## 十、相关内容链接

**国家职业标准：**暂缺。

**相关政策文件：**见表 2-06-08-02-4。

**表 2-06-08-02-4　人力资源服务专业人员相关政策文件**

| 发布或通过时间 | 发布或通过机构 | 文件名称 |
|---|---|---|
| 2021-11 | 人力资源社会保障部等五部门 | 《关于推进新时代人力资源服务业高质量发展的意见》 |
| 2022-12 | 人力资源社会保障部 | 《关于实施人力资源服务业创新发展行动计划（2023—2025 年）的通知》 |
| 2023-06 | 人力资源社会保障部 | 《人力资源服务机构管理规定》 |

供稿：广东松山职业技术学院　李素琴

# 职业技术实训指导专业人员

职业编码：2-06-08-04

在职业院校实训厂房、技术培训基地里，有一支技艺精湛、现场工作经验丰富，秉承精益求精的工匠精神的专业教学队伍。在这支队伍里，有技能大赛教练、企业技术能手、技术创新团队带头人、高校教师，他们是优秀的职业技术教师，是大国工匠；他们既能为企业解决技术难题，又能为学员传授技术经验；他们肩负着为企业培养岗位标兵的培训任务，是实现校企合作的真正践行者。技术集训基地、技术实训基地、教室，是他们的工作场所；技术操作手册和技能大赛技术标准，是他们的工作手册；技能分析和陪伴、鼓励学员，是他们的工作常态。他们就是职业技术实训指导专业人员。

## 一、职业技术实训指导专业人员的一天

记录时间：2023 年 5 月 19 日　　记录人：梁某蓉

### 上午工作情况

**9 点：**

1. 参加客户需求洽谈会议。了解需要培训的工种及职业技能需求，包括培养目标、学员情况、培训时长等。（需求了解）

2. 介绍培训。介绍此工种的实训经验、现有培训厂房设备情况、初步实训方案（含保证实训培养质量的具体措施、考核方法等实训管理细节）。（服务提供）

3. 分析和明确实训需求，签订实训培养协议。各方工作人员根据实训内

容、学员基本情况来确定实训方案、考核方案，明确职业技术达成的目标、新技术的规范操作流程并开展深入讨论。签订《××工种实训培养协议》（协议签订）

**10点：**

1. 实训项目开发。根据实训培养协议，细化培养目标和培养内容。收集学员情况，落实某工种职业技术训练场地和教学场所设备。（项目开发）

2. 联系学员，建立联系。收集学员信息，联络学员，在线开展某工种技术基础测评问卷和实操模拟测评，掌握学员职业技术基础能力水平。（能力测试）

3. 查看实训学员职业技术基础能力水平测评报告，对标实训培养协议，制定学员职业技术培养方案并交教务处审批。（方案报审）

4. 撰写教学大纲，细化操作训练规程，明确操作训练目的和要求，制订实训计划，编撰教案。制定学员实训练习手册，明确学员实训过程化考核方式、方法。将以上材料交付教务处审核。（准备教学资料）

5. 迎接学员，举行开班仪式。安排住宿和餐饮，介绍校区环境和校区内学员管理规定。（班级迎新）

### 下午工作情况

**13点：**

1. 认真打扫实训室卫生，准备实训工具，准备实训厂房内安全预案。打印学员实训手册，准备实训资料，发放实训手册。（实训启动）

2. 提前做好理论课程准备，展示课程PPT、作业流程图等，认真授课。（理论授课）

**14点：**

检查设备和实训工具，检查设备运转情况，宣讲设备使用规程、纪律及规章制度。示范标准流程，随时发现并指导学员解决遇到的问题。（实操授课）

职业技术实训课堂授课

职业技术实训厂房实操授课

**15 点：**

1.实验设备运行过程中突然出现异常情况，断电并与设备维修值班人员联系，组织学员离开厂房。（实训安全维护）

2.下课后整理实训设备，打扫卫生，填写实训室运行记录表。（实训室清洁整理）

16点：

1.外派学员到工作现场实习、检验实训课程学习效果。带领实训学员参加新技能比赛，实训工作人员指导技术竞赛。（实训效果检验）

2.撰写此次实训工作报告。定制新款实训设备和书籍，更新实训内容，学习新工种职业技术，制订第二天实训工作计划。（总结与改进）

17点：

准备科普视频，完成社会化公益活动的科普讲座，并为学员讲解相关原理。（社会化服务）

## 二、什么是职业技术实训指导专业人员

**职业定义。**职业技术实训指导专业人员是指在职业教育机构、企业及相关培训机构中，从事职业技术培训需求分析、方案策划、训练实施、效果评估、改进指导等工作的人员。

**定义解读。**实训是指职业技能实际训练，即专业人员按照人才培养需求和培养目标，对职业技术应用能力开展教学和训练的过程（实训 = 职业素质 + 实操技能 + 实操经验）。实训一般分为校内实训或企业见习、企业实习，有技能鉴定达标实训、岗位素质达标实训、通用技能实训、专项技能实训、操作技能实训、心智技能实训、综合素质要求实训等种类。企业培养实训员工有两种途径：一是在岗职工参加实训，实训任务可以由职业教育机构、企业实训基地或培训机构来完成；二是校企合作达成在校学生培养协议，实训教育是大学教育的重要组成部分，企业可以利用高校教育资源培养未来员工。通常，参加实训的学员已经完成基础理论知识的学习，在模拟真实工作场景的实训基地内，职业技术实训指导专业人员不断指导学员进行操练，使其最终达到企业的用人要求或者技能大赛的参赛标准。学员获得国家认可的职业资格证书是实训成果之一。

**关联职业。**密切相关的职业主要有职业培训师、人力资源服务专业人员、高等学校教师、特殊教育教师、各行各业的技术能手等。职业培训师是从事职业能力培训需求分析、项目开发、培训实施、管理评价和咨询服务工作的人员，承担

开发职业培训项目、编制职业培训计划和实施方案等工作任务。人力资源服务专业人员也有组织员工进行培训的工作任务，实训培训项目是职业培训项目种类之一。

**相应岗位。**企业培训师、职业技能训练师、高等职业教育教师、中等职业教育教师、特殊教育教师等。

## 三、职业技术实训指导专业人员的主要工作职责

1. 对接企业，明确实训内容。对接有培训需求的企业，落实实训内容，或从培训教务处直接领取实训内容。明确某工种开展职业技术能力实训后需要达到的培养目标，确定某工种职业技术培养内容；明确参训人数，了解学员情况，确定某工种职业技术训练场地和教学场所。

2. 测试学员能力，制定方案。评估参训人员现有的职业技能基础能力水平；根据学员基础能力水平，对标职业技术培养目标，找出差距，制定学员职业技术培养方案。

3. 认真落实实训教学任务。根据学员学习时间和实训教学场地使用情况，制定具体的实训时间安排表。通过分析某工种职业技术培养方案，撰写教学大纲，细化各项技术操作训练规程，明确操作训练目的和要求，制订实训计划，编撰教案；制作学员实训练习手册，明确学员实训过程化考核方式、方法。

4. 开展实训跟踪评价机制。在实训厂房里，完成实验实训课程。提前做好课程准备；向学生强调实训安全，严格安全管理。管理上课纪律，认真授课，指导学生操作机器设备，向其示范标准技术流程，观察并监督学生实训过程，及时处置设备异常情况。课后及时整理实训设备，保持良好的实验实训工作环境。实训理论和实操课程结束后，外派学员到工作现场实习或参加社会实践。检验实训课程学习效果，评价和改进实训课程方案。

## 四、职业技术实训指导专业人员的薪酬福利待遇

职业技术实训指导专业人员的薪酬福利待遇受地域、专业紧缺度、专业难度、应聘者学历水平的影响。一线城市的就业单位能提供相对较高的薪酬，招聘单位愿意为高学历人才、紧缺专业和难度较高专业的职业技术实训指导专业人员提供

更高水平的薪酬待遇。类似职业薪酬水平见表 2-06-08-04-1。

**表 2-06-08-04-1　类似职业薪酬水平**

| 职业名称 | 薪酬水平（万 / 年） |
| --- | --- |
| 设备维修实训教师 | 20~25 |
| 航空制造实训教师 | 17~25 |
| 直播电商与数字营销实训教师 | 12~18 |
| 厨艺实训教师 | 9.6~12 |
| 工程实训中心专任教师 | 12~18 |
| 软件技术实训教师 | 8.4~12 |
| 工业机器人实训教师 | 9~12 |
| 人工智能实训教师 | 7.2~14.4 |

## 五、从事职业技术实训指导专业人员工作需要具备的本领

1. 职业技术实训指导专业人员需要具备的知识和技能：职业技术领域的理论知识、实操技能；教育与教学的理论知识、教育学和心理学的基本原理、传授知识和沟通技能；教学方法和组织教学的技能；职业技术领域的行业规范和法律法规、职业教育法等。核心技能是专业实操技能和教学技能。核心能力是学习和教学能力、沟通能力、观察和个性化指导能力、课程设计和创新能力、问题解决和应变能力。

2. 目前，职业技术实训指导专业人员暂无国家职业技能标准，综合职业技术实训指导专业人员招聘要求和工作职责，职业技术实训指导专业人员的知识和技能要求见表 2-06-08-04-2。

**表 2-06-08-04-2　职业技术实训指导专业人员的知识和技能要求**

| 职业功能 | 工作内容 | 知识和技能要求 |
| --- | --- | --- |
| 职业技术领域技术跟踪，把握行业动态 | 关注行业最新技术、发展趋势 | 职业技术领域的理论知识和实操技能 |

续表

| 职业功能 | 工作内容 | 知识和技能要求 |
| --- | --- | --- |
| 实操技能传授 | 教学规划和教学设计、组织教学、学员指导与纠错、学员评估和考核、管理教学设备等 | 教育与教学的理论知识、教育学和心理学的基本原理、传授知识和沟通技能；教学方法和组织教学的技能；职业技术领域的行业规范和法律法规、职业教育法等 |
| 培训资源的管理 | 协助招生办，宣讲培训课程内涵、吸引学员参与培训课程；协助就业办，帮助学员完成在岗实习，开展从业指导工作 | 宣讲能力、推广和沟通能力、观察和个性化指导能力、课程设计和创新能力、问题解决和应变能力 |

## 六、职业技术实训指导专业人员的专业教育现状

### （一）相关专业

职业技术实训指导专业人员所学专业与其所掌握的某项职业技能保持一致。例如，航空航天职业技术实训指导专业人员应毕业于航空航天专业，取得航空航天专业技术职务任职资格或航空航天专业职业技能等级证书。

各高校农林类、资源与环境类、能源类等专业可以考取相应职业技能证书的专业，未来都可以从事职业技术实训指导工作。

### （二）开设相关专业的院校（排名不分先后）

★ 相关院校：海南科技职业大学、广东工商职业技术大学、兰州资源环境职业技术大学、河北科技工程职业技术大学、河北工业职业技术大学、南京工业职业技术大学、兰州石化职业技术大学、辽宁理工职业大学、上海中侨职业技术大学。

人力资源社会保障部教育培训中心联合北京环宇惠恩科技有限公司在全国范围内开展实训指导（师资）职业培训项目。经培训并考核合格者，由人力资源社会保障部教育培训中心颁发培训证书。

## 七、职业技术实训指导专业人员的就业创业信息

职业技术实训的目的是在专业工作人员的指导下，学员能够短时间内快速掌握某项某工种技术技能，其优点在于：一是可以为社会解决部分未就业人员的劳动技术提升问题；二是为企业职工提升职业技能，提高生产效率；三是为在校学生加强职业技能培训，助力就业。职业技术实训是针对性较强的一种实操性培训，其培养目标是学员能有效、准确地操作机器设备，完成职业技术工作，切实提升技能人才的质量和数量，实现高质量充分就业，实现高质量培养。

职业技术实训以企业订单式培养、定岗式实训为主，同时会顺应社会化职业发展的需求，开设大众需要的职业技能实训班，使社会人员随时参训。实训合格的职业技术人员都可以成为职业技术实训指导专业人员，这个岗位相关专业面较广，对就业人员的专项技术水平要求较高。学生或企业技术人员在考取相应的职业技能中高级证书后，都可以成为一位职业技术实训指导专业人员。

职业技术实训指导专业人员的工作单位多是培训学校或高等教育学校。根据《中国统计年鉴 2022》数据信息，职业培训类工作在北上广深等地的需求量较大，就业前景较好。在西部偏远地区，高等教育学校对高水平的职业技术实训指导专业人员的需求量较大。职业技术实训指导专业人员的就业区域遍布全国，就业行业主要是教育业，用人单位以各职业技术院校、技术培训基地、技术集训基地为主，还包括制造业企业内部培训部门。

## 八、职业技术实训指导专业人员的贯通发展

职业技术实训指导专业人员的发展路径主要有五条。①管理路线。开展多年实训指导教学工作，积累丰富的教学管理经验后，可以从职业技术实训指导专业人员晋升到培训教务处管理教学岗位、实训项目经理，甚至逐步晋升到单位中高层。②专家路线。通过不断学习专业知识和提升技能水平，可以从职业技术实训指导专业人员晋升到技能大赛指导教师，再晋升到全国技能大赛金牌教练。随着技术的创新水平提高、比赛成果增加，还可以成为某项职业技术领域的专家。③提升学历路线。通过自身学历的提升，可以转型为职业院校或本科等高等学院的专任教师。④复合人才路线。通过学习相关知识和专业技能，拓展职业

领域，可以转型为机器设备研发者、新材料的发明者等。⑤创业路线。基于个人业务能力、专业基础和兴趣爱好，可以选择合适的机会进行创新创业，实现自我价值。

职业技术实训指导专业人员的贯通发展如图 2-06-08-04-1 所示。

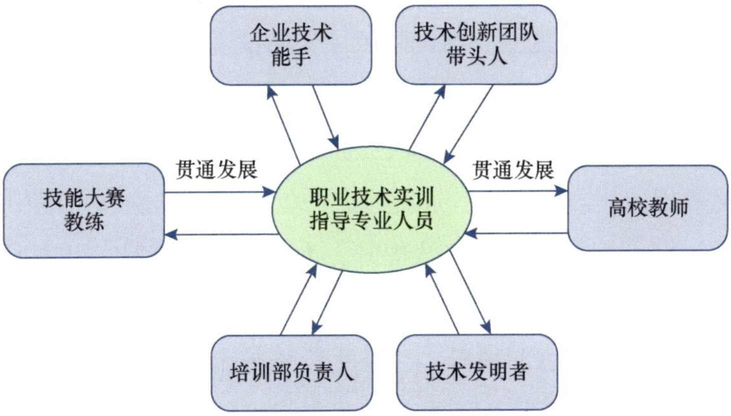


图 2-06-08-04-1 职业技术实训指导专业人员的贯通发展

## 九、职业技术实训指导专业人员的发展前景

**从市场需求看**。职业技术实训是高等职业教育和职工培训的重要组成部分。随着职业教育“双高计划”的推进，以技能教学为主要教学内容的实训指导教师或实习指导教师（职业技术实训指导专业人员）的需求量大大增加。目前，大部分职业院校的实训实习指导教师的数量不足，质量水平有限，且招聘困难。该职业人才缺口较大，就业前景良好。

**从市场供给看**。目前，市场供给的职业技术实训指导专业人员结构比较复杂，来源既有外聘的企业在职一线技术人员，也有企业退休技术人员。他们具有某项职业技术的操作能力和工作经验，但是缺少教育教学能力和培训技能，不能保证实训教学质量。现有职业院校鼓励在校教师考取相应专业的职业技能等级证书，或参加职业技能大赛，或派往其他企业兼职工作，为在校教师提供提高职业技术能力的机会。通过加强“双师型”教师队伍建设，培养既能从事理论教学，又能开展实验实训指导教学的人才队伍。

**从产业发展看。**为推动我国产业结构优化升级、提高制造业技术水平及企业竞争力、加强高技能人才队伍建设，根据《国家高技能人才振兴计划实施方案》，我国已经重点实施技师培训、高技能人才培训基地建设和技能大师工作室建设项目，以培养更多、更专业的职业技术实训指导专业人才。

**从政策红利看。**根据《加强和改进新时代中国特色企业新型学徒制工作方案》，按照政府引导、企业为主、培训院校（包括技工院校、职业院校、职业培训机构和企业培训中心等，下同）参加的原则，通过企校双制、工学一体等方式，组织开展高质量学徒培训，支持企业职工提高岗位技能。到“十四五”期末，基本实现学徒培养规范化、标准化，开发遴选一批优质学徒培训课程和教材数字资源等，促进学徒培训规模和质量有效提升，为中国式现代化提供技能人才支撑。鼓励支持各类高技能人才担任学徒导师。充分发挥企业与培训院校各自优势，建设具有工学一体化特色的培训场所，并以此为依托建设培训服务网络。培训场所应具备技能培训所需设备设施，可充分利用车间班组、技能大师工作室等开展培训。

我国由制造大国向制造强国转变，需要培养和储备高技能人才，打造一支技艺精湛的专业教学队伍。

## 十、相关内容链接

**国家职业标准：**暂缺。

**相关政策文件：**见表 2-06-08-04-3。

**表 2-06-08-04-3　职业技术实训指导专业人员相关政策文件**

| 发布或通过时间 | 发布或通过机构 | 文件名称 |
| --- | --- | --- |
| 2021-11 | 人力资源社会保障部 | 《技工教育“十四五”规划》 |
| 2021-12 | 人力资源社会保障部等四部门 | 《“十四五”职业技能培训规划》 |
| 2022-09 | 人力资源社会保障部、财政部 | 《国家级高技能人才培训基地和技能大师工作室建设项目实施方案》 |

续表

| 发布或通过时间 | 发布或通过机构 | 文件名称 |
|---|---|---|
| 2022-10 | 中共中央办公厅、国务院办公厅 | 《关于加强新时代高技能人才队伍建设的意见》 |

供稿：克拉玛依职业技术学院　梁雪蓉

# 风险管理师

职业编码：4-07-02-01

风险管理不仅关系到个人，还关系到企业、行政事业单位、社会组织等。风险管理师主要从事整体风险评估、监测、预警，对风险管理活动进行督导、协调、控制并提供咨询服务等工作，以确保组织的正常运转和业务目标的实现。时至今日，全球已有 160 多个国家和地区具有风险管理专职人才。在我国企业中，专门的风险管理部门和职位的缺失是普遍现象，得益于国家有关部门的积极推动，该现象在国有大中型企业中有所好转。不少企业已建立起风险管理组织体系，其中的风险管理师就是落实风险管理体系的坚定执行者。

风险管理师在工厂内进行监管、巡查的场景

## 一、风险管理师的一天

记录时间：2023 年 8 月 25 日　　记录人：杨某勤

### 上午工作情况

**9 点：**

1. 提前到公司打卡签到，查看最新的行业动态和新闻事件，查看上一个工作日的工作日志和近期的风险分析报告，界定已经完成的工作任务和正在跟进的工作任务，查看风险管理计划方案。（上班前准备）

2. 参加风控部早会，会上对本周风险管理工作计划和实施方案及关键控制点进行说明，与团队成员进行交流和分享信息，了解团队成员的工作进展和分工协作事宜。（早会交流）

**11 点：**

1. 登录公司风险管理信息系统（或数据库），通过专用安全账号进行数据筛选、评价、分析和处理，采用风险计量模型、统计分析软件和人工智能技术等工具，对财务报告、资产负债表、现金流等核心经济数据进行分析、筛选、提炼、计算、对比和测试等，核查风险管理体系和相关预警指标。（数据分析）

2. 排查并识别相关异常业务活动风险（包括经营风险、市场风险、信用风险、操作现场风险等），分析业务流程中的潜在风险隐患。（风险排查）

3. 对上述风险等级进行评估，据此完成风险日报，并按流程处理。（风险日报撰写）

### 下午工作情况

**13 点：**

1. 根据上午得出的风险评估结果，结合市场走势、政策变化、客户需求等因素，评估潜在风险的易发环节和影响因素，判断潜在风险发生时可能造

成的损失。（风险评估）

2. 制定相应的风险管理策略，包括调整投资组合、重新定价债务或制定应急预案等。（策略制定）

3. 电话联系或走访相关部门，进行沟通和协商，在征求以上群体意见后，拟订相关策略和方案。（外部协商）

4. 通过内部办公自动化系统和电话、公司内部审计、合规部门以及与其他相关部门进行沟通，协调推进风险管理工作的顺利开展。（内部协调）

**15点：**

1. 更新风险防控方案，监控、排查实施方案策略的可行性和有效性。针对前一阶段工作推进中出现的问题，组织相关部门人员和风险监督巡查员进行现场办公。（方案实施跟进）

2. 对近期风险策略和方案的效果进行评估，并把结果反馈给相关人员，听取有关人员意见，作为下次调整和进一步改善的参考。（评估与反馈）

3. 将本周项目风险内控计划目标和项目风险管理计划报送主管领导审批。（计划报送）

## 二、什么是风险管理师

**职业定义。**风险管理师是指从事整体风险评估、监测、预警，进行风险管理活动督导、协调、控制并提供咨询服务工作的人员。该职业包括企业风险管理师、金融风险管理师、公共风险管理师等工种。

**定义解读。**风险管理师是专门从事风险评估和管理职业的专业人员。该职业的工作旨在识别、分析、评估和管理组织面临的潜在风险，传播风险管理文化，建立风险管理环境，制定组织的风险准则，以确保组织的正常运转和业务目标的实现。该职业需要具备一定的法律、经济、管理等方面的知识，并能够根据组织的实际情况，负责风险识别、分析、评估，制定风险预警、控制和应对危机的应急预案等风险管理工作。该职业在深刻理解组织风控理念的基础上，参与风险控制政策、制度、流程、工具的建立与完善，时刻关注行业信息动态，跟踪、监测风险信息，建立、维护风险信息档案，策划、实施风险信息披露，及时作出风险预警和提供内部风险咨询服务。作为一种融合了管理职能和法律职能的新职业，风险管理师在现代组织治理、转型发展中担任起不可或缺的重要角色。

需要注意的是，风险管理师的工作需要具备学习能力，分析、推理和判断的能力，计算能力，同时需要具备高度的责任心和风险意识，以及良好的沟通表达能力和合作共事能力。

**关联职业。**密切相关的职业主要有战略规划与管理工程技术人员、财务经理、审计专业人员、信贷审核专业人员、保险业务人员、信息系统分析工程技术人员、劳动关系协调员、项目管理师、安全工程技术人员、质量认证工程技术人员、企业法律顾问和企业合规师等。

**相应岗位。**风险评估师、风险分析师、风险管理专员、风险监控员、风险信息档案员、风控数据分析师、项目安全专员、风险督查专员、咨询公司风险咨询师、风险管理顾问、财务顾问审计师等。

## 三、风险管理师的主要工作职责

1. 风险识别、分析和评估。时刻关注行业信息动态、组织内外部的环境和业务领域，进行风险信息的识别、收集、整理，确定可能存在的风险并对其进行评估和分类，作出风险提示。

2. 风险信息管理。建立、维护风险信息档案和数据库，跟踪、监测风险信息，复查审查合规性，策划、实施风险信息披露。

3. 风险控制。负责日常风险内控计划编制与协调管理，协助管理层制定组织的风险准则、风险策略和计划实施方案及风险监控工作，确保组织能够及时应对潜在的风险事件，使风险对组织的影响达到最小化。

4. 风险内控体系建设。负责制订企业风险内控体系建设总体工作计划，建立贯穿于整个企业的风险管理基本流程，组织各职能部门制作风险内控手册，分步骤、分层次地实施风险内控体系建设。

5. 风险沟通。负责与组织内外部的利益相关者沟通风险信息，清晰地传达组织的风险管理和控制策略，以及潜在的风险和应对措施。

6. 专项风控工作和突发事件的应急处理。按要求完成专项风控项目（侧重信息化领域）的需求分析、风险评估、方案制定等工作。提供风险应对决策参考意见，制定风险预警和控制、应对危机的应急预案和应急管理流程及其主要步骤。

7. 风险培训。负责为员工提供风险意识培训，确保员工了解组织面临的风险和控制风险方法体系，提高整个组织的风险意识和能力。

8. 报告和归档。负责撰写风控质量报告和风控材料的备案归档工作。

9. 风险内控流程与改进。负责指导和监督公司风险内控的持续改进与完善流程，协助管理层组织、协调、检查、督导、评价风险管理工作。

10. 企业风险管理文化。与董事会风险管理委员和高级管理层沟通，培育良好的风险管理文化，增强员工风险管理意识。负责传播风险管理文化，建立良好的风险管理环境。

## 四、风险管理师的薪酬福利待遇

**平均薪酬水平。**根据国家统计局发布的《2022 年规模以上企业就业人员年平均工资情况》，租赁和商务服务人员规模以上企业就业人员的年平均工资为 90540 元，人力资源社会保障部发布的《2022 年企业薪酬调查信息》显示，金融服务人员中类企业 50% 分位的薪酬为 11.88 万元 / 年，在全国 62 个中类企业分类中处于领先水平。职友集网的调研显示，该职位平均月薪为 24871 元，月薪区间为 4500~50000 元，薪酬差距较大，其中 30000~50000 元的岗位最多，占 34.4%。风险管理师的薪酬水平因地区、经验和专业程度等因素而异。一般来说，风险管理师的年薪为 12 万 ~30 万元，拥有丰富经验和高级技能的合规师年薪可达数十万元甚至百万元以上。

**与类似职业对比。**猎聘网 2023 年 9 月的数据显示，该职业的薪酬水平一般要高于公司金融顾问、信贷审核专业人员、银行清算专业人员、保险理赔专业人员、资产管理师等职业。类似职业薪酬水平见表 4-07-02-01-1。

表 4-07-02-01-1 类似职业薪酬水平

| 职业名称 | 薪酬水平（元 / 月） |
|---|---|
| 公司金融顾问 | 11000~30000 |
| 公司法律顾问 | 10000~47000 |
| 企业合规师 | 7000~55000 |
| 审计师 | 6000~26000 |
| 资产管理师 | 8000~14000 |

注：目前风险管理师主要集中于金融领域。

## 五、从事风险管理师工作需要具备的本领

风险管理师需要具备的知识和技能：掌握风险识别、分析、评估、控制的方法；能够对组织的业务和相应操作规程的潜在风险进行分析与评估；熟悉组织内部控制日常监督和控制措施；熟悉风险管理报告的编写方法并完成报告撰写；熟悉风险与控制的自我评估的程序与方法，并能够进行自我评估和完善；能够解读制定风险管理方案和应急预案；具有一定的风险沟通和危机处理能力。其中，核心技能是掌握财务、法律以及行业情况等信息，能够对风险信息进行识别、分析、评估以及制定风险应对策略和措施。根据《风险管理师国家职业技能标准》，风险管理师的知识和技能要求见表 4-07-02-01-2。

表 4-07-02-01-2 风险管理师的知识和技能要求

| 职业功能 | 工作内容 | 知识和技能要求 |
|---|---|---|
| 风险应对与控制的日常工作 | 内部控制与合规管理 | 熟悉企业风险管理整合框架，能够分解和整合全面风险管理体系的组成部分 |
| | | 熟悉内部控制的概念与框架和企业内部控制整合框架，能够解读合规管理的职责与基本要素 |
| | | 能够制定风险的应对策略，开展主要的控制活动和执行风险的预警机制 |

续表

| 职业功能 | 工作内容 | 知识和技能要求 |
| --- | --- | --- |
| 风险管理与风险控制报告制定 | 风险管理 | 熟悉目标设定的原则与要求、运用风险识别的技术方法 |
| | | 熟悉风险分析的流程与方法，能够运用风险评价的技术方法作出风险评级和评价 |
| | | 熟悉风险内控体系的总体规划、规章制度体系的建设、流程管理体系的建设，编制风险管理手册 |
| | 风险控制报告 | 按风险信息报告的程序与要求完成上报 |
| | | 撰写风险管理报告、内部控制评价报告、金融风险评估报告 |
| | | 熟悉风控材料的备案归档工作和风控信息化建设工作 |
| | | 评估外部环境及宏观环境的风险；就环境、战略、运营过程中所存在的风险提出建议，并定期向董事会报告 |
| 风险内控评价与改进 | 风险内控体系的监督与评价 | 熟悉监督与评价主体的职责分工、持续监控与专门评价、评价程序与常用方法、缺陷整改与考评结果的运用 |
| | | 熟悉风险与控制自我评估的程序与方法，并能够进行自我评估 |
| | | 熟悉风险内控问题的整改机制，并能够对在风险与控制的自我评估中所发现的风险点提出管控建议 |
| | | 能够解读审计意见与报告整改结果；能够落实内部审计部门在风险内控审计中对所发现问题作出的整改意见，并报告整改结果 |

## 六、风险管理师的专业教育现状

### （一）相关专业

1. 普通高等教育院校开设的相关专业：管理科学与工程、工商管理、商务管理、财务管理、审计学、金融工程、保险精算、法学、信用风险管理与法律防控、人力资源管理、会计、金融和审计、劳动关系管理、项目管理、安全技术与管理、经济法学等。

2. 职业教育院校开设的相关专业：法律事务、大数据与财务管理、信用风险管理与法律防控、金融服务与管理、商务管理、人力资源管理、审计学、大数据会计（数字化内部控制与风险管理方向）等。

**（二）开设相关专业的院校（排名不分先后）**

★ 相关院校：清华大学、南京大学、复旦大学、华中科技大学、上海交通大学、北京大学、中国人民大学、同济大学、中央财经大学、上海财经大学、武汉大学、天津大学、南开大学等。

◆ 相关院校：北京经贸职业学院、北京经济管理职业学院、江西财经职业学院、浙江金融职业学院，山东商业职业技术学院、天津职业大学、金华职业技术学院、广东番禺职业技术学院、广西职业技术学院等。

## 七、风险管理师的就业创业信息

随着企业风险管理意识的增强，风险管理师的重要性日益凸显，并逐渐成为一个新兴热门职业。未来，风险管理将与人力资源、财务等职能部门一样，成为企业标配。有的企业把风险管理和公司的内部审计合在一起设置，有的则将两者分开设置。风险管理师的缺口很大，处于供不应求的状态，供需矛盾较为突出。

吸纳风险管理师较多的用人单位：投资银行、证券公司、基金公司、资产管理公司等。

## 八、风险管理师的贯通发展

风险管理师的发展路径主要有四条。①管理通道。从初级风险管理员依次晋升到中级风险管理师、高级风险管理师、风险部门负责人、首席风险官、高级管理层成员。②专家通道。不断提升专业技能、积累实践经验，通过首席风险官（CRO），或高级金融风险管理师（FRM）、特许风险分析师（CFRM）等国际权威认证，可以选择从事学术研究或教育培训工作。③复合人才通道。向其他行业跨越或进行职业、工种的转型，如汽车行业风险管理师可以跨越到基础建设领域，到建设领域公司担任项目首席执行官，或者到投资公司担任基金风险管理师、组合风险管理师、信用风险管理师等，或者到财富管理公司担任财富风险管理师、投资顾问等。④创业通道。风险管理师可以根据个人兴趣进行创业，如从事项目咨询、教育培训、企业管理顾问等行业、职业。

风险管理师的发展路径如图 4-07-02-01-1 所示。

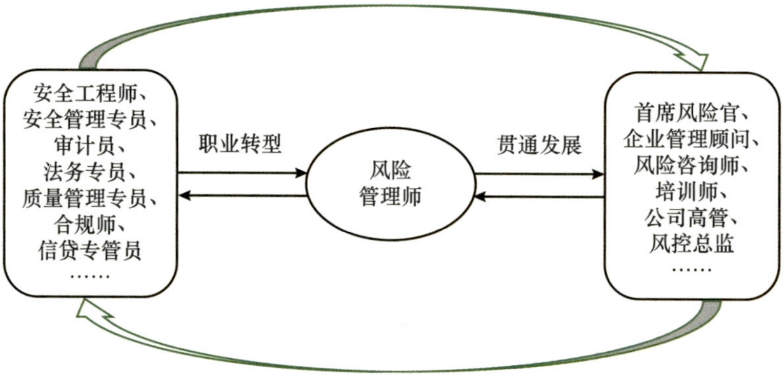


图 4-07-02-01-1　风险管理师的发展路径

## 九、风险管理师的发展前景

**从市场供需看。**随着市场竞争的加剧和企业在大数据背景下的转型发展，企业风险管理和控制显得越来越重要。从国际市场看，通用汽车公司下属汽车变速箱厂重大火灾事件、美国“安然”事件、世通事件以及施乐公司财务舞弊事件等重大风险事故的发生，成为世界范围内风险管理发展势头的强效催化剂。全球众多知名公司、跨国企业自 21 世纪初便着手实施自身的风险管理建设工作。从国内市场看，经济全球化使得我国企业风险暴露程度加剧，竞争日益激烈的国际环境敦促着我国企业改变风险意识与风险价值观。风险管理工作日趋加强的重要性及必要性，决定了风险管理人才的高需求性。风险管理师这一职业，具有良好的职业发展机遇和广阔的职业发展前景。

**从行业发展看。**80% 以上的世界性金融机构已设定了首席风险官工作职位。在发达国家，首席风险官的年薪一般在 30 万美元以上，有些甚至超过百万美元。我国金融业是设置风险管理师岗位的先行者。在银行业和中央投资公司中，如中国工商银行股份有限公司、中国建设银行股份有限公司、中国银行股份有限公司、交通银行股份有限公司等都设有首席风险官一职；在保险业，要求保险资产管理公司设置独立的风险管理部门，并引入首席风险管理执行官制度——设立首席风险管理执行官，定期向董事会报告有关情况，以及时防范和化解重大风险，并在发现重大风险隐患时及时向保险监管机构报告；在期货行业，对期货公司首席风险官的职责进行明确规定，并要求公司确保首席风险官拥有独立的报告渠道和充分的知情权，以保障其正常履职。在我国企业中，专门的风险管理部门和职位的缺失是普遍现象。在国家有关部门的积极推动下，该情况在国有大中型企业中有所好转，不少企业已建立起风险管理组织体系，并任命了首席风险官。

**从政策红利看。**风险管理师这一职业在我国的落地，将为企业未来的首席风险官一职储备越来越充足的后备人员。2006 年 1 月 6 日，经国务院国资委商业技能鉴定与饮食服务发展中心批准，风险管理师职业资格认证机构“风险管理师职业资格认证管理委员会”在北京成立，填补了我国风险管理方面职业资格认证的空白。2007 年 1 月 28 日，来自中央企业、国有银行等单位的 138 名高层管理人员获得高级企业风险管理师证书，标志着企业风险管理师这一新职业在我国正式诞生。2022 年 9 月，琼海市印发《关于探索建立自贸港“首席风险官”制度及风险管控体系实施方案》，探索建立自贸港“首席风险官”制度，强化风险防控组织领导，控制化解风险。

## 十、相关内容链接

**国家职业标准：**扫码即可查看。

**相关政策文件：**见表 4-07-02-01-3。

**表 4-07-02-01-3　风险管理师相关政策文件**

| 发布或通过时间 | 发布或通过机构 | 文件名称 |
| --- | --- | --- |
| 2006-06 | 国务院国资委 | 《中央企业全面风险管理指引》 |
| 2010-04 | 财政部等五部门 | 《企业内部控制配套指引》 |
| 2016-09 | 中国银监会 | 《银行业金融机构全面风险管理指引》 |

续表

| 发布或通过时间 | 发布或通过机构 | 文件名称 |
| --- | --- | --- |
| 2018-12 | 国家发展改革委等七部门 | 《企业境外经营合规管理指引》 |

供稿：云南交通职业技术学院　杨利勤

# 金融风险管理师

职业编码：4-07-02-01-002

深夜，某商务区办公室的灯光依然通亮，一位工作人员在办公室里紧盯计算机屏幕，专注于不断闪现变化的复杂金融数据。他已经连续几日对近期的金融数据波动情况持续跟进。通过观察，他预测近期可能有重大金融事件发生，正努力寻找规避未来风险的时机。突然，他察觉到计算机屏幕上出现了异常数据，这一数据暗示着潜在风险。他开始紧张地分析数据，试图揭示数据异常的原因。经过辛苦努力，他最终成功制定出有效的风险应对方案，为公司规避了风险损失。他就是金融行业的预警风控者——金融风险管理师。

## 一、金融风险管理师的一天

**记录时间：2023 年 4 月 10 日** **记录人：张某**

### 上午工作情况

**9 点：**

1. 提前到公司打卡签到，查看最新的市场动态和金融方面的新闻，包括金融市场的走势、相关政策变化以及其他重要的行业动态；检查前一个工作日的工作记录，了解哪些任务已经完成，哪些任务还需要继续跟进。（上班前准备）

2. 参加金融风控部早会，会上对本周金融风险管理工作计划进行说明，与团队成员进行交流和信息分享，了解团队其他成员的工作进展和需要协助的事宜。（早会交流）

**11点:**

1. 登录公司平台，通过专用安全账号进行金融数据分析和处理；综合采用风险计量模型、统计分析和人工智能技术等工具，对财务报告、资产负债表、现金流等数据和信息进行收集，并进行筛选、提炼、分析、对比和测试等。(数据分析)

2. 识别并排查与单位相关的异常业务活动风险(包括市场风险、信用风险、操作风险等)，分析业务流程中潜在风险事项发生的可能性和影响程度。(风险排查)

### 下午工作情况

**13点:**

1. 根据上午的风险评估结果，结合市场走势、政策变化、客户需求等因素，评估潜在风险的易发环节和影响因素，判断潜在风险发生时可能造成的损失。(风险评估)

2. 制定相应的风险管理策略，包括调整投资组合、重新定价债务或建立应急预案等。(策略制定)

3. 联系客户、投资者、相关部门，与之进行沟通和协商。在征求以上群体意见后，针对所开展业务的金融风险等级的变动拟订策略，得到了支持和认可。(外部协商)

4. 通过内部办公自动化系统和电话与公司内部审计、合规部门以及其他相关部门进行沟通，协调金融风险管理工作的顺利推进。(内部协调)

**15点:**

1. 执行新的金融风险防控方案，继续监控、排查正在实施的金融放款方案策略的有效性。发现前一阶段有两个项目放款进度的推进速度较慢，与公司内部审计和合规部门进行电话沟通，并协商处理进展。(新策略执行)

2. 对前一阶段金融风险策略的效果进行评估，并把结果反馈给相关人员，听取有关人员意见，作为下次调整和优化策略的参考。(评估与反馈)

3. 将风险内控计划目标和项目风险管理计划报送领导审批。(计划报送)

## 二、什么是金融风险管理师

**职业定义。**金融风险管理师是指从事金融风险评估、监测、预警，进行金融风险管理活动督导、协调、控制并提供咨询服务工作的人员。作为风险管理师职业的工种，根据全球风险管理专业人士协会对该工种所需具备的知识和技能的描述，金融风险管理师主要从事金融风险的识别、金融风险度量、金融风险评估、金融风险控制及金融风险监测等工作。

**定义解读。**金融风险识别是指在金融活动过程中，运用一定的技术和方法，识别潜在的金融风险并将其进行归类的过程（巴塞尔银行监管委员会在2017年把金融风险分为市场风险、操作风险、法律风险等类型）；金融风险度量是指在上述活动中，通过量化和评估金融资产或投资组合的风险，以确认潜在损失或不确定性的过程；金融风险评估是指在上述活动中，对金融资产或投资组合的风险进行综合分析，以判断风险的性质、原因和影响等过程；金融风险控制是指在上述活动中，采取各种方法和策略，减少潜在损失和隐患，以降低活动风险水平的过程；金融风险监测是指在上述活动中，对金融风险的发展与变化情况进行实时监测和持续监督，并根据需要及时作出调整的过程。

**关联职业。**密切相关的职业主要有公司金融顾问、证券期货服务师、审计专业人员、企业合规师等。①公司金融顾问，是指在银行及相关金融服务机构中，为企业等实体经济机构客户提供金融规划、投融资筹划、资本结构管理、金融风险防控和金融信息咨询等综合性咨询服务的人员。②证券期货服务师，是指从事证券、期货投资咨询、财务顾问、法律服务、资信评级、资产评估、证券业务审计等工作的人员。③审计专业人员，是指从事对被审计单位财政、财务收支、内部控制，以及其他经济活动的真实性、合法性、效益性进行监督、鉴证、评价等工作的人员。④企业合规师，是指从事企业及企业内部成员行为符合法律、法规、监管要求、行业规定和道德规范等合规管理和监督的人员。

**相应岗位。**风险分析师、风险管理顾问、投资顾问、财务顾问、审计师等。

## 三、金融风险管理师的主要工作职责

1. 负责日常风险内控计划编制与协调管理，并进行金融机构业务部门（业务条线）突发事件 / 危机事件应急管理。

2. 负责资金、投资与财务管理潜在风险的识别、分析与评价。

3. 负责金融机构业务部门（业务条线）潜在风险的识别、分析与评价，并提出相应的改进建议。

4. 负责金融机构风险管理，完成合规管理报告和内部控制报告。

5. 负责金融机构业务部门（业务条线）风险业务应对，做好内控日常监督，合规管理评价以及内部控制监督。

6. 负责对业务部门的风险内控工作进行自我评价。

7. 负责指导和监督公司风险内控的持续改进与完善。

8. 负责对内部金融风险管理人员进行知识和技能培训，以及对其进行工作指导。

9. 负责组织、协调、检查、督导、评估金融风险管理工作。

金融风险管理师的主要工作职责如图 4-07-02-01-002-1 所示。

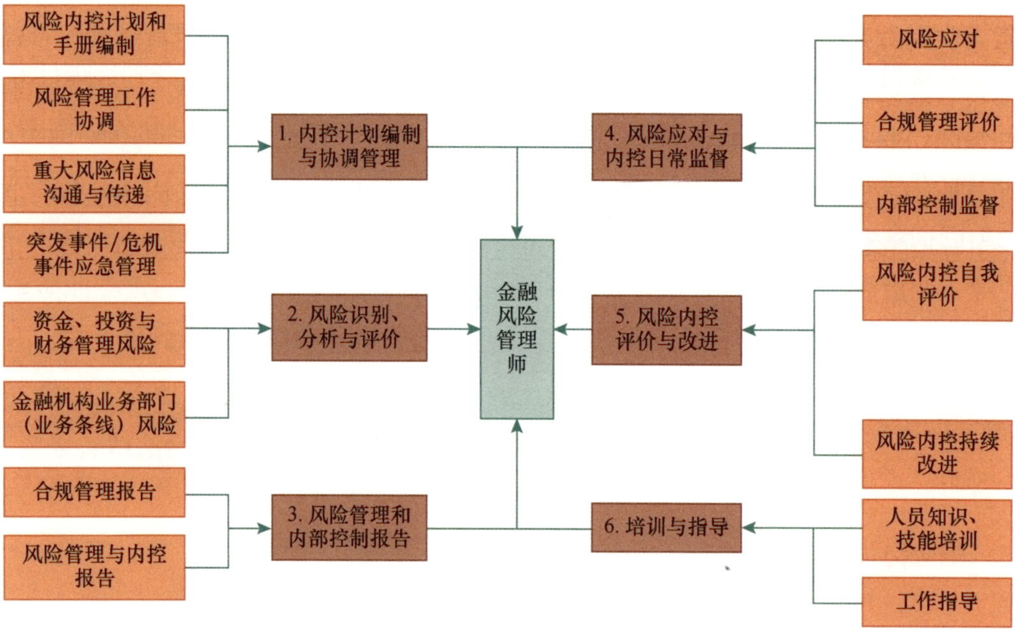


图 4-07-02-01-002-1　金融风险管理师的主要工作职责

## 四、金融风险管理师的薪酬福利待遇

**平均薪酬水平。**国家统计局发布的《2022年规模以上企业就业人员年平均工资情况》显示，租赁和商务服务人员规模以上企业就业人员的年平均薪酬为90540元；人力资源社会保障部发布的《2022年企业薪酬调查信息》显示，金融服务人员中类企业50%分位的薪酬为11.88万元/年，在全国62个中类企业分类中处于领先水平。根据猎聘网2023年9月选取的12781份职位薪酬样本数据，我国金融风险管理师岗位的平均薪酬为20263元/月，其工作年限与月平均薪酬的关系：1年以下为14998元，1~3年为15359元，3~5年为28238元，5年以上为61390元。

**与类似职业对比。**猎聘网2023年9月发布的数据显示，该职业的薪酬一般要高于公司金融顾问、信贷审核专业人员、银行清算专业人员、保险理赔专业人员、资产管理师等职业的薪酬。类似职业薪酬水平见表4-07-02-01-002-1。

**表4-07-02-01-002-1　类似职业薪酬水平**

| 职业名称 | 薪酬水平（元/月） |
| --- | --- |
| 公司金融顾问 | 11000~30000 |
| 信贷审核专业人员 | 10000~47000 |
| 银行清算专业人员 | 7000~55000 |
| 保险理赔专业人员 | 6000~26000 |
| 资产管理师 | 8000~14000 |

## 五、从事金融风险管理师工作需要具备的本领

金融风险管理师需要具备的知识和技能：掌握金融机构操作风险的识别，评估交易控制失效的后果；能够对金融机构基层网点办理的存取款业务、计息业务、转账等业务和相应操作规程的潜在风险进行分析与评估；熟悉金融机构内部控制日常监督的措施；熟悉商业银行风险管理报告的编写方法并能够完成报告撰写；熟悉风险与控制自我评估的程序与方法，并能够进行自我评估；能够解读审计意

见与报告整改结果，能够落实内部审计部门在基层网点风险内控审计中对所发现问题作出的整改意见等，其核心技能是能够进行风险信息的识别、分析、评估以及风险应对。

2. 根据《风险管理师国家职业技能标准》，金融风险管理师的知识和技能要求见表 4-07-02-01-002-2。

**表 4-07-02-01-002-2　金融风险管理师的知识和技能要求**

| 职业功能 | 工作内容 | 知识和技能要求 |
| --- | --- | --- |
| 风险应对与内控日常监督 | 金融机构基层网点风险内控日常监督 | 掌握金融机构操作风险的识别，评估交易控制失效的后果；能够对金融机构基层网点办理的存取款业务、计息业务等和相应操作规程的潜在风险进行分析与评估 |
| | | 熟悉金融机构内部控制日常监督的措施，能够定期检查金融机构基层网点日常各项内控措施的执行情况 |
| 风险管理与内部控制报告 | 完成金融机构基层网点风险管理报告 | 熟悉商业银行风险管理报告的编写方法并能够完成报告撰写 |
| | | 按风险信息报告的程序与要求完成上报 |
| 金融机构基层网点风险内控评价与改进 | 金融机构基层网点风险内控评价与改进 | 熟悉风险与控制自我评估的程序与方法，并能够进行自我评估 |
| | | 熟悉风险内控问题的整改机制，并能够对在基层网点风险与控制自我评估中发现的风险点提出管控建议 |
| | | 能够解读审计意见与报告整改结果，能够落实内部审计部门在基层网点风险内控审计中对所发现问题作出的整改意见，并向基层网点负责人报告整改结果 |

## 六、金融风险管理师的专业教育现状

### （一）相关专业

1. 普通高等教育院校开设的相关专业：金融学、国际金融学、证券投资、金融学、金融投资学、保险学等。

2. 职业教育院校开设的相关专业：金融服务与管理、金融科技应用、保险实务、信用管理、证券实务等。

**（二）开设相关专业的院校（排名不分先后）**

★ 相关院校：清华大学、北京大学、中国人民大学、中央财经大学、上海财经大学、武汉大学、天津大学、南开大学等。

◆ 相关院校：北京经贸职业学院、北京经济管理职业学院、浙江金融职业学院、山东商业职业技术学院、天津职业大学、金华职业技术学院、广东番禺职业技术学院、广西职业技术学院等。

## 七、金融风险管理师的就业创业信息

金融风险管理师从业人员主要分布在北京、上海、深圳等一线城市，经济发展较快或人口较多的城市，如宁波、青岛、成都等二线城市和部分薪酬福利较好的三线城市。

吸纳金融风险管理师比较多的用人单位主要有以下几类。

1. 投资银行。中国工商银行股份有限公司、中国建设银行股份有限公司、中国银行股份有限公司、中国农业银行股份有限公司、交通银行股份有限公司、中国光大银行股份有限公司、中国民生银行股份有限公司、兴业银行股份有限公司等。

2. 证券公司。中信证券股份有限公司、海通证券股份有限公司、广发证券股份有限公司、招商证券股份有限公司、中国银河证券股份有限公司、申万宏源证券有限公司、东方证券股份有限公司、兴业证券股份有限公司等。

3. 保险公司。中国人寿保险股份有限公司、中国平安保险（集团）股份有限公司、中国太平洋保险（集团）股份有限公司、新华人寿保险股份有限公司、泰康人寿保险股份有限公司、太平洋安泰人寿保险股份有限公司、富德生命人寿保险股份有限公司、阳光保险集团股份有限公司。

4. 基金公司。华夏基金管理有限公司、嘉实基金管理有限公司、南方基金管理股份有限公司、招商基金管理有限公司、工银瑞信基金管理有限公司、中银基金管理有限公司、建信基金管理有限责任公司、交银施罗德基金管理有限公司。

5. 资产管理公司。中国人寿资产管理有限公司、太平洋资产管理有限公司、中国华融资产管理股份有限公司、中国信达资产管理股份有限公司、中国东方资产管理股份有限公司、招商局资本管理有限责任公司、华润资产管理有限公司、中信建投证券股份有限公司。

注：以上机构信息仅供参考，不代表编写出版方对其推荐或认可。

## 八、金融风险管理师的贯通发展

金融风险管理师的发展路径主要有四条。①管理路径。从初级金融风险管理员晋升到中级金融风险管理师、高级金融风险管理师、风险部门负责人、高级管理层成员，共经历五个阶段。②专家路线。不断提升专业技能、积累实践经验，通过高等级金融风险管理师或特许金融风险分析师等国际权威认证，选择从事学术研究或教育培训工作。③复合人才路线。向其他行业跨越发展或进行职业、工种转型，如金融机构风险管理师可以到投资银行担任业务风险管理师、固定收益风险管理师、衍生品风险管理师等职位，或者到资产管理公司担任基金风险管理师、组合风险管理师、信用风险管理师等职位，或者到财富管理公司担任财富风险管理师、投资银行业务风险管理师等职位。④创业路径。可以根据个人兴趣进行创业，如从事项目咨询、教育培训等行业。

金融风险管理师的发展路径如图 4-07-02-01-002-2 所示。

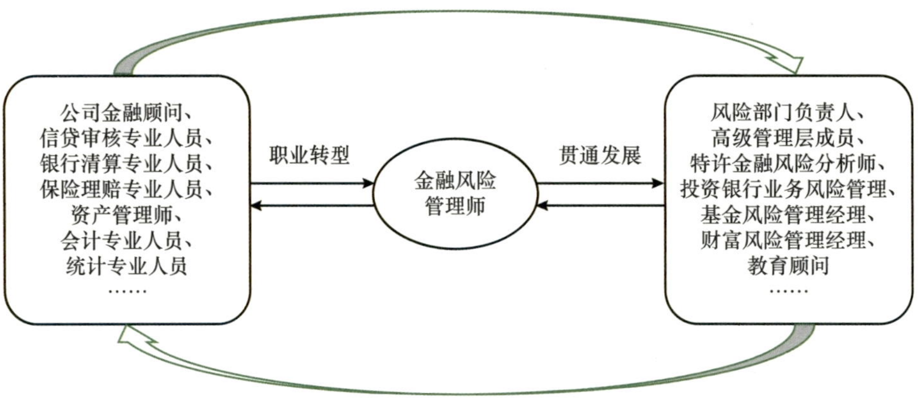


图 4-07-02-01-002-2　金融风险管理师的发展路径

## 九、金融风险管理师的发展前景

**从市场供需看。**随着全球金融市场的不断发展和日益复杂化，风险管理和金融稳定变得越来越重要。2018 年 10 月 18 日，据《人民日报》报道，与金融的现实需要相比，我国金融风险管理人才相对匮乏，一是尤其缺少熟悉金融业务，掌握金融风险管理知识，具有较强金融风险意识和风险规避管理技能，精通金融风险控制实务的高素质应用型人才；二是缺少理论功底扎实，具有较强宏观经济金融形势分析能力及风险预判能力，在应对金融风险时能提出有价值的对策建议的高层次研究型人才。截至 2023 年 6 月 7 日，金融风险管理师协会官网公布的金融风险管理师持证人员人数共 25000 余名，但和国内约 30 万名金融风险管理师的缺口相比，差距依然比较大。金融风险管理师持证人员数量较少，其在全球范围内处于供不应求的状态，供需矛盾比较突出。

**从产业发展看。**金融风险管理师持证人员可以在银行和证券行业、保险理财领域就职。在基金投资、资产管理、金融单位、监管机构中，对金融风险管理师持证人员的需求较高。以上这些机构的金融风险管理师需要具备专业的风险管理能力，以确保金融市场的稳定性和安全性。金融风险管理师持证人员可以担任风险管理师、信贷管理师、投资风险分析师等职位，还可以在金融科技公司中担任风险控制师、数据分析师等职位。随着金融科技的不断发展和创新，金融风险管理师持证人员将成为金融行业中的重要力量，金融风险管理师证书也将成为这些机构衡量和选拔风险管理专业人才的重要标准。此外，随着监管力度的不断加强，监管机构对金融风险管理师持证人员的重视程度也不断提高。

**从政策红利看。**许多国家和地区都出台了政策，为金融风险管理师持证人员提供多种优惠和奖励。例如，一些国家为金融风险管理师持证人员提供签证申请、税收优惠、职业发展等方面的支持，这些政策红利进一步提高了金融风险管理师持证人员的职场竞争力。国内的一些大城市如北京，对取得金融风险管理师等金融资格证书的持证人员，规定了除了在个人所得税方面享受优惠待遇外，还可以在办理本市户口，其子女可在京参加高考录取时与北京市户籍考生享受同等待遇等方面的福利待遇政策，上海、深圳等城市也陆续针对金融风险管理师持证人员的人才引进出台了政策，对其在住房、子女就学等方面给予优惠。

## 十、相关内容链接

**国家职业标准：** 暂缺。

**相关政策文件：** 见表 4-07-02-01-002-3。

**表 4-07-02-01-002-3　金融风险管理师相关政策文件**

| 发布或通过时间 | 发布或通过机构 | 文件名称 |
| --- | --- | --- |
| 2020-02 | 深圳市人民政府 | 《深圳市支持金融人才发展的实施办法》 |
| 2022-06 | 北京市人力资源和社会保障局、北京市人才工作局 | 《北京市境外职业资格认可目录（2.0 版）》 |
| 2022-08 | 中共上海市金融工作委员会、上海市地方金融监督管理局 | 《上海金融领域“十四五”人才发展规划》 |

供稿：广西职业技术学院　沈斌

# 公共风险管理师

职业编码：4-07-02-01-003

作为一名公共风险管理师，每天都与风险打交道。从微小的日常风险到巨大的紧急危机，都在他的职责范围内。

社会中无法预料的事情非常多，新冠疫情暴发、核心科技被人“卡脖子”、供应链中断等，都成了发展中的公共风险。这些公共风险转化为发展的成本，影响了社会和经济的可持续发展。因此为了对各种可能的风险进行识别和评估并提供有效的风险管理策略，就需要公共风险管理师深入理解政府机构、非政府组织和社会团体的需求，掌握风险管理的基本理论和实践技能。

公共风险管理师的工作虽然充满了挑战，但也充满了成就感。社会、经济和环境在不断发生着变化，人们面临的风险也复杂多变，这个职业正逐渐凸显出其存在的必要性。

## 一、公共风险管理师的一天

**记录时间：2023 年 8 月 20 日　　记录人：孟某焕**

**上午工作情况**

**9 点：**

1. 制定风险管理策略，确保机构在风险管理中能达到最优效果。（策略制定）

2. 监测和预警机构的风险状况，及时发现和识别风险，以减少机构的损失和风险暴露。（隐患排除）

3. 确保机构制定的风险管理政策和措施得到有效落实。（措施落实）

4. 与相关部门进行密切合作，共同推进风险管理工作落实。（组织实施）

**11 点：**

1. 识别和分析潜在风险，制定相应的风险消减措施。（风险识别）

2. 制订风险控制计划，确保有效应对和控制系统性风险。（风控计划制订）

3. 定期评估机构的风险承受能力和资本充足情况，提出改进建议。（风险评估）

4. 管理机构的风险偏好和容忍度，确保机构的风险管理和业务需求保持一致。（风险管理）

### 下午工作情况

**13 点：**

1. 参与机构重大决策的风险评估，提供风险分析和应对策略。（风险应对）

2. 监测和报告风险事件，评估风险应对效果，并提出改进建议。（监测与报告）

3. 制订风险教育和培训计划，提高员工的风险意识和管理能力。（风险教育）

4. 参与制定和执行风险转移策略，降低机构的风险暴露。（风险转移）

**15 点：**

1. 与内外部审计人员合作，评估风险管理程序的效率和效果，提出改进建议。（评估与改进）

2. 跟踪和研究最新风险管理技术和方法，提高风险管理能力。（方法创新）

3. 建立和维护风险管理信息系统，确保信息的准确性和及时性。（信息系统建设）

4. 参与机构的文化建设，强化风险意识和合规意识，推动风险管理文化的形成和发展。（文化建设）

## 二、什么是公共风险管理师

**职业定义。**公共风险管理师是指从事整体风险评估、监测、预警，进行风险管理活动督导、协调、控制并提供咨询服务的人员。

**定义解读。**公共风险管理师主要负责评估和分析机构所面临的各种潜在风险，如市场风险、信用风险、流动性风险等，并根据实际情况制定相应的风险管理方案。公共风险管理师还需要了解相关法律、法规和政策，确保机构的风险管理活动符合规定。公共风险管理师需要对风险进行分析和评估，为机构提供准确的风险信息，并协调和指导风险管理活动，需要根据实际情况制定相应的风险管理策略和方案，为机构提供可靠的风险控制和防范措施，还需要与其他部门和机构进行协调和沟通，确保风险管理活动的顺利进行。

**关联职业。**密切相关的职业主要有风险控制、金融风险管理、投资风险管理、企业风险管理、灾害风险管理、环境风险管理、保险风险管理等。

**相应岗位。**公共风险管理师、风险管理专员、金融风险管理师、企业风险管理师、保险风险管理师、环境风险管理师、灾害风险管理师等。

## 三、公共风险管理师的主要工作职责

公共风险管理师是从事风险管理工作的专业人员，具备专业的风险管理知识和技能，能够为机构提供准确的风险管理和控制方案。公共风险管理师的定义和职责涵盖了风险管理的重要方面，包括评估、监控、预警、督导、协调和控制等。

1. 参与公共风险管理工作，制定风险管理制度，设计风险管理流程。

2. 负责公共事务运作并进行实时监控，定期和不定期出具风险分析报告。

3. 监督、检查相关机构或部门风险管理及改进情况，确保风险管理方案有效执行。

4. 对相关新业务进行风险评估，确保业务发展的合规性和风险可控性。

5. 对有关机构或部门进行行为监控，防范违规行为。

6. 组织开展公共风险排查工作，发现并解决潜在的风险问题。

7. 参与公共风险事件的处置工作，协调处理风险事件，降低风险损失。

8. 组织开展公共风险管理培训和宣传活动，提高公民的风险防范意识和风险管理能力。

## 四、公共风险管理师的薪酬福利待遇

根据看准网，2023 年全国公共风险管理师的平均薪酬水平为 21382 元 / 月，中位数为 18516 元 / 月。根据猎聘网，公共风险管理师的工作年限与月平均薪酬的关系：1 年以下为 7148 元，1~3 年为 11722 元，3~5 年为 15604 元，5 年以上为 25325 元。

根据前程无忧的招聘信息，国企公共风险管理师的月平均薪酬为 15000~40000 元，民营企业公共风险管理师的月平均薪酬为 8000~20000 元。

**与类似职业对比。**根据智联招聘、看准网、职友集的招聘和调查信息，公共风险管理师的薪酬水平高于风险控制人员与资信评估人员，与合规稽查人员、清算人员的薪酬水平相当。类似职业薪酬水平见表 4-07-02-01-003-1。

**表 4-07-02-01-003-1　类似职业薪酬水平**

| 职业名称 | 薪酬水平（元 / 月） |
| --- | --- |
| 风险控制人员 | 14180 |
| 资信评估人员 | 14513 |
| 金融产品经理 | 16732 |
| 资产评估人员 | 17331 |
| 合规稽查人员 | 22376 |
| 清算人员 | 24655 |

## 五、从事公共风险管理师工作需要具备的本领

1. 公共风险管理师需具备的知识和技能：风险评估与分析能力、政策法规知识、应急响应管理能力、沟通协调能力、数据分析与技术应用能力等。核心技能是风险评估与分析、应急响应管理和沟通协调能力等。

2. 目前，公共风险管理师暂无国家职业技能标准，综合公共风险管理师的招聘要求和工作职责，公共风险管理师的知识和技能要求见表 4-07-02-01-003-2。

**表 4-07-02-01-003-2　公共风险管理师的知识和技能要求**

| 职业功能 | 工作内容 | 知识和技能要求 |
| --- | --- | --- |
| 风险评估与分析 | 识别风险因素，评估可能性与影响，制定缓解策略，更新评估报告 | 掌握风险识别、量化、评估的方法和技术，能够准确识别潜在风险并进行有效评估 |
| 政策法规 | 研究法律法规，分析政策影响，确保操作合规，提供合规建议 | 熟悉相关法律法规、政策框架及行业标准，确保风险管理措施合法合规 |
| 应急响应管理 | 制订应急计划，组织培训与演练，启动响应机制，协调资源控制事态 | 具备制定应急预案的能力，并能在突发事件中迅速有效地组织应对，减少损失 |
| 沟通协调 | 建立沟通渠道，协调跨部门合作，处理冲突，提供信息反馈 | 能与不同部门和利益相关者有效沟通，协调资源，共同解决复杂问题 |
| 数据分析与技术应用 | 收集数据，应用分析工具，利用技术提升效率，提出改进建议 | 运用现代信息技术工具进行数据收集、处理和分析，支持决策制定 |

## 六、公共风险管理师的专业教育现状

### （一）相关专业

1. 普通高等教育院校开设的相关专业：信用风险管理与法律防控、公共管理、行政管理、金融学、保险精算、信息管理与信息系统、项目管理等。这些专业涉

及风险管理、公共安全等方面的课程，但并不是专门的公共风险管理专业。一些高校可能会在管理类、法学类专业中开设一些涉及公共安全与风险管理的课程，如“危机管理”“风险管理”“灾害防治”等。但是，这些课程通常是作为选修课程开设的。本科教育开设公共风险管理专业相对较少。

2.职业教育院校开设的相关专业：公共安全与管理、危机管理、安全技术与管理、工商管理、商务管理等。这些专业通常会开设一些涉及公共安全和风险管理的核心课程，如“灾害防治”“危机管理”“应急救援”等。与本科教育类似，这些课程通常也是作为选修课程开设的，高等职业教育开设公共风险管理专业也相对较少。

一些与公共管理、行政管理相关的专业中所涉及的风险管理、公共安全等方面的课程，可以作为公共风险管理师的入门课程。此外，一些高校还会开设一些与公共安全和风险管理相关的选修课程，这些课程可以作为公共风险管理师的进阶课程。

### （二）开设相关专业的院校（排名不分先后）

★ 相关院校：清华大学、对外经济贸易大学、复旦大学、湘潭大学、厦门大学、山东财经大学、华中科技大学、湖南大学、北京航空航天大学、南京审计大学、中国人民公安大学等。

◆ 相关院校：江苏安全技术职业学院、河北政法职业学院、重庆安全技术职业学院、云南司法警官职业学院、江西司法警官职业学院、湖南安全技术职业学院、南阳职业学院、西安培华学院、渤海船舶职业学院等。

## 七、公共风险管理师的就业创业信息

公共风险管理师是一种专门从事公共事务风险管理的职业工种。随着社会和经济的发展，对公共风险管理师的需求也在逐渐增加。全国招聘网站中涉及公共风险管理师的岗位有近 30000 个。具有丰富经验和高级职称的公共风险管理师，其月薪可达 2 万元以上。

公共风险管理师的就业领域非常广泛，主要包括政府机构、企事业单位、社会组织等。①政府机构。公共风险管理师在政府机构中主要负责国家安全、社会稳定等方面的风险管理。相关机构如国家安全部、交通运输部、卫生健康委员会等。②企事业单位。公共风险管理师在企事业单位中主要负责业务风险、市场风险等的管理。相关单位如银行、保险公司、证券公司等。③社会组织。公共风险管理师在社会组织中主要负责公益风险、社会责任风险等方面的管理。相关组织如慈善机构、非营利组织等。

招募风险管理师的企事业单位：上海清算所、华为技术有限公司、中国建设银行股份有限公司、三菱商事（中国）有限公司、华夏人寿保险股份有限公司、阿里巴巴集团控股有限公司、招商银行股份有限公司信用卡中心、安永（中国）企业咨询有限公司、瑞穗银行（中国）有限公司、北银消费金融有限公司、顺丰速运有限公司、中国银行股份有限公司等。

公共风险管理师创业的主要领域包括风险管理咨询、风险评估服务、风险管理培训等。①风险管理咨询。利用专业技能从事风险管理咨询业务，为企业或政府机构提供全面的风险管理解决方案，包括风险识别、评估、应对和监控等方面的咨询服务。目前，风险管理咨询创业公司较多，如风险管理集团等。②风险评估服务。开设专门的风险评估服务，为企业或政府机构提供全面的风险评估服务。当前，风险评估服务创业公司较少，市场竞争压力较小。③风险管理培训。开设风险管理培训课程，向企业和政府机构的工作人员传授风险管理知识和技能，提高其风险意识和风险管理能力。目前，风险管理培训创业公司较多，市场竞争压力较大。

注：以上机构信息仅供参考，不代表编写出版方对其推荐或认可。

## 八、公共风险管理师的贯通发展

公共风险管理师的发展路径多元且广阔，包括垂直发展、横向转型、跨领域发展以及自由创业和自由职业者等四个方面。

1. 垂直发展。公共风险管理师可以通过不断积累经验和提升专业技能，从初级风险管理师到高级风险管理师，再到风险管理主管乃至风险总监等更高层管理职位的晋升。这一路径要求公共风险管理师不断深化对风险管理理论和实践的理解，提升数据分析、决策支持和团队管理能力，以更好地服务于组织的风险管理需求。

2. 横向转型。横向转型为公共风险管理师提供了拓宽职业领域的机会，可以将风险管理知识应用于其他相关职能岗位，如内部审计与合规专员、风险咨询顾问等。通过转型，风险管理师能够丰富自己的职业经验，提升跨领域工作能力，为组织带来全面的风险管理视角。

3. 跨领域发展。跨领域发展是公共风险管理师的另一重要职业发展路径。他们可以将风险管理技能应用于其他行业，如制造业、房地产、能源与环保等。在不同行业中，风险管理师需要面对不同的风险挑战和业务流程，这要求他们具备高度的适应能力和创新能力，以制定出贴合行业特点的风险管理策略。

4. 自由创业和自由职业者。公共风险管理师可以凭借丰富的经验和专业知识，为企业提供风险管理咨询和定制化服务。部分优秀的风险管理师可以选择创办风险管理事务所，通过整合资源和提供全面的风险管理解决方案，实现职业发展的更高层次。

公共风险管理师的发展路径如图 4-07-02-01-003-1 所示。

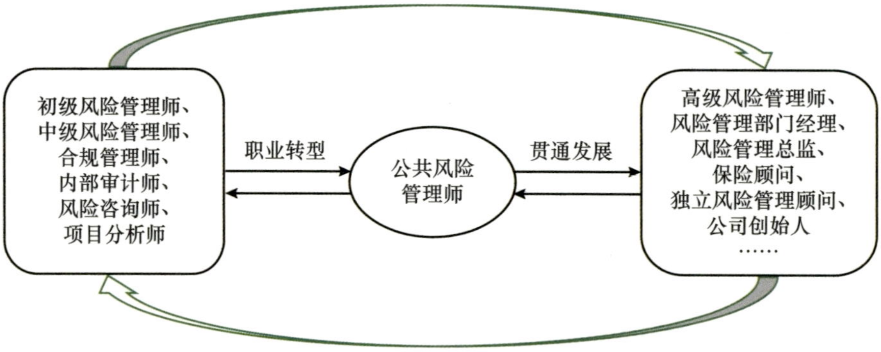


图 4-07-02-01-003-1　公共风险管理师的发展路径

公共风险管理师的职业发展路径多样且充满机遇。无论选择哪条路径，都需要他们不断提升自己的专业素养和竞争力，以适应不断变化的风险管理环境。

## 九、公共风险管理师的发展前景

**从市场供需看。**随着社会和经济的发展，各类风险和不确定性因素不断增加，越来越多的企事业单位开始重视起风险管理。公共风险管理师是一种专业性强的职业，可以帮助企事业单位和政府机构识别、评估、应对和监控各种公共风险，保障其稳健发展和公共安全，需要从业者具备较强的风险管理知识、技能和经验，以及较高的综合素质和协调能力，这导致人才短缺现象较为明显。从市场供需看，企事业单位和政府机构对公共风险管理师的需求不断增加，公共风险管理师的职业发展前景是比较广阔的。

**从产业角度看。**如金融、能源、医疗、教育等，对公共风险管理师的需求在不断增加。同时，政府机构、非政府组织也需要公共风险管理师来帮助应对公共风险和危机。公共风险管理的重要性日益凸显，并逐渐成为一个产业，涵盖了风险管理咨询、风险评估、风险投资、风险监测等多个方面。公共风险管理师作为专业的风险管理人才，将在这一产业中发挥重要作用。

**从政策红利看。**政府对公共安全和风险管理的重视程度不断提高，并持续发布加大对公共安全和风险管理的投入、加大对公共风险管理人才的培养力度、鼓励公共风险管理领域创新、支持公共风险管理领域的国际合作等政策措施，为公共风险管理师提供了更多的就业机会和职业发展保障。

## 十、相关内容链接

**国家职业标准：**暂缺。

**相关政策文件：**见表 4-07-02-01-003-3。

**表 4-07-02-01-003-3　公共风险管理师相关政策文件**

| 发布或通过时间 | 发布或通过机构 | 文件名称 |
|---|---|---|
| 2021-11 | 卫生健康委 | 《食品安全风险监测管理规定》 |
| 2023-04 | 应急管理部 | 《工贸企业重大事故隐患判定标准》 |
| 2023-08 | 应急管理部办公厅 | 《乡镇（街道）突发事件应急预案编制参考》《村（社区）突发事件应急预案编制参考》 |

供稿：上海电子信息职业技术学院　孟秀焕

# 客户服务管理员

职业编码：4-07-02-03

随着中国经济的快速发展和消费需求的不断增长，对企业提供优质客户服务的需求也日益增加。客户服务管理员不仅是客户沟通和问题解决的重要环节，也是企业与客户建立起良好关系和提供优质服务的关键角色。他们的工作对于企业的可持续发展至关重要。

越来越多的企业开始设立专门的客户服务部门，并招聘客户服务管理员，这为客户服务管理员提供了更多的就业机会。在就业机会增长的同时，也出现了该岗位人员的业务能力难以匹配企业经营发展需求的状况。究其原因如下：一是有些客户服务管理员没有接受过正规、系统的培训，缺乏理论知识和实践能力，管理形式单一、方法过时；二是企业人情关系复杂，依靠人情关系开展业务，缺乏创新和难以展开有序竞争；三是企业没有认识到客户服务管理员这个岗位的重要性，对这个岗位的技术升级和发展的推动力度较小。只有明确客户服务管理员的工作职责和能力要求，才能更好地发挥企业人力资源的作用，提高顾客的满意度。

## 一、客户服务管理员的一天

**记录时间：2023 年 9 月 1 日** **记录人：李某**

### 上午工作情况

**8 点：**

1. 查阅客户管理系统，明确当日工作任务目标，了解工作内容及相关工作进度，掌握当日工作的重点及难点。（目标确定）

2. 总结前一天工作情况，检查前一天工作存在的不足与问题，找出后续工作中需要特别注意的地方，整理成文档，在晨会通报。（晨会准备）

3. 根据工作任务和工作目标准备相关材料。（资料准备）

**10 点：**

1. 对目标客户进行访谈，设置客户调查问卷，对目标客户进行分类。（调查研究）

2. 对目标客户进行分析，把握目标客户的行为特征、需求和动机。（客户画像）

3. 针对目标客户的分类情况，以客户为中心，进行服务产品的设计、研发。（产品研发）

## 下午工作情况

**14 点：**

1. 聚焦客户需求，进行深入调研，跟进客户对产品的反馈，系统、全面地分析客户对产品的感知，了解客户需求，发现市场痛点，把握客户和企业的交互方式和模式。（客户需求发现）

2. 明确客户旅程地图刻画目标，利用客户画像聚焦一类客户，描绘客户需求场景，整理客户感知数据。（客户旅程地图刻画）

3. 根据客户旅程地图，联系客户，向客户推销自己的产品和服务，实现客户需求目标。（客户目标实现）

**16 点：**

1. 进行产品和服务的满意度调研，对客户行为进行数据分析，进一步发掘客户需求，提高用户体验。（客户满意度调研）

2. 与相关专家进行沟通，请专家反馈产品和服务的体验，根据专家的意见和建议，进一步优化产品和服务。（专家反馈）

3. 对目标客户进行访谈，深层次了解客户的需求和期望，刻画客户的体验感受，明确企业和客户的每个交互步骤，找准每个交互步骤的所有触点，以此为基础继续优化产品和服务。（产品和服务优化）

## 二、什么是客户服务管理员

**职业定义。**客户服务管理员是指企业中从事售前、售中、售后客户服务活动管理工作的人员。

**定义解读。**客户服务管理是以客户为中心、以客户的需求为导向所开展的一系列交易活动。在这个交易过程中，客户服务管理员需要对产品、服务、交易方式、交易时间、交易地点等元素进行把控，以保障交易的顺利进行，使客户获得相对较好的体验。

**关联职业。**密切相关的职业有电子商务服务人员、风险管理师、职业指导师等。①电子商务服务人员。运用互联网及现代信息技术，从事产品网络推广、网站运营管理等活动。②风险管理师。主要从事整体风险评估、监测、预警，进行风险管理活动督导、协调、控制并提供咨询服务。③职业指导师。为帮助劳动者更好地就业，为用人单位规范招聘和合理用人提供咨询、指导、帮助服务。

**相应岗位。**产品与客户服务、客户服务沟通、客户投诉管理、客户服务的变革管理、网络时代的客户服务管理、客户服务中心管理。

## 三、客户服务管理员的主要工作职责

客户服务管理员的主要工作涉及管理学、消费者行为学、组织行为学等学科知识，主要职责是客户服务体系的策划、组织、控制和监督，市场和客户的需求调研、归类和开发。该职业的主要工作职责有以下内容。

1. 策划、组建客户服务管理体系，确保客户的问题得到及时解决、需求得到真正满足；进行资源配置、人员配置等，保障团队成员按照公司的标准提供高质量的客户服务。

2. 设计、组织现场客户服务活动，形成策划方案并持续作出改进。

3. 制定售前、售中和售后客户服务制度规范，建立和维护客户服务数据库，记录、跟踪和分析客户的反馈和投诉，并提供相关报告和建议。

4. 进行客户服务培训，提升他们的专业技能和服务水平。

5. 管理和监督一线服务人员工作，维持团队的有效运作。

6. 调研企业产品的市场发展、用户满意度、产品质量信息等情况，跟踪和分析市场竞争对手的客户服务策略和实践，提供改进建议和创新思路。

7. 管理和监控客户投诉情况，维护客户关系，确保客户满意度和忠诚度。

8. 代表企业进行外部沟通、谈判，协调和沟通其他部门如销售、市场和技术团队，处理危机事件，以确保快速解决客户的问题，维护企业的合法权益。

9. 设计、制定合同中的客户服务条款，明确双方职责。

## 四、客户服务管理员的薪酬福利待遇

**平均薪酬水平。**在与客户直接接触的环境中工作的人员，主要包括在第二产业和第三产业中从事客户服务管理的人员。由于目前国内权威统计机构并没有针对客户服务管理员这个岗位的统计情况，因此在研究客户服务管理员的薪酬情况时，可以对照第二产业和第三产业的年平均工资。根据国家统计局的数据，2022年城镇非私营单位分行业门类就业人员在第二产业、第三产业的年平均工资为116562元，比上一年增长6.6%；2022年城镇私营单位分行业门类就业人员的年平均工资为67288元，比上一年增长4.8%。

**与类似职业对比。**根据智联招聘、58同城、赶集网、BOSS直聘的招聘信息，客户服务管理员的平均薪酬水平与家居客服基本相当，但相似职位在不同行业的薪酬水平差距较大，类似职业薪酬水平见表4-07-02-03-1。

**表4-07-02-03-1 类似职业薪酬水平**

| 职业名称 | 薪酬水平（元/月） |
|---|---|
| 物业管理员 | 4000~5000 |
| 家居客服管理员 | 7000~9000 |
| 保险售后服务专员 | 6000~10000 |
| 医疗器械客服管理员 | 5000~10000 |
| 大数据客户服务管理员 | 15000~20000 |
| 银行客户服务管理员 | 35000~45000 |
| 环境管理员 | 4000~5000 |
| 酒店服务员 | 3700~8000 |

## 五、从事客户服务管理员工作需要具备的本领

1. 良好的沟通能力。与客户进行有效沟通，听取客户需求、解答客户问题、提供产品或服务的信息等。这需要客户服务管理员具备较强的语言表达能力、人际交往能力和组织沟通能力，具备较强的收集、整理、提取相关信息的能力和分析、推理、判断能力，能够提出创新管理的方案。

2. 较强的客户服务意识。快速、准确地解决客户遇到的问题和困惑，这需要客户服务管理员具备分析和解决问题的能力。面对各种不同的客户和问题，客户服务管理员需要具备应变能力，能够灵活应对各种情况，并找到最佳的解决方案。

3. 耐心和友善。客户服务管理员需要以友善和耐心的态度对待每位客户。面对客户的问题，客户服务管理员需要保持冷静并尽力满足客户的需求，以提供良好的客户体验。

4. 积极上进，乐于学习，较强的沟通能力、逻辑思维能力以及良好的团队合作精神。客户服务管理员的工作态度应积极主动，有一定的抗压能力，需要具备优秀的自我管理能力和学习能力，较强的进取心，还需要善于与他人合作，具有良好的团队合作意识。

5. 了解产品，懂得服务。客户服务管理员需要对所提供的产品或服务有深入了解和知识储备，以更好地回答客户的问题并提供相应的帮助。

6. 技术能力。随着科技的发展，客户服务管理员需要掌握一定的技能，熟悉常用的网络办公软件、客户服务软件等，以更好地提供客户服务。

根据客户服务管理员相关国家职业技能标准，客户服务管理员的知识和技能要求见表 4-07-02-03-2。

**表 4-07-02-03-2　客户服务管理员的知识和技能要求**

| 职业功能 | 工作内容 | 技能要求 | 相关知识 |
| --- | --- | --- | --- |
| 客户服务策划 | 客户分析 | 识别顾客特征 | 消费心理学 |
| | | 分析顾客心理 | 消费者行为学 |
| | | 分析客户的需求 | 市场细分 |

续表

| 职业功能 | 工作内容 | 技能要求 | 相关知识 |
|---|---|---|---|
| 客户服务策划 | 客户服务人员职责制定 | 分析岗位工作要求 | 岗位分析方法 |
| | | 确定岗位工作职责 | 工作设计相关知识 |
| | 客户服务规范制定 | 分析客户的需求特性 | 市场调查方法 |
| | | 分析客户服务的工作程序 | 工作分析方法 |
| | | 制定操作细则 | 服务特征 |
| 客户服务提供 | 客户服务信息管理 | 建立、维护和更新客户数据 | 客户管理相关知识 |
| | | 分析客户数据 | 数据管理相关知识 |
| | 客户服务人员管理 | 招聘客户服务人员 | 人员招聘和选拔 |
| | | 制作客户服务岗位说明书 | 岗位职务分析 |
| | | 对客户服务人员进行绩效考评 | 绩效考评 |
| | | 对客户服务人员实施奖励和惩罚 | 人员激励的方法 |
| | 客户服务现场管理 | 实施安全管理 | 服务安全管理 |
| | | 应对突发事件 | 应急管理 |
| | | 指导服务人员现场操作 | 现场管理 |
| 客户服务控制 | 客户服务质量控制 | 收集、整理和传递质量信息 | 信息管理 |
| | | 分析质量问题 | 质量管理 |
| | 客户服务过程控制 | 检查计划执行情况 | 生产管理 |
| | | 协调和解决服务过程中出现的问题 | 过程控制方法 |

续表

| 职业功能 | 工作内容 | 技能要求 | 相关知识 |
|---|---|---|---|
| 客户服务改进 | 客户服务投诉处理 | 分析、整理客户投诉意见 | 客户投诉相关知识 |
| | | 识别客户投诉的类型 | 客户满意 |
| | | 提出处理日常投诉的方案 | 人际沟通方法 |
| | 客户关系管理 | 回应客户的服务要求 | 客户关系 |
| | | 利用服务机会增加客户的信任 | 客户信任 |

## 六、客户服务管理员的专业教育现状

### （一）相关专业

1. 普通高等教育院校开设的相关专业：航空服务艺术与管理、药事服务与管理、电力客户服务与管理、养老服务管理等。

2. 职业教育院校开设的相关专业：汽车服务工程、民航运输服务、健康服务与管理、旅游管理与服务教育等。

### （二）开设相关专业的院校（排名不分先后）

★ 相关院校：天津科技大学、同济大学、深圳技术大学、四川工商学院、西南林业大学、保山学院、长安大学、兰州城市学院、天水师范学院、广东白云学院等。

◆ 相关院校：陕西职业技术学院、黑龙江旅游职业技术学院、青岛职业技术学院、海南经贸职业技术学院、南京旅游职业学院、北京经济管理职业学院、北京交通运输职业学院、天津市职业大学、秦皇岛职业技术学院、石家庄工程职业学院等。

## 七、客户服务管理员的就业创业信息

客户服务管理员可以在各行各业的企事业单位、政府机构、非营利组织等中从事客户服务工作，如零售业、电信业、金融业、旅游业、医疗保健服务行业、

IT 行业、教育行业、航空和物流行业等。

## 八、客户服务管理员的贯通发展

客户服务管理员的纵向发展指的是客户服务管理员在同一职业领域内的晋升路径，其横向发展则指的是转向其他相关职业领域。

1. 纵向发展。初级客户服务管理员—高级客户服务管理员—客户服务主管—客户服务经理—客户服务管理专家，是一种常见的发展路径，实际发展路径可能因具体组织、行业的不同而有所变化。

2. 横向发展。客户服务管理员可以转作销售代表、项目协调员、行政专员、后勤管理员等相关岗位。

3. 自主创业。基于个人的能力、专业知识、兴趣爱好和人际关系，选择合适的行业进行自主创业。这种途径需要个人具有较好的综合能力，了解市场动态，掌握经济、管理等多方面知识，并且要有敢闯敢干的决心和毅力。

客户服务管理员的发展路径如图 4-07-02-03-1 所示。

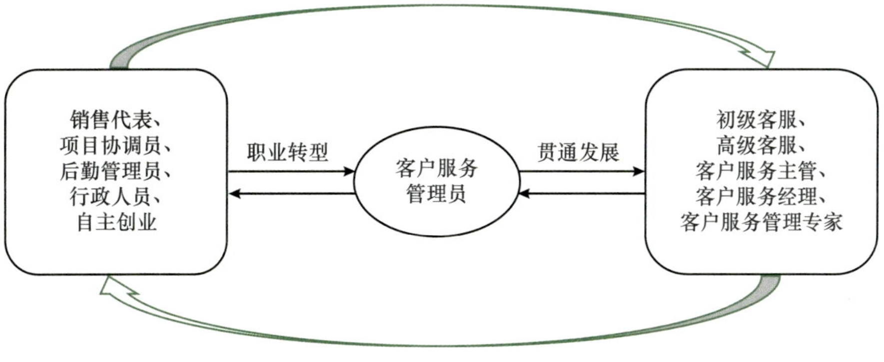


图 4-07-02-03-1　客户服务管理员的发展路径

## 九、客户服务管理员的发展前景

**从市场供需看。**在市场经济环境下，客户服务管理员这一职业，与企业同生存、同发展。随着市场化程度的提高，客户服务管理员在企业中的重要性及从业人数比重会越来越大。该职业的发展对于提高企业的市场竞争力有着重大意义：

一方面，可以为企业带来直接经济效益；另一方面，有利于拓展国际市场，加大出口创汇，这对于企业乃至国家经济的发展有着积极的现实意义和深远的历史意义。

**从产业发展看。**无论第一产业、第二产业，还是第三产业，有了客户服务管理员的辅助，都能得到更好的发展。第一产业的客户服务管理员主要侧重于销售和市场部门；第二产业的客户服务管理员主要集中在服务、市场、销售等部门；第三产业的客户服务管理员主要集中在策划、销售、售后、客户呼叫中心等部门，其岗位的适从性更广。

**从政策红利看。**“十一五”以来，国务院印发《关于加快发展服务业的若干意见》，国务院办公厅印发《关于加快发展服务业若干政策措施的实施意见》，明确了服务业发展的方向、目标、主要任务和政策措施。国务院召开全国服务业工作会议，对服务业工作作出了部署安排，制定出台了指导和推进物流业、旅游业、文化产业、体育产业、服务外包、社区服务、家庭服务等服务业加快发展的一系列政策措施。

2014 年，国务院印发的《关于加快科技服务业发展的若干意见》提出，加快科技服务业发展；2021 年，国家发展改革委、商务部、教育部等十五部门联合印发《深化促进家政服务业提质扩容“领跑者”行动三年实施方案（2021—2023 年）》；2022 年，人力资源社会保障部《关于实施人力资源服务业创新发展行动计划（2023—2025 年）的通知》指出，以产业引导、政策扶持和环境营造为重点，深化人力资源服务供给侧结构性改革，培育壮大市场化就业和人才服务力量，加快提升人力资源服务水平。

## 十、相关内容链接

**国家职业标准：**暂缺。

**相关政策文件：**见表 4-07-02-03-3。

表 4-07-02-03-3 客户服务管理员相关政策文件

| 发布或通过时间 | 发布或通过机构 | 文件名称 |
|---|---|---|
| 2021-11 | 国家发展改革委、商务部、教育部等十五部门 | 《深化促进家政服务业提质扩容“领跑者”行动三年实施方案（2021—2023年）》 |
| 2022-12 | 人力资源社会保障部 | 《关于实施人力资源服务业创新发展行动计划（2023—2025年）的通知》 |

供稿：新疆科技学院　李晓连

# 信用管理师

职业编码：4-07-02-04

随着经济社会的不断发展和市场竞争的加剧，信用管理越来越受到关注和重视，信用管理师在当前经济社会发展中的作用愈加突出。《社会信用体系建设规划纲要（2014—2020年）》提出，到2020年，基本建立社会信用基础性法律法规和标准体系，基本建成以信用信息资源共享为基础的、覆盖全社会的征信系统。

## 一、信用管理师的一天

记录时间：2023年9月8日　　记录人：杨某丽

**上午工作情况**

**9点：**

1. 对客户进行信息收集，收集渠道包括对方的营业执照、注册资金、财务报表、企业管理的规章制度等。（资料收集）

2. 通过其他或是第三方咨询公司进行信息鉴别，查验信息的准确性。（信息查验）

**10点：**

建立信息档案，为形成系统化的信用管理奠定基础。（信息归档）

**11点：**

1. 对信息进行分析、评价，确认授信额度、期限等信息。（信息提炼）

2. 将正确评价结果反馈给营销部门，为决策者提供参考依据。（决策反馈）

**下午工作情况**

**13点：**

1. 到某公司进行现场调研，查阅该公司的业务、财务等台账。（台账查阅）

2. 对该公司发生拖欠货款或应收账款无法收回，出现呆账、坏账，应及时进行追账。（账款追收）

3. 适时采取法律诉讼等途径挽回损失，规避赊销过程中的风险。（风险防范）

**14点：**

1. 编制企业信用政策，规范企业的赊销授信管理。（授信管理）

2. 利用征信数据为企业开拓业务，为企业新增业务提供风险控制建议。（风险控制）

**17点：**

管理商业合同，依据应收账款进度进行预警、管控。（合同管控）

## 二、什么是信用管理师

**职业定义。**信用管理师是指企业中从事信用交易、信用风险控制和信用评价等征信技术工作的人员。

**定义解读。**信用管理师按职业主要分为金融信用管理师、企业信用管理师和政府信用管理师三类。①金融信用管理师主要从事银行、证券、保险等金融机构的信用管理工作。他们需要掌握金融市场的动态，了解各种金融产品的特点和风险，制定信用评估标准和信用风险控制策略，确保金融机构的信用风险得到有效控制。②企业信用管理师主要从事企业信用管理工作。他们需要了解企业的经营状况、财务状况、市场状况等，制定企业信用评估标准和信用管理策略，确保企业的信用得到有效维护和提升。③政府信用管理师主要从事政府信用管理工作。他们需要了解政府的法规、规章等政策措施，制定政府信用评估标准和信用管理策略，确保政府的信用得到有效维护和提升。

**关联职业。**密切相关的职业主要有金融 / 投资 / 证券分析师、保险咨询服务等。

**相应岗位。**数据治理员、尽职调查员、模型开发师、信用分析师、信用评价师等。

## 三、信用管理师的主要工作职责

信用管理师的主要职责和工作内容如下。

1. 编制企业信用政策和实施指南，设计企业和消费者信用风险防范、控制和转移的技术操作流程；前期要进行信息收集，收集渠道包括对方的营业执照、注册资金、财务报表、企业管理的规章制度等，并通过其他公司或是第三方咨询公司进行信息鉴别，查验信息的准确性。

2. 参照国家信用标准，指导企业建立信用制度；在本企业建立信息档案，为形成系统化的信用管理奠定基础。

3. 组合选购征信、信用评级、信用担保、商账管理等信息产品或服务，进行信用风险控制日常管理，对数据库进行定期核对，及时更新、完善数据库信息；可以组合选择市场上的征信数据库或大数据服务。

4. 采集客户信用信息，根据客户信用档案，评价客户的信用风险等级或计算个人信用评分分值。在此基础上，对信息进行分析、评价，确认授信额度、期限等，并将正确的评价结果反馈给企业营销部门，为决策者提供参考依据，从而进行信用信息调查、分析和信用等级评价。

5. 管理商业合同，依据应收账款账龄进行客户预警提示，运用商业保理、信用保险、信用担保和债权交易方法，转移信用风险；随时跟踪、关注客户的应收账款，如发现异常现象或公司重大变化，应提高警惕，防止对方出现拖欠货款的现象。

6. 选用第三方商账管理机构或采取法律诉讼手段，处置逾期应收账款，并核实、报送坏账；一旦发生拖欠货款或应收账款无法收回，出现呆账、坏账，应及时进行追账，适时采取法律诉讼等途径以挽回损失，规避赊销过程中的风险。

## 四、信用管理师的薪酬福利待遇

**平均薪酬水平。**信用管理师在全国的月平均薪酬为 19917 元，中位数为 19432 元，其中 7000~12000 元的工资占比最多，约为 29%。

**与类似职业对比。**类似职业薪酬水平见表 4-07-02-04-1。

**表 4-07-02-04-1 类似职业薪酬水平**

| 职业名称 | 薪酬水平（元 / 月） |
| --- | --- |
| 数据治理员 | 11667 |
| 信用管理师 | 19917 |
| 模型开发师 | 7330 |
| 尽职调查员 | 8964 |

## 五、从事信用管理师工作需要具备的本领

1. 信用管理师需要具备的知识和技能：信用风险控制的知识、风险控制知识、数据分析知识、法律法规知识，具备较强的分析、判断和决策能力，能够有效地应对各种信用风险和挑战。

2. 目前，信用管理师暂无国家职业技能标准，综合信用管理师从业人员的招聘要求和工作职责，信用管理师从业人员的知识和技能要求见表 4-07-02-04-2。

**表 4-07-02-04-2 信用管理师从业人员的知识和技能要求**

| 职业功能 | 工作内容 | 知识和技能要求 |
| --- | --- | --- |
| 客户资信管理 | 从内外渠道获取客户信息并保持更新 | 掌握数据分析知识和技能，具备较强的数据分析能力，能够识别和查证客户根本信息的真伪；能够更新客户和个人信用信息，征信数据库定期更新，重复率高的企业信用记录随时更新 |
| 授信 | 比照客户信用档案和资信调查报告，评价客户的信用价值 | 信用风险控制的知识，能够比照客户信用档案和资信调查报告，评价客户的信用价值；能够设计客户信用档案的内联效劳方式和工作程序；能够完成客户信用档案内联效劳 |

续表

| 职业功能 | 工作内容 | 知识和技能要求 |
| --- | --- | --- |
| 追收与催收 | 根据产生逾期应收账款的原因制定催收策略和方案 | 能够制作逾期应收账款诊断报告；能够安排内勤催账的工作量和人选；能够设计企业内勤催账的工作流程；能够制定企业的收账政策 |

## 六、信用管理师的专业教育现状

### （一）相关专业

信用管理专业要求学生具备扎实的经济学和金融学理论基础知识，掌握资信评级与信用管理方面的基本理论，熟悉数理统计和计量经济的基本分析方法，掌握现代信用管理专业必备的基本理论知识、专门知识和岗位操作技术与水平，能够在政府部门、金融机构、企事业单位从事信用政策的制定、资信调查、信用评级、企业的客户关系管理、风险控制等相关业务工作，以及在高等院校从事信用管理教学、科研方面的工作。

### （二）开设相关专业的院校（排名不分先后）

★ 相关院校：中国人民大学、吉林大学、上海师范大学、上海第二工业大学、天津职业技术师范大学、贵州师范学院、徐州工程学院、太原师范学院、西南财经大学、重庆工商大学、天津商业大学、河南财经政法大学、天津财经大学、南京财经大学等。

◆ 相关院校：浙江金融职业学院、山西职业技术学院、安徽商贸职业技术学院、辽宁金融职业学院等。

## 七、信用管理师的就业创业信息

信用管理师相关专业人员可到金融监管部门（如财政部、审计署、人民银行、证监会、保监会）从事高级管理，或者到商业银行、投资银行、证券公司、保险公司从事风险管理、信用管理，以及到上述金融机构中从事资本运作、理财，或者到资信评估公司、投资咨询公司、基金管理公司从事高级管理，或者到各类企业，尤其是上市公司从事财务管理、资本运作管理等工作。自《中华人民共和国职业分类大典（2022年版）》公布信用管理师这一新的职业类别后，几乎所有企业都将建立起信用管理制度和部门，该职业的人才需求和供给缺口极大。

培养信用人才是与建立信用体系相配套的必要措施，其中首先受益的就是从事信用评估和调查的征信公司和会计师事务所。当前，从事高级财务评估的会计师事务所，急需具备信用管理知识的人才来完成评估业务。另外，像银行风险管理、政府的中间服务机构等，也需要大批信用管理专职人员。

## 八、信用管理师的贯通发展

信用管理师通过系统的学习和培训，应具备广博的金融知识、专业的信用评估技巧和较高的风险管理能力，能够分析客户的信用状况，并提供针对性的建议和解决方案。信用管理师通过评估和管理信用风险来帮助企业降低违约风险，提高资金利用效率，他们的专业指导和决策支持对于企业的发展至关重要。信用管理师能够帮助客户解决信用问题，有效修复信用记录并建立良好的信用历史。

信用管理师的发展路径如图4-07-02-04-1所示。

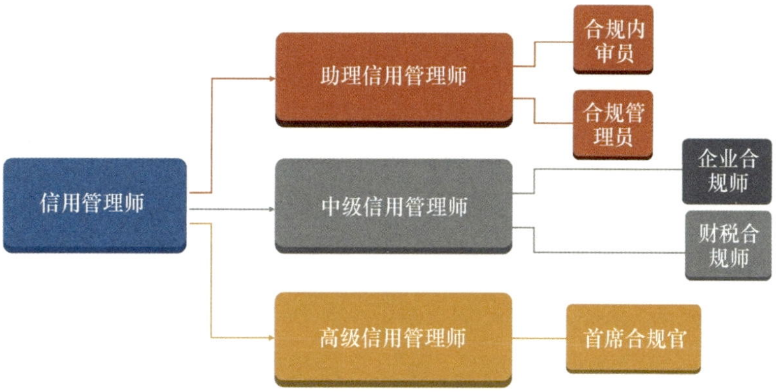


图4-07-02-04-1 信用管理师的发展路径

1. 助理信用管理师。主要职责：初步建立有效的企业信用管理体系；在交易前期，对交易对象进行信用调查与评估，确定信用额度与放账期。

2. 中级信用管理师。主要职责：制定企业信用制度与信用政策；在交易中期，对应收账款加强管理，并采取必要的措施转移风险，保障企业债权。

3. 高级信用管理师。主要职责：制定企业信用制度与信用政策；在交易后期，对发生的逾期账款进行追收；运用信用管理专业技术及征信数据库防范风险，开拓市场。

具备广博的金融知识、专业的信用评估技巧和较高的风险管理能力是以上三个阶段中信用管理师的必备技能。

## 九、信用管理师的发展前景

**从市场供需看。**信用管理师市场前景广阔，随着我国信用管理体系的逐步建立健全，其市场需求将越来越大。未来 5 年内，我国至少需要 50 万名信用管理经理、数百万名信用管理专业人员。信用管理专业技术人员缺口巨大，高端人才尤其匮乏，持有信用管理师职业资格证书的专业人才前景广阔。

**从产业发展看。**随着市场经济的快速发展，企业树立信用品牌、防范风险已成为提升企业竞争力的重要手段。在发达国家，设立信用管理部门或专职人员的企业达到 80% 以上。我国企业的信用管理从外资企业、外贸企业最先起步，大中型企业积极跟进。随着全球经济一体化进程加速和市场对信用体系建设的需求激增，在我国政府和社会各界的积极推动下，信用管理行业正在迅速发展，需要大量掌握先进的信用管理理论和具备熟练操作技能的人才，以全新的管理理念和管理手段，应对新形势下的挑战。

**从政策红利看。**党的十八大以来，党中央、国务院高度重视社会信用体系建设，陆续印发了多份关于社会信用体系建设的指导文件。2019 年 7 月 16 日，国务院办公厅印发《关于加快推进社会信用体系建设　构建以信用为基础的新型监管机制的指导意见》；2022 年 3 月，中共中央办公厅、国务院办公厅印发《关于推进社会信用体系建设高质量发展促进形成新发展格局的意见》；2022 年 11 月，《中华人民共和国社会信用体系建设法（向社会公开征求意见稿）》发布，向社会公开征求意见。这些文件为信用管理师的发展提供了政策保障。

## 十、相关内容链接

**国家职业标准：**扫码即可查看。

**相关政策文件：**见表 4-07-02-04-3。

**表 4-07-02-04-3　信用管理师相关政策文件**

| 发布或通过时间 | 发布或通过机构 | 文件名称 |
|---|---|---|
| 2014-06 | 国务院 | 《社会信用体系建设规划纲要（2014—2020 年）》 |
| 2022-03 | 中共中央办公厅<br>国务院办公厅 | 《关于推进社会信用体系建设高质量发展促进形成新发展格局的意见》 |

供稿：山西经贸职业学院　杨建丽

# 数据治理员

职业编码：4-07-02-04-001

进入数据时代，我们对大数据的采集和呈现已经习以为常。但是，你是否思考过——单位纷繁复杂的行政、人事、财务、研发、销售、客服数据是如何进入数据库的？在进入数据库前，这些数据都经历了哪些环节？这些数据的采集标准、采集频率、采集手段、采集工具是什么？当然，这些数据也并不是一股脑儿进入数据库的，肯定会经过筛选、保留，去粗存精的处理，那这一过程又是如何实现的呢？还有，很多数据都涉及单位的核心机密和个人的隐私数据，怎么保证信息在采集、处理、使用的过程中不被泄露出去呢？

这些问题的解决都离不开这一职业的贡献，也是信用管理师职业下的一个工种——数据治理员。

## 一、数据治理员的一天

记录时间：2023 年 8 月 23 日　　记录人：刘某富

**上午工作情况**

**9 点：**

1. 梳理今日主要工作，做好日程安排。（做准备工作）

2. 登录数据库查看各部门本月的数据提交情况，提醒尚未提交的部门尽快完成数据文档的填写、初核和提交。（督促数据采集）

3. 向财务部反馈前一日提交的数据中所存在的主要问题，并指导财务部数据采集人员核准、修正数据。（指导标准落地）

**10点：**

参加销售条线数据治理工作推进会，提交会议审议销售数据采集技术规范、流程、文档3.0版。（参与标准修订）

**11点：**

1. 配合公司总裁办、审计部，对上半年数据治理制度执行情况进行检查，并向主管和经理汇报检查情况。（配合合规性审计）

2. 与信息技术部门共同讨论数据仓库优化的问题。（协助技术工作）

**下午工作情况**

**14点：**

1. 对已收集的本月数据进行验证、脱敏、加工，并记录存在的主要问题。（审核与处理数据）

2. 讨论、起草本月数据质量报告。（编制数据质量报告）

**15点：**

参加新业务区数据治理工作专题培训，主讲《公司数据转换工具及使用》课程，总结培训情况。（开展专项培训）

**16点：**

陪同数据治理条线领导向总裁汇报上一财年全公司数据治理工作情况。整理总裁有关指示要求，形成会议纪要。（汇报数据治理工作）

**17点30分：**

1. 学习大数据治理政策和前沿知识学习与考试。（学习前沿知识）

2. 梳理当日主要工作内容。（进行工作总结）

## 二、什么是数据治理员

**职业定义。**数据治理员是指根据国家法律法规、行业标准规范、单位规章制度，运用数据工程工具，对单位的数据模型、数据架构、数据质量、数据安全、数据生命周期等进行系统管控的人员，其工作目标是提升数据质量、降低数据成本、保障数据安全、管控数据风险。

**定义解读。**数据工程工具，主要是指在数据治理中广泛应用的ETL（Extract-Transform-Load）工具、SQL（Structured Query Language）工具、BI（Business Intelligence）工具等。数据生命周期包括数据创建、数据采集、数据传输、数据储存、数据处理、数据使用、数据维护、数据销毁等8个阶段。

**关联职业。**密切相关的职业主要有数据库开发工程师、各部门内勤或数据采集员等。①数据库开发工程师主要负责数据库系统及其管理软件的设计与开发，数据治理员需要协助数据库开发工程师完成数据仓库的建设。②各部门内勤或数据采集员是本部门行政和业务数据的主要采集人，数据管理员需要指导各部门内勤或数据采集员做好基础数据采集工作，并对各部门采集的数据进行验证、脱敏、加密、处理等工作。

**相应岗位。**数据治理专员、数据整理专员、数据治理架构师、数据仓库工程师、数据工程师、大数据实施交付工程师等。

## 三、数据治理员的主要工作职责

数据治理员主要负责对数据的采集、清洗、分析、呈现、维护等工作，管控数据资产，为决策提供有效的数据支撑。

### （一）协调数据治理主体，管理数据治理流程

1. 负责数据治理项目的需求分析、落地实施和检查验收。

2. 协同业务部门建立数据治理技术规范、流程、文档等标准。

3. 配合、指导业务部门推动数据治理技术规范、流程、文档等标准的落地，不断提高基础数据质量。

4. 负责或协助上级完成数据治理的基础性技术工作，包括Hadoop大数据平台、数据仓库、数据模型、ETL、报表平台、元数据管理、主数据管理、分布式数据平台等。

5. 负责数据质量管理、主数据管理、数据标准管理、数据字典管理、元数据

管理的流程处理工作。

**（二）推进数据采集任务，夯实数据治理基础**

负责利用 ETL 工具完成数据的抽取、清洗、转换、装载。

**（三）开展数据清洗工作，确保数据治理质量**

1. 根据数据采集流程和标准，负责制定数据质量检核规则。

2. 负责对数据进行脱敏、加工工作。

3. 负责对业务部门所提交数据的准确性进行验证，并形成数据质量报告。

4. 负责对问题数据进行数据清洗，协助、指导业务部门整改问题数据。

**（四）做好数据分析呈现，提升数据资产价值**

1. 根据数据治理需求，负责 SQL 语句编写，不断提高数据分析的准确度。

2. 负责整合业务部门的数据，通过交叉分析、相关分析、趋势预测等手段，深入挖掘数据价值，梳理单位数据资产。

3. 负责运用 BI 工具以恰当的形式展示数据。

**（五）配合处理相关工作，提升数据治理效能**

1. 与团队内部以及业务部门进行有效沟通，解决其他数据治理工作问题。

2. 完成上级领导分配的数据治理其他工作任务。

## 四、数据治理员的薪酬福利待遇

**平均薪酬水平。**国家统计局《2022 年规模以上企业就业人员年平均工资情况》显示，“社会生产服务和生活服务人员”年平均工资为 37257~138323 元，其中：信息传输、软件和信息技术服务业最高，达到 138323 元；水利、环境和公共设施管理业最低，为 37257 元；全行业总体水平为 70234 元；租赁和商务服务业低于总体水平，为 62361 元。

国家统计局《2022 年城镇私营单位分行业门类就业人员年平均工资》显示，租赁和商务服务业私营单位就业人员 2022 年的年平均工资为 65731 元，较 2021 年（64490 元）增长 1.9%。《2022 年城镇非私营单位分行业门类就业人员年平均工资》显示，租赁和商务服务业非私营单位就业人员 2022 年年平均工资为

106500 元，较 2021 年（102537 元）增长 3.9%。

猎聘网发布的数据显示，数据治理员的月平均薪酬为 26277 元。其中，月平均薪酬为 8000~10000 元的占比为 13.27%，10000~12000 元的占比为 6.12%，15000~20000 元的占比为 8.16%，20000~30000 元的占比为 15.31%，30000~50000 元的占比为 48.98%，其他范围的占比为 8.16%。按工作年限统计，1 年以下的月平均薪酬为 16346 元，1~3 年的月平均薪酬为 31428 元，3~5 年的月平均薪酬为 40453 元，5 年以上月平均薪酬为 42110 元。职友集数据显示，数据治理员的月平均薪酬为 15600~40100 元。总体而言，数据治理员的年薪一般为 10 万 ~40 万元，资深数据治理岗位的年薪可以达到 60 万元以上。

**与类似职业对比。**类似职业薪酬水平见表 4-07-02-04-001-1。

**表 4-07-02-04-001-1　类似职业薪酬水平**

| 职业名称 | 薪酬水平（元 / 年） |
| --- | --- |
| 数据治理专员 | 170310 |
| 数据安全工程师 | 215528 |
| 数据运营专员 | 154479 |
| 数据开发工程师 | 192071 |
| 数据分析师 | 162633 |

## 五、从事数据治理员工作需要具备的本领

1. 数据治理员需要具备的知识和技能：计算机基础知识、大数据及数据安全知识、数据库知识及编辑能力、文档制作能力、沟通协调能力、持续学习能力、项目管理能力。

2. 目前，数据治理员尚未正式发布国家职业技能标准，综合数据治理员的招聘要求和工作职责，数据治理员的知识和技能要求见表 4-07-02-04-001-2。

表 4-07-02-04-001-2 数据治理员的知识和技能要求

| 职业功能 | 工作内容 | 知识和技能要求 |
|---|---|---|
| 管理数据治理流程 | 分析数据治理需求，并制定标准、实施监督，确保数据质量与技术规范落地 | 了解并持续学习大数据及数据安全知识，掌握数据库知识，能够编制技术规范及其文档，操作数据治理平台和工具，实施项目管理和跨部门沟通 |
| 实施数据治理流程 | 实施数据抽取、清洗、转换、装载，制定检核规则，确保数据质量和准确性 | 能够运用数据技术规范并操作 ETL 工具，对数据进行质量检核、脱敏处理、准确性验证，并清洗问题数据 |
| | 进行数据查询、分析和可视化展现，挖掘数据价值 | 具备数据库编辑能力，能够持续学习并运用 SQL 和 BI 等工具，对数据进行整合、分析、呈现 |
| 提升数据治理效能 | 解决组织内外部关于数据治理的其他问题和任务需求 | 具备良好的沟通协调能力，能够准确理解沟通对象的数据治理需求并准确表达数据方案，在协调和协助过程中准确把握现有数据治理规范的不足并提出优化建议 |

## 六、数据治理员的专业教育现状

### （一）相关专业

1. 普通高等教育院校开设的相关专业：计算机科学与技术、软件工程、信息管理与信息系统、信息与计算科学、统计学。

2. 职业教育院校开设的相关专业：大数据技术、云计算技术应用、信息安全技术应用、统计与大数据分析、商务数据分析与应用。

### （二）开设相关专业的院校（排名不分先后）

★ 相关院校：清华大学、北京大学、哈尔滨工业大学、厦门大学、浙江大学、华东师范大学、西北农林科技大学、西南财经大学、湘潭大学、曲阜师范大学。

◆ 相关院校：北京信息职业技术学院、北京电子科技职业学院、天津商务职业学院、南京机电职业技术学院、无锡商业职业技术学院、吉林水利电力职业学院、广东茂名幼儿师范专科学校、浙江工业职业技术学院、湖南铁道职业技术学院、安徽警官职业学院。

## 七、数据治理员的就业创业信息

多个招聘平台数据显示，我国诸多企业设立了数据治理相关岗位，并设置了较高薪资待遇。以下列举部分行业招聘该职业的代表性企业信息。

1. 互联网 /IT/ 电子 / 通信业。华为技术有限公司、中国移动通信集团有限公司、阿里巴巴集团控股有限公司、中国信息通信研究院、中电金信软件有限公司、北京联合永道软件股份有限公司等。

2. 金融业。中国农业银行股份有限公司、中国工商银行股份有限公司、中国邮政储蓄银行股份有限公司、交通银行股份有限公司、中信银行股份有限公司、中国对外经济贸易信托有限公司等。

3. 制造业。三一重工股份有限公司、中国航天系统科学与工程研究院、北京天科合达半导体股份有限公司等。

4. 批发 / 零售 / 贸易业。今麦郎食品股份有限公司、美巢集团股份公司、黑龙江飞鹤乳业、老百姓大药房连锁股份有限公司等。

5. 其他类：应急管理部信息研究院、农业农村部大数据发展中心、中煤信息技术（北京）有限公司、北京京运通科技股份有限公司、北京网聘信息技术有限公司等。

注：以上机构信息仅供参考，不代表编写出版方对其推荐或认可。

## 八、数据治理员的贯通发展

数据治理员的发展路径通常可以分为以下四种。

1. 垂直发展。数据治理员可以在组织内实现“专业”条线的纵向晋升，如“数据分析工程师—高级数据分析工程师—资深数据分析工程师—数据分析专家”这一发展路径，也可以实现“管理”条线的纵向晋升，如“数据治理专员—数据治理主管—数据治理经理—数据治理总监—副总经理”这一发展路径。

2. 横向转型。数据治理员可以凭借扎实的专业能力和丰富的项目经验，向数据治理咨询岗位转型，通过提供数据治理方案，服务政府、企业、社会组织等的数字化转型，或为数据治理工具研发企业提供智力支持，或担任数据治理相关企业的产品经理，或向国际数据管理协会数据治理考试辅导教师或者高校的大数据、统计、管理相关专业教师岗位转型。

3. 跨领域发展。数据治理员岗位具有强烈的跨界属性，对数据、服务、管理等均具有较深入的接触和理解，因此可以往经营规划、研发支持、市场营销、客户服务、行政管理、人力资源管理、财务管理等领域跨界发展。

4. 自主创业或自由职业者。在相关经验获得充分积累的情况下，还可以在数据治理领域创业，比如创立数据治理咨询服务公司，或者作为自由职业者承接机关、企事业单位的数据治理业务。

数据治理员的发展路径如图 4-07-02-04-001-1 所示。

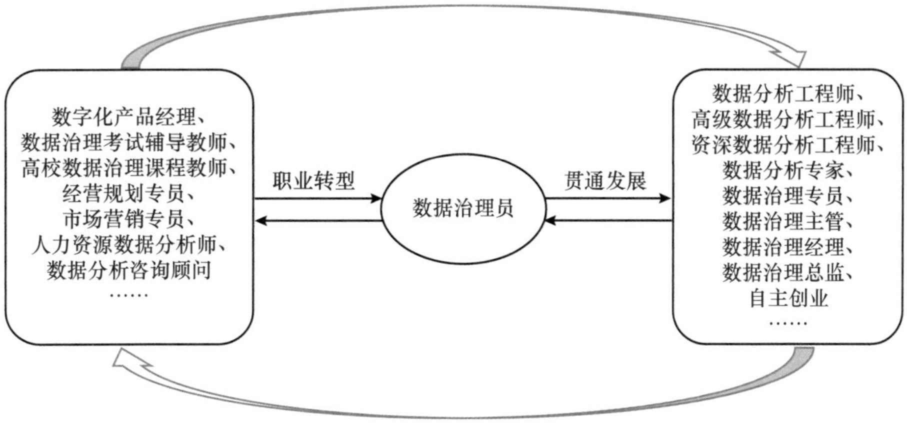


**图 4-07-02-04-001-1　数据治理员的发展路径**

无论选择哪种路径，数据治理能力都是数据治理员的核心职业能力。随着大数据技术的快速发展和国家数据治理规范的持续完善，数据治理员必须持续学习，不断更新知识和技能体系。

## 九、数据治理员的发展前景

**从市场供需看。**相关报告显示，当前我国数字人才缺口为 2500 万 ~3000 万人，且缺口仍在持续扩大。以银行业为例，已有农业银行、工商银行、交通银行等十多家银行明确了对数据治理人才的需求。

**从产业发展看。**《中国互联网发展报告（2022）》显示，中国数字经济规模达到 45.5 万亿元，占 GDP 比例达 39.8%。《2022 年数字政府大数据及数据治理市场份额报告》显示，我国数据治理相关行业市场规模实现了 7%~20% 的增长。数据治理员相关岗位和人才也将乘数字化转型之势迎来良好的就业创业前景。

**从政策红利看。**近年来，国家陆续出台政策推动数字经济发展，加快建设数字中国。例如，《"十四五"大数据产业发展规划》指出，到 2025 年，大数据产业测算规模突破 3 万亿元，年均复合增长率保持在 25% 左右。《"十四五"数字经济发展规划》强调，数据要素是数字经济深化发展的核心引擎。《数字中国建设整体布局规划》要求，释放商业数据价值潜能，加快建立数据产权制度，开展数据资产计价研究，建立数据要素按价值贡献参与分配机制。同时，各级地方政府也出台了相关举措响应国家政策。数据治理员的职业发展将分享国家数字化转型的红利。

## 十、相关内容链接

**国家职业标准：**暂缺。

**相关政策文件：**见表 4-07-02-04-001-3。

**表 4-07-02-04-001-3　数据治理员相关政策文件**

| 发布或通过时间 | 发布或通过机构 | 文件名称 |
|---|---|---|
| 2021-11 | 工业和信息化部 | 《"十四五"大数据产业发展规划》 |
| 2021-12 | 国务院 | 《"十四五"数字经济发展规划》 |

续表

| 发布或通过时间 | 发布或通过机构 | 文件名称 |
|---|---|---|
| 2023-02 | 中共中央、国务院 | 《数字中国建设整体布局规划》 |

供稿：湖南司法警官职业学院　刘广富

# 尽职调查员

职业编码：4-07-02-04-002

在企业运营发展的广阔舞台上，当风险和利益并存的时候，经营者该如何判断，以作出正确选择？尽职调查员的主要任务之一就是识别潜在的风险因素，包括财务问题、法律争议、合同条款和市场竞争，通过进行风险评估，可以帮助客户作出避免导致损失的交易或决策。尽职调查员能够帮助客户实现交易或业务活动的合法性，符合相关法律、法规，有助于防范潜在的法律风险。

尽职调查员会收集、分析和验证关键信息，确保决策者拥有准确、全面的信息，以便作出明智的决策。投资者、公司和金融机构通常会依赖于尽职调查来评估投资项目的可行性。尽职调查有助于保护客户的投资活动，并确保客户了解潜在的风险和回报。在建立合作伙伴关系、签订合同或进行重要业务交易时，尽职调查员能够确保双方遵守合同条款，并明确双方的责任和权利。

## 一、尽职调查员的一天

记录时间：2023 年 8 月 16 日　　记录人：于某华

**上午工作情况**

**8 点：**

1. 检查电子邮件和通信记录，查看是否有来自客户或团队成员的新消息或紧急任务。（信息查看）

2. 按照计划确认当天需要处理的任务和截止日期。（工作任务确认）

**9 点：**

1. 开始收集有关目标公司或交易的信息，包括查找财务文件、合同、公司历史和市场数据。（信息收集）

2. 进行初步数据分析，如财务报表的初步评估和市场趋势的研究。（数据分析）

3. 参加项目会议，与其他团队成员讨论项目进展，分配任务（任务分工）

4. 整理、归档收集的信息，确保数据的准确性和可访问性。（数据整理）

5. 与客户分享项目进展和相关情况，讨论下一步行动。（客户交流）

**下午工作情况**

**13 点：**

1. 继续深入调查，包括审查法律文件、进行市场竞争分析和评估风险。（调查完善）

2. 与客户交流，更新进展，解答问题，并就调查结果进行讨论。（客户沟通）

3. 编写报告，总结调查的结果和提供建议。（报告起草）

**17 点：**

1. 完成报告撰写，确保信息清晰、详细和准确，以供客户审阅。（报告撰写）

2. 仔细检查所有文件和数据，确保没有遗漏或错误。（数据检查）

3. 规划次日工作，准备与客户或团队的会议和任务（次日工作准备）

## 二、什么是尽职调查员

**职业定义。**尽职调查员作为信用管理师所属工种，是指从事了解、研究和评估特定交易、投资或合作对象并形成相关结论的人员。

**定义解读**。尽职调查员的职责是深入研究和评估特定商业交易、投资、合作伙伴关系或实体，包括收集、分析和审查各种信息，如财务数据、法律文件、市场情况、竞争态势、合同条件和合规性要求，以全面了解相关的风险和机会，从而为客户提供全面、准确的信息和建议，帮助他们作出明智的决策。尽职调查员的工作是确保客户能够充分了解潜在的交易或合作风险，同时也需要评估潜在的利益，并在商业和法律事务中减少不确定性和潜在的法律问题。他们的任务可以涵盖多个领域，包括财务、法律、市场分析和尽职调查方法的应用。

**关联职业**。尽职调查员的工作与多项相关职业有密切关联，这些相关职业可以从不同方面为尽职调查员提供专业知识支撑，确保尽职调查的全面性和准确性。例如：律师在法律尽职调查方面发挥关键作用，协助分析合同、法律文件和法规合规性，确保交易或合作伙伴关系合法、合规；会计师可提供财务方面的专业知识，协助审查财务报表、识别潜在的财务风险，并验证财务信息的准确性；金融分析师和市场分析师可提供市场数据、投资风险和市场趋势方面的信息，协助确定投资或交易的潜在价值。此外，风险管理专家、房地产评估师和管理顾问，可以在各自的领域提供专业的建议，协助识别和管理潜在的风险，优化决策。这些关联职业常常在实际项目中展开合作，确保客户能够在商业和法律决策中作出明智的选择，最大限度地降低潜在的风险并提供潜在的职业机会。

**相应岗位**。担任风险分析师，专注于风险评估和管理；担任合规官员，确保组织的法律合规性；担任战略顾问，支持组织制订战略计划；担任公司律师，协助处理法律事务和合同。此外，他们还可以担任金融分析师，评估投资机会，或者担任项目经理，协调和管理包括尽职调查在内的项目。

## 三、尽职调查员的主要工作职责

尽职调查员的主要工作职责包括以下方面。

1. 信息收集和分析。收集有关特定交易、投资、合作伙伴或实体的各种信息，包括财务数据、法律文件、合同、公司历史、市场情况、竞争态势等。

2. 风险评估。评估潜在的风险因素，包括财务不稳定性、法律争议、合同问题、市场风险和管理团队的能力等。识别可能对决策产生负面影响的因素。

3. 潜在利益评估。评估交易或合作的潜在利益，包括预期的收入增长、市场份额扩大、战略优势等。确定对决策产生积极影响的因素。

4. 法律合规性审查。审查法律文件，以确保交易或合作伙伴关系的合法性和合规性。检查合同条件、许可证、法规遵从等事宜。

5. 报告编写。编写清晰、详细的尽职调查报告，总结调查的结果并提供建议。这些报告通常提交给客户或利益相关者。

6. 客户沟通。与客户沟通，解答他们提出的问题，更新他们的项目进展，并提供专业建议。与客户保持密切联系，以确保他们了解项目的状况。

7. 中立性和诚实性。始终保持中立性和诚实性，不受利益相关者的影响。尽职调查员的责任是提供客观、可信的信息和建议。

8. 定制化解决方案。根据客户的需求和特定项目的要求，制定定制化的解决方案，以确保调查的完整性和适应性。

9. 保密性。保持高度的保密性，确保调查中涉及的敏感信息不会外泄。

总的来说，尽职调查员的主要职责是深入研究和评估特定的商业交易、投资或合作，为客户提供全面的信息和建议，帮助客户作出明智的商业和法律决策，同时降低潜在的风险，使潜在的利益最大化。

## 四、尽职调查员的薪酬福利待遇

我国尽职调查员的薪酬福利待遇因多种因素而异。

1. 薪资水平。我国尽职调查员的年薪水平在初级、中级和高级三个级别之间存在很大的差距。初级尽职调查员的年薪为 10 万 ~20 万元，中级尽职调查员的年薪为 20 万 ~ 50 万元，而高级尽职调查员的年薪可能超过 50 万元。

2. 地理位置。一线城市（如北京、上海、深圳）的尽职调查员的薪酬水平通常较高，相比之下，二线和三线城市的尽职调查员的薪酬水平较低。

3. 行业。尽职调查员在金融、法律和咨询等行业领域的薪酬水平通常较高，而在其他行业（如制造业）的薪酬水平可能较低。

4. 公司规模。通常，大型跨国公司的薪酬水平和福利待遇较高，而小型公司的薪酬水平较低。

5. 工作经验。尽职调查员的工作经验对薪酬水平有显著影响。有经验的尽职调查员通常薪酬水平较高，新入行员工的薪酬水平相对较低。

6. 福利待遇。福利待遇包括医疗保险、年度奖金、职业培训和发展机会。具体福利因公司而异，一般来说，大公司可能提供更丰厚的福利待遇。

需要注意的是，以上数据和估算仅供参考，实际薪酬水平会因个人情况和雇主而有所不同。尽职调查员通常会根据项目的复杂性和工作要求获得额外的奖金或福利。

## 五、从事尽职调查员工作需要具备的本领

尽职调查员需要具备一系列具体的工作技能、能力、工作态度，以有效地执行调查任务并提供有用的信息和建议。尽职调查员需要具备深刻的分析能力、广泛的业界知识和高度的专业素养。尽职调查员的知识和技能要求见表 4-07-02-04-002-1。

**4-07-02-04-002-1　尽职调查员的知识和技能要求**

| 职业功能 | 工作内容 | 知识和技能要求 |
|---|---|---|
| 风险评估 | 识别和评估目标公司或资产的潜在法律、财务和运营风险<br>进行风险分析，确定对交易或投资的影响 | 尽职调查员需要具备扎实的财务知识，能够理解和分析财务报表和关键财务指标，从中识别潜在的财务风险<br>了解相关法律法规，包括公司法、合同法和税法等，以识别和评估法律风险<br>具备综合分析能力，将不同来源的信息整合，提供全面的风险评估。这要求尽职调查员能够在大量复杂数据中提取关键信息，并形成清晰的风险分析报告 |
| 信息验证 | 核实目标公司提供的各种信息的真实性和准确性，包括财务数据、合同、法律文件等<br>对公司声明和文档进行事实核查 | 尽职调查员必须注重细节，具备高度的准确性，能够发现和核实信息中的不一致性或潜在错误<br>需要具备出色的数据分析能力，能够解析和验证财务数据和其他关键文档，确保信息的真实性<br>熟练握信息核查方法，包括利用数据库、公共记录和其他资源进行彻底的调查 |

续表

| 职业功能 | 工作内容 | 知识和技能要求 |
| --- | --- | --- |
| 报告编制 | 编写详尽的尽职调查报告，突出调查发现、风险评估及建议<br>提供清晰、结构化的分析结果和建议 | 尽职调查员需要具备优秀的书面表达能力，能够撰写清晰、结构化的报告，使复杂的调查结果易于理解<br>能够将复杂的信息和数据以简洁的方式传达给客户或相关方，确保报告内容准确、明确<br>能够将调查数据和发现整合并分析，从而形成有洞察力的报告，提供有效的建议和决策支持 |
| 合规检查 | 确保目标公司遵守相关法律法规，检查合规情况<br>识别可能存在的合规风险，包括税务、劳动法等方面 | 具备相关的法律知识，能够了解并应用公司法、税法、劳动法等，以评估合规风险<br>具备审计技能，能够识别和分析公司在合规性方面的问题，确保公司遵循法律法规<br>注重合规检查中的细节，确保所有可能的合规问题都被准确识别和记录 |
| 市场和竞争分析 | 分析目标公司在市场中的地位，评估其竞争环境和市场前景<br>调查市场趋势、行业发展及竞争对手情况 | 需具备市场分析能力，能够了解市场动态和趋势，评估公司在市场中的位置<br>能够有效收集和分析市场数据，进行竞争分析，了解行业发展<br>具备战略思维，能够从市场和竞争角度评估公司的战略价值，为决策提供有力支持 |
| 背景调查 | 对目标公司的管理层和主要股东进行背景调查，评估其信誉和历史记录<br>进行信誉、财务状况、法律纠纷等方面的调查 | 掌握有效的背景调查方法，包括互联网查询和调查报告分析，以获取详细的背景信息<br>能够从背景调查中提取有价值的信息，进行综合分析，以评估目标公司管理层和股东的信誉<br>具备良好的沟通能力，与调查对象进行有效交流，获取必要的调查信息和细节 |

## 六、尽职调查员的专业教育现状

### （一）相关专业

与尽职调查员相关的专业多种多样，包括法律、金融、商业管理、会计、犯罪学、信息技术和数据分析、国际关系与国际商务、房地产等。法律专业有助于审查合同和法律合规性，金融和会计专业提供财务分析知识，商业管理专业提供市场和战略规划知识，信息技术和数据分析专业有助于处理大量数据，犯罪学专业有助于进行反欺诈调查，国际关系与国际商务专业有助于开展跨文化项目，房地产专业适用于房地产交易。

（二）开设相关专业的院校（排名不分先后）

截至 2022 年，我国的大学尚未开设专门的尽职调查员专业。尽职调查员通常并不是一门独立的专业，而是一个职业领域，其相关技能和知识可以在多个不同的专业如法律、金融、会计、商业管理、国际关系等中获得。

一些大学可能会提供与尽职调查相关的课程或专业方向，以培养学生在该领域中的技能。这些课程通常会涵盖信息收集、风险评估、法律合规性、财务分析等相关主题，可以通过查找大学提供的相关课程或专业方向，以满足职业发展需求。

## 七、尽职调查员的就业创业信息

尽职调查员的就业创业受多种因素影响，这些因素包括所在地区、行业需求、经验水平和专业背景。以下是一些关于尽职调查员的就业创业信息。

1. 就业行业。尽职调查员可以在多种行业中找到就业机会，包括金融、法律、咨询、房地产、医疗保健、技术和制造业等。金融行业通常对尽职调查员有高需求，因为需要评估投资和交易的风险。

2. 薪酬水平。尽职调查员的薪酬水平因地区和工作经验而异。我国初级尽职调查员的年薪通常在 10 万 ~20 万元，有经验的高级尽职调查员会获得更高的薪酬。

3. 就业前景。尽职调查员在全球范围内的需求逐渐增加，尤其是跨境交易和国际合作业务的增加，为尽职调查员提供了广阔的就业前景。

4. 创业机会。尽职调查员可以选择创业，成立尽职调查公司或提供独立咨询服务。创业机会取决于个人的专业经验、工作能力，以及对市场需求的洞察力。

5. 专业认证。获得相关的专业认证，可以增加尽职调查员的竞争力，获取更多的就业机会。

6. 国际机会。对于具备国际经验和跨文化背景的尽职调查员，其国际就业和合作机会更加广泛。

在经济全球化和商业合规性不断收获更高关注的背景下，随着对商业交易和风险管理的需求增加，尽职调查员的职业前景会继续保持良好态势。

## 八、尽职调查员的贯通发展

1. 垂直发展。垂直发展是尽职调查员职业发展的常见路径，涉及在现有职业轨迹上逐步晋升和增加责任。从初级尽职调查员开始，逐步成长为中级尽职调查员，接着成为高级尽职调查员，最终可能晋升为尽职调查经理或总监。这一路径通常需要不断提升专业技能和管理能力，同时积累行业经验和建立内部网络。

2. 横向转型。横向转型则涉及在相关领域或职位的角色转换。尽职调查员可以转型为金融分析师、风险管理专员、合规专员或法律顾问等职位。这些角色都能充分利用尽职调查员的分析、风险评估和合规经验，帮助专业人士在新的领域中发挥作用，拓宽职业发展空间。

3. 跨领域发展。在不同领域的发展意味着将尽职调查员的技能应用到不同领域或行业中。通过转型为数据分析师、战略顾问、企业发展经理或项目管理专家，尽职调查员可以在其他领域发挥其数据分析、市场研究和战略规划的能力。这种跨领域发展有助于拓展职业视野，增加多样化的职业机会。

4. 自主创业或自由职业者。自主创业或自由职业的路径则包括成为独立从业者或创业者。尽职调查员可以开设自己的咨询公司，成为独立尽职调查顾问，或在金融技术领域创业。此外，提供专业培训也是一种自主职业发展选择。这些途径允许专业人士根据自己的兴趣和专长创建灵活的职业模式，实现更大的职业自主性和创造性。

尽职调查员的发展路径见图 4-07-02-04-002-1。

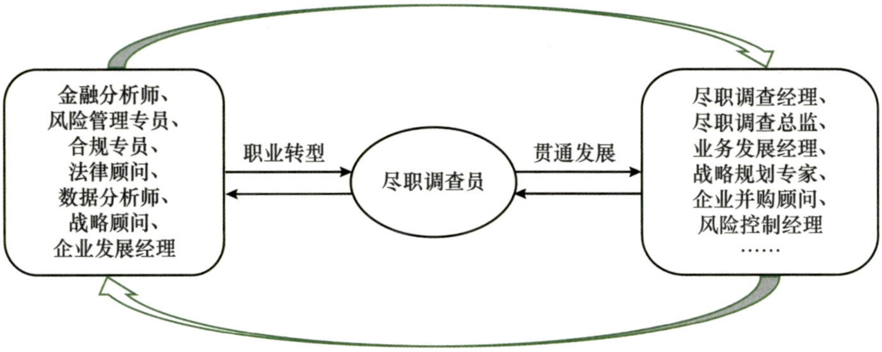


图 4-07-02-04-002-1　尽职调查员的发展路径

## 九、尽职调查员的发展前景

**从市场供需看。**根据尽职调查员行业市场调研，预计未来五年，中国尽职调查服务市场的年均增长率将达到两位数，特别是在金融、科技和制造业等行业，对尽职调查员的需求将持续增长。同时，在技术革新和全球化趋势的推动下，尽职调查员的调查效率和准确性迅速提高，此外，全球商业的蓬勃发展使尽职调查行业的市场更加广阔，市场供需方面持续扩大，这为行业从业者带来丰富的发展机遇和多样化的工作场景。

**从产业发展看。**尽职调查员在产业发展中具有显著的发展潜力。到 2025 年，全球尽职调查市场规模预计将达到约 120 亿美元，呈现出稳健增长的趋势。这主要归因于在商业环境的不断变化和全球经济逐渐复苏的背景下，企业对风险管理和投资决策的需求日益迫切。尽职调查员在上述趋势中扮演着关键角色，其专业技能和分析能力在评估潜在投资项目和并购交易的风险与机遇方面发挥着重要作用。随着全球商业环境的变化和技术应用的提升，尽职调查员的需求将继续增长，其专业技能和跨领域知识将是适应市场需求并获得职业发展的重要因素。

**从政策红利看。**尽职调查行业的发展前景受到政策红利的积极推动。政府对金融监管和市场合规要求的加强，尤其在反腐败、反洗钱和合规管理方面的政策不断完善，提高了企业对于专业尽职调查的需求，企业和投资者对尽职调查员的需求逐渐增加。根据统计数据，中国尽职调查服务市场预计将在未来数年内保持较快增长速度，预计年增长率超过 15%，这主要归因于政策环境的变化和商业需求的提升。此外，政府推出一系列政策推动尽职调查行业的规范发展。监管机构对企业的合规性要求不断提高，推动了尽职调查行业的专业化和标准化。随着数字化技术的普及和政府对数据安全的重视，尽职调查员需要具备数据分析和信息安全技能，以满足监管和客户的需求。因此，掌握相关技能的尽职调查员在中国的就业前景更加广阔。

## 十、相关内容链接

**国家职业标准：** 暂缺。

**相关政策文件：** 见表 4-07-02-04-002-2。

**表 4-07-02-04-002-2　尽职调查员相关政策文件**

| 发布或通过时间 | 发布或通过机构 | 文件名称 |
|---|---|---|
| 2022-05 | 中国证监会 | 《保荐人尽职调查工作准则》 |

供稿：湖南涉外经济学院　刘滨睿

# 信用分析师

职业编码：4-07-02-04-004

“诚者，天之道也；思诚者，人之道也。”（出自《孟子·离娄章句上·第十二节》）自古以来，有众多因守信而成功的人士，有因守信而事业兴盛的企业，也有因失信而使建立多年的商业王国一夜倾覆的案例，如“三鹿奶粉”事件。那么，如何才能分辨诚信或失信？

有一个新的职业工种，其从业者是衡量信用的天平。他们能客观、准确地标明企业、单位或证券的可信值，能真实、公正地判断其偿债力；他们是失信与欺骗的揭露者，是守信与诚实的守护者；他们是确保公平、公正、诚信交易的裁判；他们让信息更公开，交易更透明。他们就是——信用分析师。

## 一、信用分析师的一天

记录时间：2023 年 8 月 16 日　　记录人：李某

**上午工作情况**

**9 点：**

1. 参加晨会，汇报舆情事件，关注所跟踪企业的风险情况。（晨会交流）
2. 浏览所负责项目的债券信息、公告。（信息阅览）
3. 撰写每日信用评级报告。（评级报告撰写）
4. 审阅新项目的内容。（评级项目审阅）

**11 点：**

1. 汇报所负责项目的评级情况，做最终决策。（评级情况汇报）

2. 与客户沟通其所提交的资料情况，并进行完善。（客户沟通）

3. 分析信贷数据和财务报表，使用软件来生成财务分析指标。（财务分析）

4. 完成贷款申请，并提交贷款委员会审批。（贷款评价）

**下午工作情况**

**14 点：**

1. 根据和客户资料沟通的情况，完善信用分析。（信用分析）

2. 利用软件生成的财务分析指标，评估客户的财务状况，并在行业内进行比较。（财务评估）

3. 撰写信用策略报告，进行信用行情回顾、未来信用策略展望等。（信用策略报告撰写）

**16 点：**

1. 对外参与企业信用调研等。（信用调研）

2. 对所持债券企业进行评级调查，密切关注其动态。（评级调查）

## 二、什么是信用分析师

**职业定义。**信用管理师是指在企业中从事信用交易、信用风险控制和信用评价等征信技术工作的人员。信用分析师作为信用管理师所属工种，是指在企业中从事信用状况分析岗位的人员。

**定义解读。**信用分析师针对我国资本市场和信贷市场，运用资信评级技术，通过科学的指标体系和量化标准，对企业债券、金融债券、基金等固定收益类证券及金融机构、上市公司、公用事业单位、担保机构、贷款企业的偿债能力和可信程度进行综合评估，以标明信用等级的方式揭示其信用风险。投资者可按照风险与收益对等原则，参考评级结果，估算被投资对象的违约概率和风险大小，作出信用投放与否的决定。

**关联职业。**密切相关的职业主要有风险管理师、商务数据分析师等。

**相应岗位。**数据治理员、尽职调查员、模型开发师、信用分析师、信用评价师等。

## 三、信用分析师的主要工作职责

1. 分析信贷数据和财务报表，负责数据的批量获取、清洗、分析、挖掘及可视化等工作，确定延长信贷或贷款资金的风险程度。

2. 研究和改进评级技术和指标体系，开展信用评级；参与评级项目的现场调查、需求沟通、客户汇报等；参与信用体系建设类项目的研究分析，输出项目解决方案或报告。

3. 使用计算机软件生成财务分析指标，以评估客户的财务状况；为客户提供咨询，解决投诉，并确认金融和信贷交易；拟订评估报告，其中包括延长信贷或贷款资金的风险程度。

4. 比较相关财务指标，包括流动性、盈利能力、信用记录，评估与类似的机构在同行业中的水平。

5. 审查个人或商业客户拖欠账款问题。

6. 与信贷协会等单位代表进行授予信用信息交换。

7. 完成贷款申请，包括信用贷款请求的分析和总结，并提交贷款委员会审批；分析财务数据，通过收入增长、质量管理和市场份额来确定贷款的预期盈利能力。

8. 对所持债券企业进行评级调查，密切关注其动态并持续跟踪。

9. 完成部门领导安排的其他相关工作。

## 四、信用分析师的薪酬福利待遇

**平均薪酬水平。**信用分析师的薪酬包括基本工资、绩效工资和奖金。近年来，全国信用分析师的月平均收入为 19224 元，7000~11000 元的占比最多，约占 23%。具体薪酬水平与单位性质、规模大小等因素相关。助理分析师的年薪一般低于 20 万元；分析师的年薪一般为 20 万 ~40 万元；高级分析师的年薪为 40 万 ~ 60 万元；首席分析师的年薪一般为 100 万元以上。全国信用分析师的薪酬水平及其占比如图 4-07-02-04-004-1 所示。

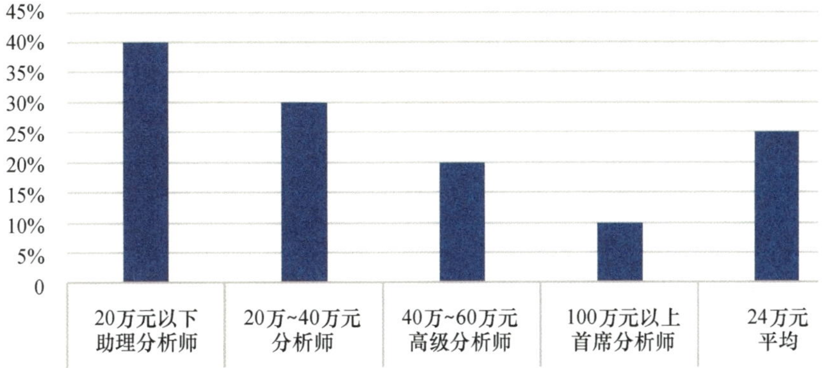


图 4-07-02-04-004-1　全国信用分析师的薪酬水平及其占比

**与类似职业对比。**互联网金融的平均薪酬为 9585 元 / 月，投资经理的平均薪酬为 21842 元 / 月，审计岗位的平均薪酬为 19698 元 / 月，审计岗位的平均薪酬为 16149 元 / 月，风控岗位的平均薪酬为 24871 元 / 月。以上均为税前收入。

## 五、从事信用分析师工作需要具备的本领

1. 信用分析师需具备的知识和技能：统计学与计算机等学科知识、财务金融与风险评估及信用管理等相关专业知识、现场调研与定量分析技术、财务分析及信用评审等软件技能、逻辑思维和信息分析能力、沟通表达能力、时间规划能力、高度责任心、团队合作精神等。核心技能是现场调研与定量分析技术、财务信息分析能力、沟通表达能力等。

2. 目前，信用分析师暂无国家职业技能标准，综合信用分析师的工作内容和职责，信用分析师的知识和技能要求见表 4-07-02-04-004-1。

表 4-07-02-04-004-1　信用分析师的知识和技能要求

| 职业功能 | 工作内容 | 知识和技能要求 |
| --- | --- | --- |
| 财务能力分析 | 使用计算机软件生成财务分析指标，评估客户的财务状况 | 具备统计学、计算机、管理科学等理论知识，熟悉数据分析的方法和工具 |

续表

| 职业功能 | 工作内容 | 知识和技能要求 |
| --- | --- | --- |
| 财务能力分析 | 研究和改进评级技术和指标体系，开展信用评级 | 掌握一定的定量分析技术，具备财务分析能力 |
| | 参与评级项目的现场调查、需求沟通、客户汇报等 | 熟练开展现场调研，收集、整理数据，掌握定量分析技术进行数据分析 |
| | 参与信用体系建设类项目的研究分析，输出项目解决方案或报告 | 具备较强的团队合作精神和书面写作能力 |
| | 比较相关财务指标，包括流动性、盈利能力、信用记录，评估与类似机构在同行业中的水平 | 具备财务、风险评估、信用管理、经济与金融等相关理论知识 |
| | 审查个人或商业客户拖欠账款 | 具备熟练的财务信息分析能力 |
| | 与信贷协会等单位代表进行授予信用信息交换 | 具备较强的沟通表达能力，进行信息交换和收集 |
| 信用风险分析 | 分析信贷数据和财务报表，负责数据批量获取、清洗、分析、挖掘及可视化等，以确定风险程度 | 熟练应用财务分析、信用评审和Office等软件，进行数据和报表分析 |
| | 对所持债券企业进行评级调查，密切关注其动态并进行跟踪 | 熟练应用财务分析、信用评审和Office等分析软件，进行评级调查和比较 |
| | 拟定评估报告，其中包括延长信贷或贷款资金的风险程度 | 具备熟练的财务分析能力，较强的书面表达能力 |
| 金融交易评估 | 完成贷款申请，包括信用贷款请求的分析和总结，并提交贷款委员会审批 | 熟练应用贷款管理系统等软件，进行贷款评估，具备时间规划能力 |
| | 分析财务数据（收入增长，质量管理和市场份额）来确定贷款的预期盈利能力 | 具备清晰的逻辑思维及信息分析能力，预测未来盈利能力 |
| | 为客户提供咨询，解决投诉，并确认金融和信贷交易 | 具备较强的沟通表达能力 |

## 六、信用分析师的专业教育现状

### （一）相关专业

1. 普通高等教育院校开设的相关专业：经济学、金融学、信用管理、财务管理、会计学等。

2. 职业教育院校开设的相关专业：金融管理、信用管理、大数据与财务管理、大数据与会计、保险等。

### （二）开设相关专业的院校（排名不分先后）

★ 相关院校：北京航空航天大学、中国人民大学、北京交通大学、北京理工大学、北京师范大学、对外经济贸易大学、首都经济贸易大学、东北财经大学、上海交通大学、西南财经大学、天津财经大学、上海财经大学等。

◆ 相关院校：北京财贸职业学院、山东商业职业技术学院、重庆财经职业学院、安徽商贸职业技术学院、天津轻工职业技术学院、浙江金融职业学院、无锡职业技术学院、湖南商务职业技术学院等。

## 七、信用分析师的就业创业信息

信用分析师的就业创业领域较为广泛。①政府部门。面向财政局、审计局、市场监督管理局、征信管理局等监管部门，从事信用政策的制定、评估、管理，企业资质的认证、分析评估等工作。②金融机构。面向银行、保险、证券等金融机构，从事信用分析、信用管理等工作。③其他企业。面向大中型企业的信用管理、会计、审计、风控等部门，从事资信调查、征信技术、风险评估与控制等工作。④高等院校或科研院所。从事信用管理相关专业的教学、管理、研究工作。⑤其他机构。从事信用评级、信用管理、信用风控、投资管控等工作。⑥信用服务创业、兼职副业。

吸纳信用分析师的一些企业：中诚信国际信用评级有限责任公司、大公国际资信评估有限公司、东方金诚国际信用评估有限公司、北京新华信商业风险管理有限责任公司、华泰证券股份有限公司、中证鹏元资信评估股份有限公司等。

## 八、信用分析师的贯通发展

信用分析师是评估企业债券等证券及金融机构、上市公司、公用事业单位等的偿债能力和可信程度，分析其信用风险的人员，在不同的行业领域、不同性质的单位中，其发展路径有所区别：从纵向上看，一般遵循“助理分析师—分析师—高级分析师—资深分析师”的发展路径；从横向上看，各个机构资产管理相关岗位都需要内部信用评级人员，可以往这些岗位进行调动。

以券商研究所分析师为例，其发展路径如图 4-07-02-04-004-2 所示。

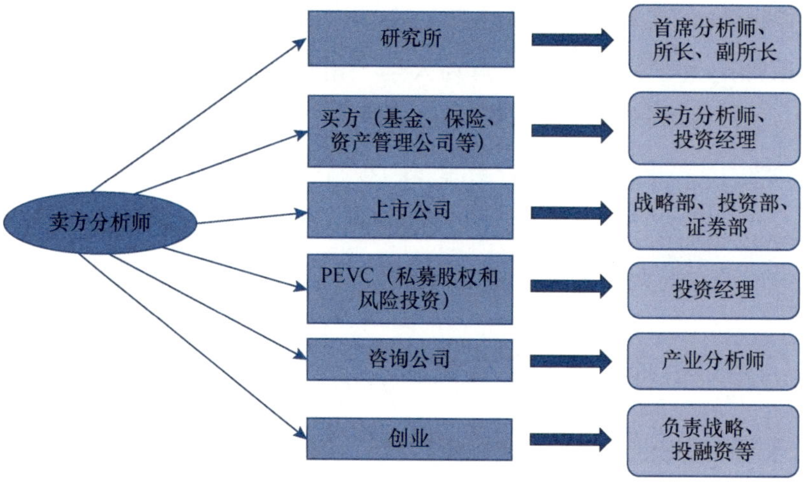


**图 4-07-02-04-004-2　券商研究所分析师的发展路径**

第一，进入研究所工作，从分析师最终晋升为首席分析师，一般至少要三年。此后，如果有合适的机会，还能晋升为研究所的管理层：所长助理、副所长、所长。

第二，券商研究所作为一个“卖方”，提供服务和观点，并不直接持有资金投资。基于此，对于喜欢投资的人，最好的方式是进入“买方”，即可以直接进行投资的投资机构（基金公司、保险资产管理公司等各类资产管理公司）。一般地，进入“买方”会先成为分析师，之后根据绩效升级为投资经理，随后可以管理一定的资金并进行投资。

第三，去上市公司任职董事会秘书、证券代表。上市公司奥飞动漫、新文化、开元股份的董事会秘书过去均是券商分析师。

第四，券商分析师研究的主要是已经上市的公司，然而市场上有一大部分投资机构是投资非上市公司的。这些机构对员工的专业度要求也非常高，进入这些公司也是券商分析师可以选择的一条职业发展道路。

第五，证券分析师所使用的行业研究分析的素材很多来自一些咨询公司提供的数据，其可以选择加盟这些咨询公司成为产业分析师。产业分析师更接近实业，更关注实业的发展变化，并且会通过各种方式得到实业的信息和数据，且并不需要给出很具体的投资观点；而证券分析师的任务在于站在上市公司对应的证券的角度来分析这些数据和信息，最终给证券进行定价，给出明确且具体的投资观点。

第六，通过长期的研究，券商分析师对自身覆盖的行业已经非常了解。倘若行业出现很好的机会，券商分析师甚至会加入创业公司。

## 九、信用分析师的发展前景

**从市场供需看。**随着我国加速步入信用经济和数字经济时代，信用风险也在与日俱增，为企业信用风险管理工作提供系统性智力支持的信用管理师、信用分析师已成为社会需要的重要职业。据商务部统计，在未来 5 年内，我国至少需要 50 万名信用管理经理、200 万名信用管理人员，信用管理专业技术人才需求和供给缺口将进一步扩大。信用分析师作为信用经济时代的新职业，将为信用管理体系建设提供坚实的基础。近年来，北京、上海、广州、深圳等经济发达地区以及其他一些省会城市对信用分析师的需求越来越高，提供的就业机会增加，月薪通常不低于 8000 元。

**从产业发展看。**当前，企业间往来联系越来越密切，彼此间缺乏信用制度约束。在不少账款拖欠问题的诱因中，60% 以上是客户选择不当，尤其是刚刚成长起来的内资企业，对客户的选择往往具有很大的随意性，这就极易转换为企业的交易风险，从而给企业带来很大的损失，影响企业的发展潜力。于是，信用分析师岗位随之产生，主要负责帮助企业合理选择投资合作伙伴。随着我国金融改革步伐的加快，对以资产质量为基础的资本充足率的监管成为我国金融机构监管的核心。我国的银行业充分认识到，银行信用风险的识别和控制主要取决于信贷人员的信用分析水平。培养一大批合格的信用分析人员，是相关产业发展的当务之急。

**从政策红利看。**为加快推进我国社会信用体系建设，进一步完善社会主义市场经济体制，构建社会主义和谐社会，国务院印发《社会信用体系建设规划纲要（2014—2020 年）》，鼓励企业建立客户档案、开展客户诚信评价，建立科学的企业信用管理流程，防范信用风险；强化企业在发债、借款、担保等债权债务信用交易及生产经营活动中诚信履约；鼓励和支持有条件的企业设立信用管理师。天津市人民政府印发《天津市社会信用体系建设规划（2014—2020 年）》，支持高等院校设置信用管理相关专业或开设相关课程；开展信用管理职业培训和专业考评；建立健全信用管理职业培训与专业考评制度，培养信用管理专业化队伍。湖南、陕西、四川、山东、山西等省级人民政府，也分别出台相关政策，从人才培养、制度建设、考证管理等方面支持信用管理师、分析师的发展。

## 十、相关内容链接

**国家职业标准：**暂缺。

**相关政策文件：**见表 4-07-02-04-004-2。

**表 4-07-02-04-004-2　信用分析师相关政策文件**

| 发布或通过时间 | 发布或通过机构 | 文件名称 |
|---|---|---|
| 2021-12 | 国务院办公厅 | 《加强信用信息共享应用促进中小微企业融资实施方案》 |
| 2022-03 | 中共中央办公厅、国务院办公厅 | 《关于推进社会信用体系建设高质量发展促进形成新发展格局的意见》 |

供稿：山西工程科技职业大学　辛燕

# 信用评价师

职业编码：4-07-02-04-005

市场经济环境下，企业的自由竞争使得企业的经营手段越来越复杂，广告营销手段的大量使用，使人们对企业的认知变得模糊。行业中一些企业的信用状况良好，却不但不能为企业带来收益，而且可能使其遭受损失；还有一些企业的信用状况很差，反而在经济上获益颇丰，破坏行业交易行为和市场经济秩序的有序性。企业信用评价就是要将信用状况良好的企业与信用状况混乱的企业区分开来，指出客观事实，还原真相。

在社会信用体系不断完善和市场经济不断发展的新形势下，企业和个人对信用服务的需求越来越大，信用评估和风险管理变得越来越重要，信用评价师因此成为当前市场经济环境中信用管理领域内不可或缺的人员。2022 年 9 月 27 日，信用评价师作为信用管理师所属工种被正式纳入《中华人民共和国职业分类大典（2022 年版）》。信用评价师这一工种的设立，填补了信用评价领域职业标准化工作的空白，有助于推动信用行业高技能人才队伍建设和行业高质量发展。未来，随着大数据、人工智能等技术的普遍应用，信用评价工作将更加精准、高效和便捷。

## 一、信用评价师的一天

**记录时间：2023 年 8 月 18 日** **记录人：李某**

**上午工作情况**

**9 点：**

1. 查看行业新闻和政策，了解最新的市场信息动态。（市场信息跟踪）

2.检查和回复电子邮件和电话，处理日常事务。（日常事务处理）

**10点：**

1.深入研究企业的信用信息，包括财务状况、经营状况、历史信用记录等信息。（企业调研）

2.对有效信息进行全面分析和评估。（信息分析评估）

**11点：**

结合企业具体情况和市场环境，与企业负责人或管理团队进行沟通和讨论，进行全面的信用评估。（企业全面评估）

**下午工作情况**

**13点：**

查阅更多的信用报告、财务数据或其他相关资料，进一步研究和分析借款人的信用情况以及其他相关信息。（信息资料完善）

**14点：**

根据已收集和查阅、调查的信息，撰写说明企业信用风险水平的信用评估报告。（评估报告撰写）

**16点：**

与团队成员召开信用评估相关的会议，确保所有工作都符合公司的流程和规定，讨论并确定信用评估报告的最终建议。（报告讨论与完善）

**17点：**

与企业管理层沟通评估结果，回复与信用评估相关的电子邮件和电话，为明日的工作做准备。（工作总结）

## 二、什么是信用评价师

**职业定义。**信用评价师是指运用征信技术对人或事物的准确性、实效性、经济性以及满意度等进行价值判断和评估的人员。

**定义解读。**信用评价师主要负责对企业和个人的信用状况进行全面、客观、公正的评价，根据客户的需求提供客观、准确的信用评估结果和风险预警，为企业或个人提供相关的信用风险管理建议和咨询服务，帮助其规避金融风险，促进市场经济的健康发展。

信用评价师作为在金融企业、政府等领域从事信用评价工作的专业人员，主要分为企业信用评价师和政府信用评价师两种类型。企业信用评价师是指对企业履行各种承诺的能力和信誉程度进行全面评价的专业人员。其中，金融信用评价师是指在金融企业领域从事信用评估和风险管理工作的专业人员。政府信用评价师是指专门从事政府信用评估和风险管理的专业人员。

**关联职业。**密切相关的职业主要有信用分析师、模型开发师、数据治理专员、尽职调查员等。

**相应岗位。**投资风险管理岗、信用评级岗、信用研究经理、债券定价岗。

## 三、信用评价师的主要工作职责

1. 收集信用信息。信用评价师需要收集、核实与信用相关数据的来源与真实性，包括企业基本信息、财务数据、业务数据、市场数据等，确保数据准确无误。这需要从业者具备良好的信息检索和数据分析能力，以便高效、准确地获取关键信息。

2. 分析信用状况。信用评价师需要运用专业知识和技能，对收集到的信用信息进行深入分析。这些信息包括评估企业的财务状况、偿债能力、经营稳定性等，以及其他可能影响信用的因素，如行业趋势、政策环境等。

3. 信用评级与完成报告。根据分析结果，信用评价师需要对借款人或债券发行人进行信用评级。评级过程须严谨、公正，能准确反映风险水平。此外，他们还需要撰写信用评估报告，为决策者提供关于借款人或债券发行人信用状况的全面描述。

4. 风险预警与防范。信用评价师需要密切关注借款人或债券发行人的经营状况及行业动态，对其可能出现的风险进行预警。此外，他们还要为风险防范策略的制定提供依据，以降低潜在损失。

5. 提出政策与制度建议。信用评价师不仅要理解和遵守相关政策和制度，还要根据实践经验提出改进建议。这些建议可以促进整个信用体系的完善，提高风险管理效率。

6. 定期复查与更新。经济和行业环境在不断发生变化，信用评价师也需要定期复查信用评级和风险评估，以确保其准确性。此外，还需要及时更新相关信息，以反映借款人或债券发行人的最新状况。

7. 维持合规性与道德准则。作为专业人员，信用评价师需要严格遵守相关法律、法规和道德准则，确保信用评估和风险预测的公正性和合规性。此外，还需要对收集到的信息进行保密处理，避免信息泄露。

## 四、信用评价师的薪酬福利待遇

**平均薪酬水平。**信用评价师的月平均薪酬为 11667 元。其中，7000~12000 元的占比最高，约为 27%。这些数据可能会有所波动，具体福利待遇一般会受到公司规模、行业、个人经验和能力等因素的影响。

随着我国信用管理体系的逐步建立健全、信用评价行业的不断发展和规范化，对信用评价师的需求越来越大。越来越多的公司和机构需要信用评价师来评估和管理信用风险。未来 5 年内，信用评价师的需求量将会大大增加。为此，该职业的薪酬待遇将呈现较快的增长趋势。

**与类似职业对比。**信用评价师的类似职业包括模型开发师和尽职调查员，这些职业都是随着信用管理体系和风险评估领域的发展而产生的。类似职业薪酬水平见表 4-07-02-04-005-1。

**表 4-07-02-04-005-1　类似职业薪酬水平**

| 职业名称 | 薪酬水平（元 / 月） |
| --- | --- |
| 模型开发师 | 7330 |
| 尽职调查员 | 8964 |

## 五、从事信用评价师工作需要具备的本领

信用评价师的知识和技能要求见表 4-07-02-04-005-2。

**表 4-07-02-04-005-2　信用评价师的知识和技能要求**

| 职业功能 | 工作内容 | 知识和技能要求 |
|---|---|---|
| 信用知识理解 | 掌握信用体系基本原理，深入理解信用评级方法论 | 掌握信用学、金融学基础知识，熟悉信用评价流程与标准，理解信用评分模型、信用信息来源及可靠性评估 |
| 数据分析能力 | 收集、整理、分析财务、市场等多维度数据，提取信用相关指标 | 熟练运用 Excel、SPSS、SAS 等数据分析工具，具备数据清洗、处理及分析能力 |
| 风险评估技能 | 对企业、个人或金融产品的信用风险进行量化评估与预测 | 掌握风险评估模型构建，信用评级标准应用以及风险识别与应对策略制定 |
| 行业洞察力 | 关注行业动态，理解不同行业信用特征及发展趋势，识别潜在风险 | 具备宏观经济分析能力，熟悉多个行业运营模式与风险点，能够准确判断行业信用风险变化 |
| 客户关系管理 | 与客户保持良好沟通，理解其信用需求，提供定制化解决方案 | 具备优秀的客户服务意识与沟通技巧，能够建立、维护良好的客户关系，有效处理客户反馈与需求 |
| 报告撰写能力 | 撰写信用评价报告，清晰、准确地表达信用评估结果与建议 | 良好的文字功底，掌握报告撰写规范，能够撰写结构清晰、逻辑严密的信用报告 |
| 协调沟通能力 | 与内部团队、外部机构及监管部门沟通协调，确保评价工作顺畅进行 | 出色的沟通协调能力，能够处理复杂的人际关系，有效传达信息，解决冲突，推动项目进展 |
| 道德素质与职业操守 | 保持诚信、公正、客观的职业态度，保护客户信息与商业秘密 | 坚守职业道德底线与修养，遵循信用评价行业的行为准则与操守，维护职业声誉 |
| 法律法规掌握 | 熟悉国内外信用评价相关的法律法规、监管政策与行业标准 | 持续关注法律法规动态，确保评价工作合法合规，有效防范法律风险 |

## 六、信用评价师的专业教育现状

### （一）相关专业

信用评价师是主修信息管理专业、金融专业、财务管理专业、审计专业以及经济学专业的人员的一个就业方向。相关专业要求学生具备扎实的经济学和金融学理论基础知识，掌握资信评级与信用管理方面的基本理论，熟悉数理统计和计量经济基本分析方法，掌握现代信用管理专业必备的基本理论知识、专门知识和岗位操作技术，能在政府部门、金融企业或其他企业从事信用政策的制定、资信调查、信用评级、数据治理、客户关系管理、风险控制等相关业务工作。

### （二）开设相关专业的院校（排名不分先后）

★ 相关院校：中国人民大学、吉林大学、上海师范大学、上海第二工业大学、西南财经大学、西南民族大学、浙江财经大学、兰州财经大学、西安外国语大学、南京审计大学、南京财经大学、天津商业大学、天津职业技术师范大学、重庆工商大学、贵州师范大学等。

◆ 相关院校：山西职业技术学院、浙江金融职业学院、辽宁金融职业学院、安徽商贸职业技术学院。

## 七、信用评价师的就业创业信息

1. 就业前景。随着社会信用体系的不断完善，信用评价师的需求逐渐增加。目前，信用评价师在银行、证券、保险、担保、小额贷款等多个领域均有从业人员，就业前景广阔。特别是在银行、担保、小额贷款等行业，信用评价师是重要的中后台岗位，发展前景良好。此外，随着跨境电商的发展，跨国企业对信用评价师的需求也逐渐增加。

2. 创业机会。信用评价师在创业方面拥有广阔的市场前景。他们既可以独立创立信用评估机构或咨询服务公司，为企业和投资者提供专业的信用风险评估和投资建议，也可以利用自己的专业知识和经验，担任企业的金融顾问或风险管理顾问，提供风险管理咨询和培训服务，还可以开设信用评价师培训班，为有意向成为信用评价师的人员提供专业的培训和指导服务。此外，他们还可以与其他金融机构合作，共同开发信用评估产品和服务，扩展业务领域。

## 八、信用评价师的贯通发展

1. 金融机构：信用评价师可以在银行、保险公司、证券公司等金融机构中担任信用风险管理岗位，负责企业或个人的信用评估、风险控制和业务决策。

2. 咨询公司：在咨询公司中担任信用评价顾问，为客户提供专业的信用风险管理咨询服务，帮助企业建立健全的信用风险管理体系。

3. 政府部门：在市场监管、税务、金融监管等政府部门中担任信用管理岗位，负责市场主体的信用监管和风险预警。

4. 企业内部：在企业内部建立和完善信用风险管理制度，担任信用管理部门负责人或风险管理专员，负责公司整体的信用风险管理和控制。

信用评价师的发展路径如图 4-07-02-04-005-1 所示。

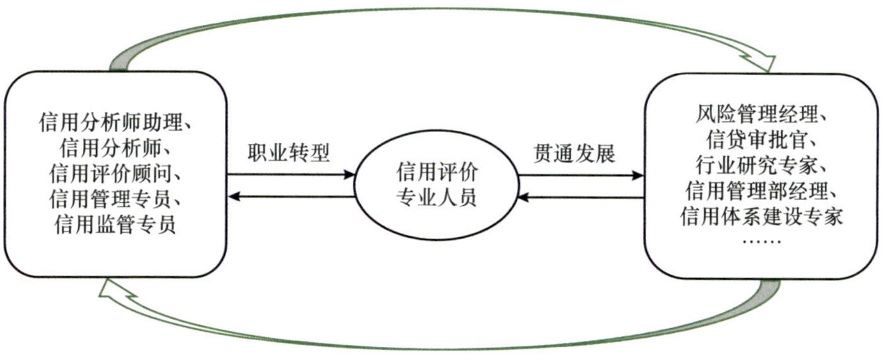


图 4-07-02-04-005-1 信用评价师的发展路径

## 九、信用评价师的发展前景

**从市场供需看。**随着信用经济的不断发展，市场对信用评价师的需求逐渐增加。在现代企业的运营过程中，信用交易的规模在不断扩大，对了解和评估合作伙伴、供应商、消费者信用状况的需求在不断增加。在这种背景下，越来越多的企业开始重视信用评价，并逐步建立起自己的信用管理体系。此外，随着互联网金融的快速发展，网络借贷、互联网保险等新兴业态不断涌现，这些行业对信用评价师的需求也在逐步增加。从市场供需角度来看，信用评价师的发展前景广阔。

**从产业发展看。**随着经济的不断发展，我国的产业结构和业态也在不断发生着变化。其中，以“互联网 +”为代表的新兴业态不断涌现，加速了传统产业的转型升级。在这种背景下，信用评价师这一职业也迎来了新的发展机遇：一方面，传统产业在转型升级过程中，对信用管理的要求越来越高，信用评价师将在传统产业的转型升级中发挥更为重要的作用；另一方面，随着新兴业态的不断发展，信用评价师将在互联网产业、大数据产业等领域中找到更多的发展机会。

**从政策红利看：**近年来，我国政府对社会信用体系建设投入了更多的精力，并出台了一系列政策措施。例如，《社会信用体系建设规划纲要（2014—2020年）》《关于加强个人诚信体系建设的指导意见》等文件为信用体系建设提供了政策支持。此外，政府还出台了一系列鼓励和支持新兴业态发展的政策措施，为信用评价师提供了更多的发展机遇。

## 十、相关内容链接

**国家职业标准：**暂缺。

**相关政策文件：**见表 4-07-02-04-005-3。

**表 4-07-02-04-005-3　信用评价师相关政策文件**

| 发布或通过时间 | 发布或通过机构 | 文件名称 |
|---|---|---|
| 2014-06 | 国务院 | 《社会信用体系建设规划纲要（2014—2020 年）》 |
| 2019-11 | 中国人民银行等四部门 | 《信用评级业管理暂行办法》 |
| 2022-03 | 中共中央办公厅、国务院办公厅 | 《关于推进社会信用体系建设高质量发展促进形成新发展格局的意见》 |

供稿：北京工业职业技术学院　李娜

# 贸易数据申报师

职业编码：4-07-02-05-001

商务数据分析师职业下设的工种——贸易数据申报师，是专门从事国际贸易和海关申报工作的专业人士。他们在贸易活动中发挥着重要的角色，确保企业遵守国际贸易法规和海关规定。

当某家公司计划将商品从中国运往海外时，贸易数据申报师将与海关合作，填写必要的文件，确保货物的分类、价值估算和税费等方面符合法律、法规的要求，从而确保货物能够顺利清关并进入海外市场。他们的工作是保障国际贸易畅通的重要一环，可以在为企业节省时间和金钱的同时，保证企业遵守各国法律、法规。

## 一、贸易数据申报师的一天

记录时间：2023 年 6 月 20 日　　　　记录人：蒋某特

### 上午工作情况

**9 点：**

检查并处理当天的电子邮件，关注国际贸易法规的更新动态。与客户进行电话会议，讨论最近的进出口计划，了解需要处理的货物和文件。（邮件事务处理）

**10 点：**

准备进口货物的海关申报文件，检查商品编码、价值估算等信息的准确性。（文件准备）

**11点：**

提交进口申报，确保所有文件和信息都已准备就绪。与海关代表进行电话沟通，确认已收到申报，处理任何可能出现的问题或疑虑。（提交和沟通）

**下午工作情况**

**13点：**

处理出口货物的申报，准备出口文件，确保文件齐全且准确。（申报文件准备）

**14点：**

提交出口申报，跟踪确认信息。（信息跟踪）

**15点：**

进行内部培训，了解最新的贸易法规变化情况，学习新的海关申报流程。（法规学习）

**16点：**

与客户进行沟通，解答贸易和海关申报等相关问题。整理当天的工作，检查是否有未处理的事项，准备明天的工作计划。（问题解答）

**17点：**

查看当天进展，确认所有申报都已成功处理，回复尚未处理的邮件。（申报确认）

## 二、什么是贸易数据申报师

**职业定义。**贸易数据申报师是指从事贸易相关数据采集、清洗、挖掘、分析，发现问题、研判规律，形成数据分析报告并指导他人应用的人员。

**定义解读。**贸易数据申报师是负责处理国际贸易和海关申报事务的专业人士。他们通过填写必要的文件、表格和报告，确保进出口货物遵守国际贸易法规和海关的规定，以及符合关税、税收和出口管制等要求。他们负责处理进出口货物的各种文件和申报，文件包括但不限于商业发票、装箱单、海运提单等。他们需要熟悉国际贸易法规、海关规定和税收政策，以确保货物合法地进出国境，并帮助企业降低成本。他们还需要与海关、客户和其他相关方保持沟通，解决可能出现的问题。

**关联职业。**密切相关的职业主要有国际贸易专员、报关员、国际物流专员、海关代理、国际贸易顾问等。①国际贸易专员负责组织和协调国际贸易活动，处理合同、支付、物流等事务。②报关员负责为客户处理海关报关手续，确保货物合规进出国境。③国际物流专员负责处理货物的运输、仓储和分配，确保货物按时抵达目的地。④海关代理代表客户与海关进行沟通，处理进出口货物的报关和申报手续。⑤国际贸易顾问提供关于国际贸易法规、市场趋势和风险管理的专业建议。

**相应岗位。**上述职业相应的工作岗位包括但不限于以下几种。①国际贸易专员的相应工作岗位：进出口文员、国际市场研究员、订单处理专员、贸易合同管理员、国际贸易助理。②报关员的相应工作岗位：报关员助理、报关操作员、报检员、海关事务经理、报关政策顾问。③国际物流专员的相应工作岗位：物流协调员、供应链分析师、货运代理、仓储管理员、物流顾问。④海关代理的相应工作岗位：海关代理助理、海关申报师、海关经理、海关合规专员。⑤国际贸易顾问的相应工作岗位：贸易法规顾问、跨境电商顾问、出口策略顾问等。

## 三、贸易数据申报师的主要工作职责

1. 海关申报。负责为企业处理进出口货物的海关申报。他们需要填写必要的文件、报告和表格，遵守相关的关税、税收和法规要求，确保货物能够合法地进出国境。

2. 文件准备。准备和维护进出口货物的各种文件。这些文件如商业发票、装箱单、运输保险证明等，是货物顺利运输和合规申报的基础。

3. 符合关税和税收。熟悉不同国家和地区的关税和税收政策，为企业提供最佳的货物进口和出口方案，以帮助企业降低成本。

4. 合规性检查。确保货物的申报和文件符合国际贸易法规和海关规定。贸易数据申报师需要准确判断商品的分类、价值估算以及是否受到出口管制等限制。

5. 问题解决。处理与海关、贸易法规或文件相关的问题。如果申报出现问题或不一致，贸易数据申报师需要与相关部门进行沟通，寻找解决方案。

6. 沟通与协调。与客户、供应商、海关代理和其他相关方保持沟通，协调货物的顺利流通和申报事宜。

7. 监测法规变化。密切关注国际贸易法规和海关规定的变化，确保企业调整操作以保持合规性。

8. 数据管理。管理和维护贸易数据、申报记录和文件，以备日后审计和查询。

9. 关注和服务。对国际贸易法规、海关流程和最佳实践的最新动态进行及时更新、持续追踪，帮助团队成员和客户理解并遵守相关要求。

10. 报告和分析。生成关于进出口活动的报告和分析，为企业决策提供有关数据。

## 四、贸易数据申报师的薪酬福利待遇

**平均薪酬水平。**贸易数据申报师的平均薪酬水平会因所在城市、工作经验和能力水平的不同而发生变化。一般来说，起薪可能在中等水平，但随着经验的积累，薪酬通常会逐渐提升。我国贸易数据申报师的年平均薪酬可能为60000~150000元。

**与类似职业对比。**贸易数据申报师和其他国际贸易、海关和物流相关的职业相比，薪酬水平有所不同。类似职业薪酬水平见表4-07-02-05-001-1。

**表4-07-02-05-001-1　类似职业薪酬水平**

| 职业名称 | 薪酬水平（元/年） |
| --- | --- |
| 国际贸易专员 | 60000~150000 |
| 报关员 | 50000~130000 |
| 国际物流专员 | 60000~160000 |

## 五、从事贸易数据申报师工作需要具备的本领

1.贸易数据申报师需具备的知识和技能：法规和政策知识、文件处理能力、货物分类和估值能力、技术熟练度、沟通能力、问题解决能力、注重细节能力、团队合作能力、分析和判断能力、时效管理能力、客户服务能力、法律伦理意识、持续学习能力等。核心技能是法规和政策知识、文件处理能力、货物分类和估值能力、技术熟练度等。

2.目前，贸易数据申报师暂无国家职业技能标准，综合贸易数据申报师的招聘要求和工作职责，贸易数据申报师的知识和技能要求见表4-07-02-05-001-2。

**表4-07-02-05-001-2　贸易数据申报师的知识和技能要求**

| 职业功能 | 工作内容 | 知识和技能要求 |
|---|---|---|
| 法规和政策掌握 | 了解国际贸易法规、海关规定和税收政策 | 对国际贸易法规、海关规定和税收政策有深入了解，确保货物合规地进出国境 |
| 文件处理 | 准备和处理进出口货物的各种文件 | 能够准确、高效地准备和处理进出口货物的各种文件，如商业发票、装箱单、海运提单等 |
| 货物分类与估值 | 判断货物分类并估算其价值 | 熟悉商品编码系统，能够准确判断货物分类并估算其价值，以便进行正确的申报 |
| 技术操作 | 使用与贸易数据申报相关的电子系统和软件 | 掌握与贸易数据申报相关的电子系统和软件，能够高效地填写和提交申报文件 |
| 沟通协作 | 与利益相关方进行沟通，解释申报流程和要求 | 能够与客户、供应商、海关代理等多个利益相关方进行有效沟通，解释申报流程和要求 |
| 问题解决 | 解决与申报、海关和法规有关的问题 | 能够快速解决与申报、海关和法规有关的问题，确保申报流程的顺利进行 |
| 细节关注 | 确保申报文件和信息的准确性 | 注重细节，确保申报文件和信息的准确性，以避免出现问题或纠纷 |

续表

| 职业功能 | 工作内容 | 知识和技能要求 |
| --- | --- | --- |
| 团队合作 | 与多个团队展开合作，与其他部门进行协调 | 能够与多个团队展开合作，与其他部门（如物流、采购）进行协调，确保货物顺利流通 |
| 分析判断 | 分析贸易数据和法规变化，调整申报策略 | 分析贸易数据和法规变化，判断其对业务的影响，及时调整申报策略 |
| 时效管理 | 按时准备和提交申报文件 | 能够在截止日期前按时准备和提交申报文件，避免延误 |
| 客户服务 | 提供高质量的客户服务，回答客户问题并解决疑虑 | 能够提供高质量的客户服务，回答客户的问题并解决疑虑 |
| 法律合规 | 遵守职业道德和法律规定，确保申报和操作合法合规 | 遵守职业道德和法律规定，确保申报和操作合法合规 |
| 持续学习 | 跟踪国际贸易法规变化，参与培训和学习 | 持续跟踪国际贸易法规的变化，参与培训和学习，保持行业专业知识的更新 |

## 六、贸易数据申报师的专业教育现状

### （一）相关专业

我国一些普通高等教育院校以及职业教育院校开设了与贸易数据申报领域相关的课程，并提供相应的培训。贸易数据申报涉及国际贸易、海关法规、物流等多个领域，其相关的专业和课程涉及以下领域。

1. 国际贸易基础。国际贸易的基本概念，包括贸易类型、国际市场、贸易政策和国际贸易的历史背景。

2. 贸易法规与政策。国际贸易的法律、法规和政策，包括关税制度、贸易协定、海关程序和合规要求。

3. 海关操作和申报。海关申报流程、关税分类、货物估值、进出口手续和相关海关文件。

4. 物流管理。货物运输、仓储，供应链管理以及物流技术等。

5. 跨境电商。跨境电商运营和海关申报。

6. 数据处理和信息技术。数据处理和信息技术工具的培训。

7. 国际商务沟通。国际商务交流和合作的跨文化沟通技巧。

8. 合规与风险管理。确保贸易合规性，降低风险。

### （二）开设相关专业的院校（排名不分先后）

★ 相关院校：对外经济贸易大学、上海海关学院、天津商业大学、重庆工商大学、武汉工程大学、上海商学院、南昌大学、华东政法大学、河南工程学院、西南科技大学等。

◆ 相关院校：北京经贸职业学院、广州城市职业学院、成都职业技术学院、深圳信息职业技术学院、宁波职业技术学院、上海立信会计金融学院、广州城市职业学院、济南职业学院、广东新安职业技术学院、厦门华天涉外职业技术学院等。

## 七、贸易数据申报师的就业创业信息

贸易数据申报师在多种行业中都有就业和创业的机会，特别是在国际贸易、物流、海关代理等领域。

1. 国际物流公司。国际物流公司如法国达飞海运集团、顺丰国际、中国外运股份有限公司等，在全球物流运输领域需要贸易数据申报师来处理进出口货物的申报和相关文件。

2. 跨国贸易公司。跨国贸易公司如阿里巴巴集团控股有限公司、亚马逊公司、北京京东世纪贸易有限公司等，需要专业的人员来处理国际贸易业务的申报和相关文件。

3. 海关代理公司。海关代理公司如圣杰物流、美国康捷国际货运有限公司等，专门从事报关和申报服务，需要贸易数据申报师来支持客户的进出口业务。

4. 外贸企业。许多从事外贸业务的企业需要贸易数据申报师来处理货物的申报、合规和税务等事务。

5. 供应链管理公司。供应链管理公司负责整合供应链，包括采购、生产、物流等方面的管理，需要贸易数据申报师来协调相关事宜。

6. 外企及合资企业。在中国境内的外企及合资企业，尤其是那些涉及国际贸易的企业，需要贸易数据申报师来处理进出口事务。

7. 贸易咨询公司。贸易咨询公司提供国际贸易法规和海关申报等方面的咨询服务，需要贸易数据申报师担任专业顾问。

注：以上机构信息仅供参考，不代表编写出版方对其推荐或认可。

## 八、贸易数据申报师的贯通发展

贸易数据申报师的发展路径多元且广阔，包括职业晋升、国际业务扩展、合规和风险管理、数据分析和技术应用、培训和教育、自主创业、跨领域发展等多个方面。

1. 职业晋升。贸易数据申报师可以通过不断积累经验和提升专业技能，从贸易数据申报师晋升到高级贸易数据申报师，再到团队领导、经理或部门主管等更高层管理职位。随着职位的晋升，需要承担更多的管理职责、协调团队，并参与决策制定。

2. 国际业务扩展。贸易数据申报师可以逐渐扩展其业务范围，处理不同国家和地区之间的贸易数据申报，这需要了解各国的法规和文化，以确保国际业务的顺利进行。

3. 合规和风险管理。贸易数据申报师可以进一步拓宽专业知识领域，成为合规和风险管理领域的专家，协助企业遵守复杂的法规，降低违规风险。

4. 数据分析和技术应用。贸易数据申报师可以利用数据处理技能，深入数据分析领域，帮助企业优化供应链和贸易战略。同时，熟练运用相关软件和工具，以提高工作效率。

5. 培训和教育。在积累了丰富的经验和知识后，贸易数据申报师可以担任培训师或讲师，分享专业知识和技能，培训出更多的人才。

6. 自主创业。贸易数据申报师可以选择创办自己的海关代理公司或咨询公司，提供申报和合规性咨询服务。

7. 跨领域发展。贸易数据申报师具备数据处理、团队协作等多方面的技能，可以涉足供应链管理、数据分析、物流协调等相关领域。

贸易数据申报师的发展路径如图 4-07-02-05-001-1 所示。

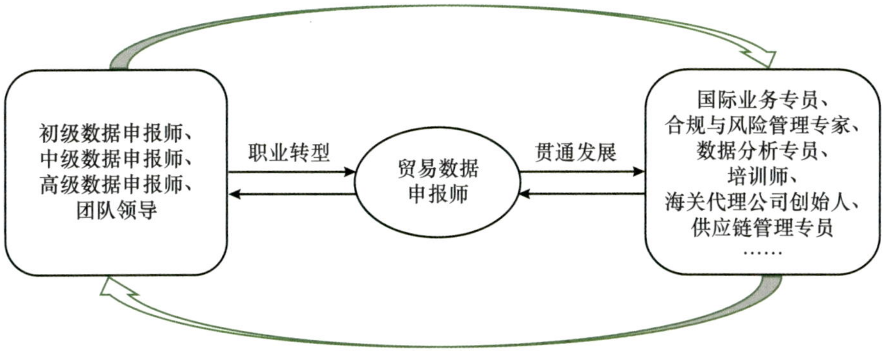


图 4-07-02-05-001-1　贸易数据申报师的发展路径

贸易数据申报师的发展路径具有多样化特征，从业者可以在自己的职业生涯中探索不同的发展方向，同时不断提升自己的技能和经验。无论选择哪条路径，都需要持续学习、积累经验和不断更新知识，以及与行业内专业人士建立联系，以实现贯通的职业发展。

## 九、贸易数据申报师的发展前景

**从市场供需看。**随着国际贸易的不断扩大，跨境商品流通和贸易数据申报的需求持续增加。企业需要专业人才来处理复杂的贸易法规、文件申报和海关手续，以确保合规和顺利运输。因此，贸易数据申报师市场需求较大。

**从产业发展看。**物流、国际贸易、供应链管理等领域都与贸易数据申报密切相关。随着这些产业的不断壮大，贸易数据申报师的需求也会不断增加。此外，随着技术的发展，数据处理和自动化技术在贸易数据申报中的应用也将增加，从而创造出更多的就业和创业机会。随着国际贸易的不断增长、复杂的贸易法规要求增多以及技术应用的不断拓展，这一领域将持续需要专业人士来确保货物合规性和顺利运输。

**从政策红利看。**我国积极推进供给侧结构性改革，不断优化贸易环境和政策。例如，我国推出的一系列跨境电商政策和自贸区政策，为跨境贸易提供了更多便利和支持。这些政策的实施，为贸易数据申报领域带来了新的发展机遇，促使企业寻求专业的贸易数据申报师来协助他们进行合规操作。

此外，我国的国际贸易政策和供应链调整也将为贸易数据申报师提供更多机遇，贸易数据申报师将在国际贸易中扮演关键角色，确保货物顺利并合规进入目标市场。我国作为世界上最大的贸易国之一而积极推进的国际贸易政策和供应链重塑，将为贸易数据申报师带来更多的职业机会，为他们的职业生涯注入更多动力。贸易数据申报师在未来将持续受到重视，拥有广阔的职业前景和成长空间。

## 十、相关内容链接

**国家职业标准：**暂缺。

**相关政策文件：**见表 4-07-02-05-001-3。

**表 4-07-02-05-001-3　贸易数据申报师相关政策文件**

| 发布或通过时间 | 发布或通过机构 | 文件名称 |
|---|---|---|
| 2023-06 | 商务部 | 《自贸试验区重点工作清单（2023—2025年）》 |
| 2023-06 | 商务部、海关总署、生态环境部 | 《禁止出口货物目录（第七批）》《禁止进口货物目录（第八批）》 |

供稿：江西现代职业技术学院　蒋强强

# 职业指导师

职业编码：4-07-03-01

职业指导师是我们职业发展的引领者、解惑人。上海市宝山区就业促进中心首席职业指导师李弘在其 16 年的职业生涯中，帮助了数千位茫然无措的求职者，从解开心结到授予求职技能，再到对接岗位信息，李弘在公共就业服务道路上与团队齐心协力、提质赋能，努力帮助求职者实现了人生价值。

## 一、职业指导师的一天

**记录时间：2023 年 3 月 25 日** **记录人：雷某**

**上午工作情况**

**8 点：**

召开晨会，组织初级职业指导师进行内部培训。培训初级职业指导师策划开展自助式指导，辅导其提高职业诊断与测评水平。指导求职者进行职业定位、帮助求职者进行职业决策。

**9 点：**

1. 与用人单位进行沟通反馈，为用人单位提供用人设计和用人指导，根据招聘需求提供解决方案。

2. 与职业教育培训机构召开定点战略合作会议，对上一阶段的就业和劳务输出实施效果进行评估分析，提出下一步工作调整的意见和建议。

3. 根据供需双方信息，对相关信息进行甄别、整理、分类、归纳、分析，适时发布，以供求职者了解并作出选择。

**10点30分：**

通过直播的形式进行“直播带岗”，开展线上职业指导。为求职者与企业提供交流机会，向求职者传授面试技巧，利用职业手段使供需双方得到合理配置，促进就业。

**下午工作情况**

**14点：**

为某职业技术学院开展高校毕业生就业专题讲座，分享创业就业趋势和注意事项，指导毕业生进行职业定位，为其提供岗前培训、求职技巧、权益保护等信息。

**16点：**

1.接待和指导求职者。为求职者进行接待登记、初步沟通、了解需求、能力诊断、信息咨询、择业指导。为求职者提供职业去向和技能提高设计方案，针对其在职业发展方向上存在的困惑，按照不同情况对其进行进一步指导。

2.对其中的就业困难对象进行特别援助，提供与之适应的帮扶指导。

**18点：**

结束咨询，收集咨询信息和数据，梳理内容要点及注意事项，整理并撰写职业发展指导典型案例，分析相关问题。

## 二、什么是职业指导师

**职业定义。**职业指导师是指为劳动者更好地实现就业和职业生涯发展，为用人单位规范招聘和合理用人提供咨询、指导、帮助及相关服务的人员。

**定义解读。**为求职者提供职业发展和就业方面的指导和帮助，为用人单位提供规范和合理的用人建议和指导。职业指导师需要具备专业知识和技能，需要具备职业规划、人才测评、职业咨询、就业指导等方面的能力。具体来说，职业指导师需要帮助求职者了解职业状况和劳动力市场供求状况，进行职业素质测评，评估职业能力，提供职业咨询和指导，制订职业发展计划。同时，职业指导师还需要根据用人单位的需求和求职者的求职意向，为其进行职业介绍和推荐，搭建就业信息平台，开展职业指导研究和宣传等。

**关联职业。**密切相关的职业主要有创业指导师、职业培训师、职业技术实训指导专业人员等。

（1）创业指导师是一门从事创业咨询和指导的职业，旨在帮助有创业意愿的劳动者了解创业过程、市场需求和资源，提供创业计划、市场调研、融资和管理等方面的指导和建议。创业指导师通常具有商业管理、市场营销和自主创业方面的专业背景和实践经验。

（2）职业培训师是一门从事职业技能培训的职业，旨在帮助个人或组织提高特定的职业技能。培训内容包括待业知识、专业技能和从业态度等。职业培训师通常具有相关领域的专业背景和培训经验，能够设计和实施培训计划，提供课堂教学或在线培训。

（3）职业技术实训指导专业人员是一门从事职业技术实训指导和管理的职业，旨在帮助个人或组织提高职业技术能力和实践技能，包括操作技能和安全规范等。职业技术实训指导专业人员通常具有相关领域的专业背景和培训经验，能够设计和实施实训计划，提供现场或模拟实训环境。

**相应岗位。**职业生涯规划师、残疾人职业能力评估师、残疾人就业辅导员、就业指导教师、人力资源管理师、心理咨询师、猎头顾问、管理咨询师、职业规划师等。

## 三、职业指导师的主要工作职责

1. 职业介绍。帮助求职者了解就业市场和招聘信息，提供就业信息和就业渠道，为用人单位提供合适的候选人。

2. 职业诊断与测评。对求职者进行职业兴趣、工作能力和性格测试，帮助求职者了解自己的职业优势和不足，提供相应的职业规划和求职建议。

3. 职业定位指导。帮助求职者确定自己的职业目标和发展方向，提供相应的职业规划和求职策略，为求职者提供针对性的职业指导。

4. 求职指导和强化训练。帮助求职者提高求职技能，提供面试技巧和求职策略，为求职者提供强化训练和模拟面试。

5. 职业发展指导。指导和帮助求职者制定长期的职业生涯规划，为求职者提供职业发展建议和晋升指导。

6. 多种职业指导形式应用。为求职者提供面对面咨询、电话咨询、电子邮件咨询、网络即时咨询等形式的职业指导服务，以满足不同类型求职者的需求。

7. 对不同群体进行帮扶指导。为失业人员、残疾人、退役军人、高校毕业生、农民工、就业困难人员等群体提供针对性的指导和帮扶，帮助他们顺利就业。

8. 提升自身素质。职业指导师需要不断学习相关理论，加强实践，提高自身的职业素养，积极参与职业指导工作，为求职者提供优质的服务。

## 四、职业指导师的薪酬福利待遇

**平均薪酬水平。**看准网提供的职业指导师薪资详情数据显示，职业指导师在全国的月平均薪酬为 8776 元，中位数为 9447 元，其中 6000~10000 元的占比最多，约为 42%。职业指导师的平均薪酬在 2021 年略有上涨，在 2022 年有所回落。3 年来，职业指导师的平均薪酬保持相对稳定，没有出现大的波动。

**与类似职业对比。**根据看准网、智联招聘、前程无忧等公开提供的招聘信息，该职业的薪酬水平略低于心理咨询师、猎头顾问、职业发展顾问、大学生职业规划师的薪酬水平。类似职业薪酬水平见表 4-07-03-01-1。

**表 4-07-03-01-1　类似职业薪酬水平**

| 职业名称 | 薪酬水平（元 / 月） |
| --- | --- |
| 心理咨询师 | 10824 |
| 猎头顾问 | 10638 |
| 职业发展顾问 | 12000 |
| 大学生职业规划师 | 12000 |

## 五、从事职业指导师工作需要具备的本领

职业指导师需要具备的知识和技能有职业诊断与测评、职业发展指导、职业指导工作推动等，其核心技能是职业诊断与测评、职业发展指导。

根据《职业培训师国家职业技能标准》，职业指导师的知识和技能要求见表 4-07-03-01-2。

**表 4-07-03-01-2 职业指导师的知识和技能要求**

| 职业功能 | 工作内容 | 知识和技能要求 |
| --- | --- | --- |
| 职业介绍服务 | 组织劳务输入输出 | 掌握与教育培训机构开展大型定点战略合作的相关知识，能策划相关合作；掌握劳务输入输出活动策划的知识和方法，能策划劳务输出活动和处理劳务典型问题；掌握劳务输入输出业务效果评估报告的基本范式，能评估劳务效果 |
| | 公共招聘网服务 | 掌握招聘平台评估方法，能分析信息发布情况，撰写效果报告；能设计供求信息整理方案；能提供公共招聘网服务培训 |
| 职业诊断与测评 | 职业诊断方法应用 | 能评估与修订职业诊断方案和实施督导；制订并组织培训计划；能实施大规模职业诊断活动 |
| | 就业环境评估和分析 | 能对宏观政策进行调查和研究；能关注国家和地区的产业、行业和职业发展变化并进行调查和研究；能展开就业主要门路发展的相关调查和研究；能调查和研究用人单位的招聘用人状况 |
| 职业指导帮助 | 职业定位指导 | 能指导低级别职业指导人员进行职业定位，解析职业定位中的典型问题；能撰写典型案例，帮助低级别职业指导人员进行职业决策 |
| | 求职指导和强化训练 | 能策划并指导就业通用能力项目；能辅导低级别职业指导人员训练求职者的求职技巧及制定求职策略；能对相关典型问题进行解析，强化劳动权益保护意识 |
| | 职业发展指导 | 能指导低级别职业指导人员设计个人职业发展规划；能解析职业发展指导相关的典型问题；能制订岗前培训指导计划及在职员工指导方案并组织实施；能制定并组织实施高校毕业生就业专题讲座方案；能撰写职业发展指导经典案例 |

续表

| 职业功能 | 工作内容 | 知识和技能要求 |
| --- | --- | --- |
| 职业指导帮助 | 多种指导形式的应用 | 能指导初级职业指导人员在线上开展专门的职业指导服务，指导初级职业指导人员策划开展自助式指导 |
| | 不同就业困难群体的帮扶指导 | 能制定高校毕业生就业困难人员就业分类帮扶指导方案，并组织实施；能制定城镇就业困难人员就业分类帮扶指导方案，并组织实施；能制定农村就业困难人员就业分类帮扶指导方案，并组织实施；能制定残疾人就业分类帮扶指导方案，并组织实施；能撰写职业指导典型案例 |
| 职业指导工作推动 | 项目计划和运作 | 能指导低级别职业指导人员制订职业指导项目计划；能指导低级别职业指导人员设计职业指导项目运作模式；能指导低级别职业指导人员开展职业指导项目运作实践 |
| | 工作体系、运行和评价机制的构建 | 能策划并组织开展构建职业指导工作体系工作；能策划并组织开展健全职业指导工作机制；能策划并组织开展建立完善职业指导工作评价和服务评价机制的工作；能组织实施本地区职业指导服务工作考核 |
| | 服务窗口和平台的建设 | 能制定职业指导工作室的建设方案，指导低级别职业指导人员加强专门服务窗口建设；能制定职业指导线上服务平台的建设方案，推动职业指导工作与互联网技术融合发展 |
| | 资源库的建设 | 能提出职业指导资源库的建设思路，并进行设计；能制定职业指导资源库的建设方案，并组织实施 |
| | 人员能力提升建设 | 能组织实施职业指导标准化建设；能组织开发职业指导人员培训项目 |
| | 开展职业指导工作研究 | 能组织研发职业指导服务新技术、新方法，并推广应用；能结合工作实际，组织开展职业指导工作的应用研究，并形成论文、专著、研究报告等成果 |

## 六、职业指导师的专业教育现状

### （一）相关专业

职业指导与服务、人力资源管理、心理学、教育学、管理学、劳动经济学。

### （二）开设相关专业的院校（排名不分先后）

★ 相关院校：中国人民大学、南开大学、中央财经大学、华中师范大学、南京师范大学、东北师范大学、南京农业大学、郑州大学、武汉理工大学、暨南大学、河海大学、中国矿业大学、西北大学、四川大学、西南大学、深圳大学、广西外国语学院等。

◆ 相关院校：北京经贸职业学院、北京劳动保障职业学院、河北政法职业学院、天津市职业大学、石家庄职业技术学院、四川职业技术学院、陕西工商职业学院、湖北科技职业学院、浙江旅游职业学院、江苏经贸职业技术学院、广西工商职业技术学院、巴中职业技术学院等。

## 七、职业指导师的就业创业信息

职业指导师的从业人员在全国范围都有分布。相关人员既可以在各类咨询机构、高校和企业从事专兼职的职业指导工作，还可以创办职业咨询机构，开展相关的职业生涯咨询、素质测评、指导等工作。

吸纳职业指导师就业较多的用人单位有以下几类。

1. 咨询机构。深圳市南深人力资源股份有限公司、重庆德君企业管理咨询有限公司、上海泛远志商务咨询有限公司、上海策德企业管理咨询有限公司、四川鸿学金联科技集团有限公司。

2. 高等院校。北京大学、清华大学、香港中文大学（深圳）、成都银杏酒店管理学院、广东工商职业技术大学、福州软件职业技术学院、湖北文理学院理工学院、信阳航空职业学院等。

3. 其他企业。联想教育科技（北京）有限公司、广州岭南教育集团有限公司、达内时代科技集团有限公司、北京菜鸟鸿达教育科技有限公司、叩持（西安）电子信息技术有限公司、北京思睿贯通教育科技有限公司、英泰融通科技（北京）有限公司、成都萌想科技有限责任公司。

4. 政府机构。全国各地人力资源主管部门所属人才服务机构、职业服务机构、就业促进中心等。

注：以上机构信息仅供参考，不代表编写出版方对其推荐或认可。

## 八、职业指导师的贯通发展

职业指导师的发展路径通常可以分为以下四种。

1. 垂直发展。在同一领域内不断深化专业知识和技能，逐步晋升为首席职业指导师（或政府就业促进中心负责人）或管理层。这种路径适合对自己所在领域有深入了解并希望在该领域内发展的人员。他们可以通过参加培训、获得相关认证、担任更高级别的职位等方式来提升自己的专业能力和职位等级。

2. 横向转型。将职业指导的技能和经验应用到其他领域或行业中。这种路径适合希望拓宽自己的职业发展领域或寻找新的挑战的人。他们可以通过学习新的行业知识、参加相关行业的培训课程、寻找跨行业工作机会等方式来实现横向转型。

3. 跨领域发展。将职业指导的技能和经验应用到不同领域的不同职位中。这种路径适合希望在不同领域中有所建树的人。他们可以通过学习新的领域知识、参加相关领域的培训、寻找跨领域工作机会等方式来实现跨领域发展。

4. 自主创业或自由职业者。根据自己的职业指导经验和技能，自主创业或成为自由职业者。这种路径适合富有创业激情和独立工作能力的人。他们可以利用自己的职业指导知识和技能，设立生涯管理咨询公司或成为自由职业者，为不同的客户提供职业指导服务。

职业指导师的发展路径如图 4-07-03-01-1 所示。

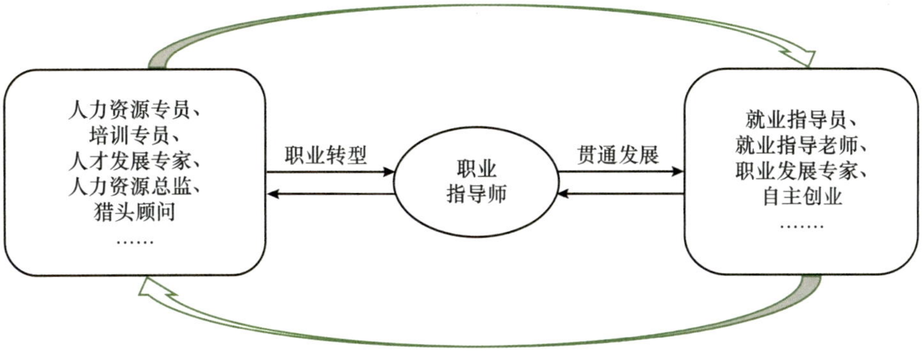


图 4-07-03-01-1　职业指导师的发展路径

不同的职业发展路径可能需要不同的能力和技能，职业指导师需要根据自己的兴趣和能力进行选择，并不断学习和提升自己的专业素养和技能水平，以适应不断变化的市场需求和职业发展要求。

## 九、职业指导师的发展前景

**从市场供需看。**随着经济的快速发展和职场竞争的加剧，对职业指导师的需求也在逐渐增加。在求职者方面，面对日益增加的就业压力和复杂的职业选择，他们需要专业的指导和帮助。根据人力资源社会保障部的数据，截至 2021 年，我国职业指导师缺口约为 10 万人。在雇主方面，他们需要职业指导师帮助员工进行职业规划，提升员工的满意度和工作绩效。随着人们对职业规划的需求不断增加，职业指导师的市场需求也在不断增加。职业指导师可以在学校、培训机构、职业咨询公司、社会组织等不同领域从事职业规划和发展方面的工作。同时，随着互联网的普及，一些职业指导师也可以选择自主开展线上职业咨询服务。综上所述，职业指导师的市场需求呈现出持续增长的趋势。

**从产业发展看。**产业的发展为职业指导师提供了许多机遇。随着产业的不断扩张，就业市场的需求也在不断增加，这为职业指导师提供了更多的就业机会和职业发展渠道。同时，产业的发展促进了新兴岗位的涌现，职业指导师可以关注这些新兴职业的发展趋势，了解新兴职业的要求和岗位职责，为自己的职业转型和升级做好准备。此外，人们对职业咨询和规划的需求多种多样，职业指导师可以提供个性化定制职业咨询和规划服务，帮助求职者和员工制定职业规划和职业发展策略，满足市场需求。同时，职业指导师可以通过参加各种职业培训和专业进修，提高专业素养和技能水平，增加职业竞争力。

**从政策红利看。**政府出台了一系列政策，鼓励和支持职业指导行业的发展，通过提供职业指导培训课程，帮助更多人获得职业指导师资格认证。此外，政府还推出了一系列优惠政策，如税收减免、贷款支持等，鼓励企业加大对职业指导师队伍的投资。

## 十、相关内容链接

**国家职业标准：**扫码即可查看。

**相关政策文件：**见表 4-07-03-01-3。

**表 4-07-03-01-3　职业指导师相关政策文件**

| 发布或通过时间 | 发布或通过机构 | 文件名称 |
|---|---|---|
| 2020-07 | 人力资源社会保障部、教育部、国务院扶贫办 | 《关于进一步加强贫困家庭高校毕业生就业帮扶工作的通知》 |
| 2020-12 | 人力资源社会保障部 | 《关于进一步加强高技能人才与专业技术人才职业发展贯通的实施意见》 |
| 2021-01 | 人力资源社会保障部办公厅 | 《技能人才薪酬分配指引》 |
| 2024-06 | 人力资源社会保障部 | 《“技能中国行动”实施方案》 |
| | 人力资源社会保障部办公厅 | 《关于开展 2024 年高校毕业生等青年就业服务攻坚行动的通知》 |

供稿：广西外国语学院　梁娟

# 残疾人就业辅导员

职业编码：4-07-03-01-001

现代社会有这么一群人，他们专门为残疾人的就业和职业发展、为用人单位合理雇用残疾人提供咨询、指导和帮助。他们有的可能曾面临自身的残疾挑战，经历了康复训练，完成了自我的成长，逐渐找回了自信，认识到了人生的价值；他们帮助其他残疾人克服困难，实现心中的梦想；他们投入大量时间和精力，接受专业的培养与训练，满怀热情地帮助那些亟须就业辅导的残疾人；他们是为残疾人重拾梦想的引导者——残疾人就业辅导员。

残疾人就业辅导员的工作地点涉及康复中心、职业培训机构和社会服务机构。他们与不同年龄和背景的残疾人建立联系，了解这些人的需求和愿望，不仅提供职业建议，而且提供情感支持。他们帮助残疾人重新获得自信，找到适合自己的职业道路。他们传递爱心，联系雇主，帮助残疾人寻找工作机会，并为残疾人创造就业机会。他们关注法律、法规，确保残疾人的合法权益不受侵害。他们见证了许多残疾人克服重重困难，融入社会，实现自己的职业梦想。

## 一、残疾人就业辅导员的一天

**记录时间：2023 年 8 月 13 日**　　　　**记录人：李某**

**上午工作情况**

**8 点：**

1. 检查电子邮件，回复残疾人求职者所咨询的问题，确认当天的咨询会议和培训计划。（上班前准备）

2. 与预约的残疾人求职者进行个别辅导。一起探讨职业目标，评估技能和兴趣，定制个性化的职业规划。（咨询交流）

**10 点：**

1. 跟进之前咨询过的个案，发送相关信息和建议，确保他们在职业发展上取得进展。（个案跟进）

2. 举行小组讨论会，讨论如何应对求职中的挑战，分享成功的求职经验和技巧。（集中讨论）

**下午工作情况**

**14 点：**

1. 为一组残疾人求职者举办求职技能培训课程。讲解面试技巧、简历撰写和自我介绍需要注意的问题，进行互动讨论和角色扮演。（技能培训）

2. 与企业进行电话会议，了解他们的招聘需求，为服务对象寻找匹配的职位和就业机会。（需求匹配）

**17 点：**

1. 跟进当天咨询会议的笔记和记录，整理相关数据和信息，为后续辅导工作做准备。（工作整理）

2. 回顾一天的工作，总结当天的咨询会议和培训课程，思考如何进一步提升辅导效果。（总结提升）

## 二、什么是残疾人就业辅导员

**职业定义。**残疾人就业辅导员是指专门为残疾人劳动者就业和职业发展及用人单位合理雇用残疾人，提供咨询、指导及帮助的人员。

**定义解读。**残疾人就业辅导员通过提供个性化的职业规划、就业指导、技能培训和资源支持，帮助残疾人求职者找到合适的工作机会，克服求职难题，提升职业竞争力，融入职场，并在职业生涯中取得成功。残疾人就业辅导员与残疾人求职者紧密合作，了解他们的技能、兴趣和需求，为其制订适合的职业计划，并提供持续的支持和指导，帮助他们实现自己的职业梦想。

**关联职业。**密切相关的职业主要有职业指导师、职业培训师、残疾人联络员、残疾人服务协调员、康复顾问等。①职业指导师。为人们提供职业规划、就业指导和职业发展支持。②职业培训师。负责为人们提供特定职业领域的培训和技能提升，帮助他们获取就业所需的技能和知识。③残疾人服务协调员。为残疾人提供各种服务，包括医疗、康复、就业等，满足他们的多样化需求。④康复顾问。协助残疾人应对身体或心理挑战，为其制订康复计划，促进他们提高自理能力和实现职业发展。这些职业与残疾人就业辅导员相互衔接，共同服务于残疾人的就业实现。

**相应岗位。**职业指导师、康复顾问、残疾人服务协调员、特殊教育就业顾问、社会工作者、职业培训师、社区发展专员。

## 三、残疾人就业辅导员的主要工作职责

残疾人就业辅导员针对服务对象开展就业咨询、就业辅导、适应性就业服务和能力提升等服务，对用人单位进行政策宣传，为吸纳残疾人求职者就业的用人单位提供指导和帮助。同时，残疾人就业辅导员服务需要接受督导机构的检查指导和全程监督。

1. 职业规划和指导。帮助服务对象制定职业规划、选择适合的职业道路、明确职业目标和发展方向。

2. 就业咨询。通过收集、整理服务对象的信息，确定服务对象的就业需求；通过走访入户、发放就业宣传资料、组织宣传活动等方式对服务对象进行政策宣讲；为服务对象提供就业登记和就业咨询服务，并根据服务对象的类型选择适合的岗位。为残疾人求职者进行资源整合，提供关于职业培训、教育机构、就业机会等资源的信息，帮助他们更好地了解职场。

3. 就业辅导。为服务对象提供求职技巧和面试注意事项，帮助服务对象增强求职竞争力，更好地应对招聘流程；运用标准化诊断与测评工具，为服务对象提供职业诊断，并撰写基础诊断报告；通过分析服务对象的兴趣及能力，识别出适应的岗位，为服务对象进行职业设计；为服务对象提供就业援助，通过分析服务

对象的就业优势及特点，寻找现存的空缺岗位，助推服务对象在通用岗位上就业。

4. 包容性就业和适应性就业服务。指导服务对象运用辅助器弥补身体缺陷，为其寻找合适的岗位，并协助用人单位与服务对象订立劳动关系协议；对服务对象进行择业指导，引导服务对象制定职业规划，鼓励并引导服务对象参加招聘活动，帮助其撰写和投送求职简历；指导用人单位提供无障碍设施环境等，给予服务对象就业支持，帮助服务对象稳定就业。

5. 职业培训和提升。为服务对象提供所需的职业技能培训，帮助他们在特定领域增强竞争力；帮助服务对象适应当前就业环境，提升服务对象的求职能力和职业技能，协助其处理好工作关系。

6. 心理支持和鼓励。在残疾人求职者就业过程中，为其提供情感支持，帮助其克服焦虑、树立自信心。

7. 企业合作和招聘咨询。与企业合作，促进包容性招聘，帮助服务对象寻找适合的工作机会。

## 四、残疾人就业辅导员的薪酬福利待遇

**平均薪酬水平。**根据残疾人联合会、职友集和智联招聘调查分析所获取的信息，残疾人就业辅导员的基本月薪为 4000~7000 元，有一定工作经验的残疾人就业辅导员可以达到 7000~12000 元。从区域影响来看，东南沿海城市和其他经济发展较快的城市如广州、东莞等地，残疾人就业辅导员的工资较高，并已逐步建立起残疾人就业辅导员队伍。此外，残疾人就业辅导员的薪酬水平与当地的社会整体工资水平相关联，同时也与本地区经济发展、职业指导师的整体水平有关系。

**与类似职业对比。**以广东地区为例，类似职业薪酬水平见表 4-07-03-01-001-1。

表 4-07-03-01-001-1　类似职业薪酬水平

| 职业名称 | 薪酬水平（元 / 月） |
|---|---|
| 残疾人职业指导师 | 5000~8000 |
| 残疾人职业培训师 | 5000~7000 |

续表

| 职业名称 | 薪酬水平（元/月） |
|---|---|
| 残疾人职业能力评估师 | 7000~9000 |
| 社会工作者 | 3000~6000 |
| 智障服务工作者 | 4000~6000 |
| 行政人事专员 | 7000~9000 |
| 残联专职委员 | 3000~5000 |

## 五、从事残疾人就业辅导员工作需要具备的本领

残疾人就业辅导员应遵守下列职业守则：养成执着专注、作风严谨、精益求精、敬业守信的工匠精神；树立服务意识一流、精准匹配需求的职业理念，提供优质就业服务指导；努力提升职业技能，掌握专业知识，提升沟通交流、问题分析能力。

残疾人就业辅导员需要具备的知识和技能包括残疾类别和影响、求职技能和职业发展知识、残疾人权利和相关法律、心理健康意识、心理社会发展理论知识等，核心技能是给残疾人提供求职指导和技能培训。残疾人就业辅导员的知识和技能要求见表 4-07-03-01-001-2。

**表 4-07-03-01-001-2　残疾人就业辅导员的知识和技能要求**

| 职业功能 | 工作内容 | 知识和技能要求 |
|---|---|---|
| 职业规划与指导 | 制定残疾人职业规划 | 能够了解残疾人对职业选择和发展的需求，根据不同情况提供专业建议 |
| | 提供残疾人职业指导 | 能够帮助残疾人做出基于数据的职业决策，制定个性化的职业规划，协助设定职业目标和发展方向，为残疾人提供有效的指导 |
| 求职培训 | 提供求职技巧培训 | 能够根据每个残疾人的情况，调整培训内容，满足其个性化的求职需求 |

续表

| 职业功能 | 工作内容 | 知识和技能要求 |
|---|---|---|
| 求职培训 | 协助简历撰写 | 能够帮助残疾人撰写个人简历，发挥其自身优势，增强求职能力 |
| | 协助面试准备 | 能够总结不同面试技巧和注意事项，帮助残疾人提升求职信心 |
| 包容性就业促进 | 推动包容性招聘 | 能够与雇主合作，推动包容性招聘，确保工作场所提供合理的适应措施，为残疾人创造公平的就业机会 |
| 求职网络建立 | 建立职业人脉 | 能够了解残疾人就业市场，把握就业机会，维护职业人脉 |
| | 联系潜在专业人士 | 能够联系潜在雇主和同行业专业人士，为残疾人拓展职业网络 |
| 个案管理 | 跟踪个体案例 | 能够根据个体案例提供个性化支持和建议，确保残疾人在职业发展中得到持续的关怀 |
| 心理健康支持 | 提供情感支持 | 能够协助残疾人克服就业过程中的心理障碍 |

## 六、残疾人就业辅导员的专业教育现状

### （一）相关专业

1. 普通高等教育院校开设的相关专业：特殊教育、社会工作、人力资源管理、行政管理、心理学等。

2. 职业教育院校开设的相关专业：康复治疗技术、康复技术服务与管理、人力资源管理等。

### （二）开设相关专业的院校（排名不分先后）

★ 相关院校：华东师范大学、首都师范大学、南京师范大学、华中师范大学、东北师范大学、陕西师范大学、南昌大学、上海师范大学、西南大学。

◆ 相关院校：广州体育职业技术学院、南京体育学院、河北体育学院、重庆工程职业技术学院、北京社会管理职业学院、河南工程学院、山东青年政治学院、南宁职业技术学院。

## 七、残疾人就业辅导员的就业创业信息

残疾人就业辅导员从业人员主要分布在经济较为发达的北京、上海、广州、东莞等城市，以及教育和社会服务体系较为完善的武汉、杭州等城市，主要集中在残疾人联合会、社会工作服务机构，如中国残疾人联合会就业服务指导中心、通辽市爱之翼辅助性服务中心、东莞市残疾人劳动就业服务平台、广州市残疾人就业培训服务中心等。

## 八、残疾人就业辅导员的贯通发展

残疾人就业辅导员的发展路径具有多样性，从业者可以在自己的职业生涯中不断提升技能、积累经验，并追求不同的职业目标。

1. 职业晋升。残疾人就业辅导员可以从初级职位开始，逐步晋升到更高级别的职位，如高级残疾人就业辅导员、部门主管、领导者或管理层职位。职业晋升通常需要具备卓越的领导和管理技能，能够有效地协调团队并参与决策。

2. 专业领域深化。在残疾人就业领域，不断深化专业知识是一种重要的发展方向。残疾人就业辅导员可以选择专注于特定类型的残疾人，如视障人士、听障人士等，为其提供更精细化的辅导服务。

3. 教育与培训。进入教育领域，成为特殊教育老师或培训师。残疾人就业辅导员可以在学校、职业培训机构或社区教育中心工作，传授残疾人职业技能和生活技能。

4. 理论研究与行业规章制定。一些对残疾人政策、法规和社会服务的改善感兴趣的残疾人就业辅导员可以从事理论研究工作，参与行业规章制定，或在非营利组织中推动残疾人权益保护。

5. 自主创业。创办自己的咨询公司，提供个性化的辅导和就业服务。残疾人就业辅导员可以与政府机构、企业和非营利组织合作，为残疾人提供就业支持。

6. 继续教育和资格认证。持续学习和获得相关职业资格认证是增强竞争力的关键。残疾人就业辅导员可以参加专业培训、研讨会和专业课程，不断提高自身知识和技能，从而向残疾人职业指导师、残疾人职业培训师、残疾人职业能力评估师等职业不断发展。

7. 跨领域发展。残疾人就业辅导员通常具备广泛的人际沟通和协作技能，可以尝试进行跨界发展，如进入人力资源管理、心理咨询、社会工作等领域，拓宽就业方向。

残疾人就业辅导员的发展路径多种多样，取决于个人兴趣、目标和专业领域。持续学习、积累经验以及与相关领域的专业人士建立联系，都是实现职业贯通发展的关键因素。

残疾人就业辅导员的发展路径如图 4-07-03-01-001-1 所示。

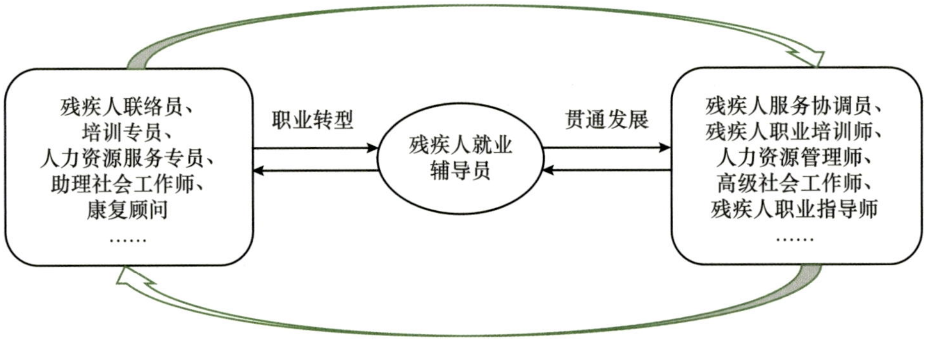


**图 4-07-03-01-001-1 残疾人就业辅导员的发展路径**

## 九、残疾人就业辅导员的发展前景

**从市场供需来看。**随着社会对包容性就业的关注不断增加，对残疾人就业辅导员的需求也在不断上升。企业和社会组织越来越重视劳动力的多元化和包容性，这需要专业人士来为求职者提供职业规划和支持，以确保员工能够融入工作环境并充分发挥潜力。此外，政府机构、非营利组织等也需要残疾人就业辅导员。鉴于这一领域的专业性和特殊性，导致人才短缺，就业机会较多。

**从产业发展来看。**残疾人就业辅导员分布于多个领域，可以为学校提供特殊教育支持、为康复机构提供职业康复服务，还可以在社会工作机构中为残疾人与社会融合提供帮助。随着社会经济的发展和数字化的应用范围加大，残疾人就业辅导员可以使用在线平台、虚拟现实和远程支持技术，提供更加富有个性和灵活性的服务。随着专业化需求的提升和社会对包容性就业的重视程度提高，对高度专业化残疾人就业辅导服务的需求也在不断上升，这就需要残疾人就业辅导员致力于为不同类型的残疾人提供定制化就业支持。

**从政策红利来看。**建立残疾人就业辅导员制度，扩大就业辅导员队伍，是《“十四五”残疾人保障和发展规划》提出的任务，在《促进残疾人就业三年行动方案（2022—2024年）》中得到了进一步明确。这些政策文件的出台，说明政府致力于促进残疾人就业和融合。各级政府发布的相关政策和法规将为残疾人就业辅导员提供更多的工作机会。从残疾人就业发展的需求以及政策推进的趋势来看，当前亟须加强残疾人就业辅导员制度建设，逐步规范残疾人就业辅导员的职业技能体系要求，从培养、扶持及监管的角度发展残疾人就业辅导员队伍，提升残疾人就业服务能力，提高残疾人就业质量。

## 十、相关内容链接

**国家职业标准：**暂缺。

**相关政策文件：**见表 4-07-03-01-001-3。

**表 4-07-03-01-001-3　残疾人就业辅导员相关政策文件**

| 发布或通过时间 | 发布或通过机构 | 文件名称 |
| --- | --- | --- |
| 2021-07 | 国务院 | 《“十四五”残疾人保障和发展规划》 |
| 2021-12 | 人力资源社会保障部等四部门 | 《“十四五”职业技能培训规划》 |

供稿：湖南司法警官职业学院　樊丽娟

# 职业生涯规划师

职业编码：4-07-03-01-003

如果你不清楚自己擅长什么，不清楚自己能做什么，不清楚自己未来的路指向何方，你可以咨询职业生涯规划师——采用科学工具帮助你发现个人特长，采用科学模型帮助你厘清工作思路，采用科学方法助力你看清未来方向。无论你是处于求学之路，还是处于求职之路，甚至已经退休，只要你发愤图强，这盏前进道路上的指明灯就会持续为你点亮。

## 一、职业生涯规划师的一天

**记录时间：2023 年 8 月 29 日** **记录人：汤某娜**

**上午工作情况**

**8 点：**

1. 跟客户进行初期沟通，了解客户基本诉求（职业定位与规划、职业决策、职业平衡、创业需求等）。（需求调研）

2. 根据咨询内容，委托职业生涯规划助理，为咨询对象进行初次测评。（初次测评）

3. 委托职业生涯规划助理，协助提供规范、全面的测评结果。（测评结果出具）

**10 点：**

1. 根据测评结果，制定职业生涯规划指导方案。（方案起草）

2. 在团队内就指导方案进行讨论交流，修订指导方案，提交指导方案。

（方案讨论）

3. 为客户提供指导方案，并发布后续环节具体时间、地点。（方案实施）

**11 点：**

1. 拓展客户资源，采用线上营销、线下推广的方式进行宣传，拓展客户资源。（业务拓展）

2. 开展个案咨询，就咨询对象的某一种职业规划问题展开沟通、分析，并寻求解决问题的方法。（个案咨询）

**下午工作情况**

**13 点：**

1. 就指导方案做咨询环节的准备工作，如咨询场地、咨询时间、咨询沟通等。（咨询准备）

2. 开展 1~2 小时的咨询沟通工作，并全程记录沟通内容。（咨询实施）

职业生涯规划师与咨询人员进行咨询沟通

3. 结束咨询环节，预约下次咨询的时间、地点等。（咨询善后）

**15 点：**

1. 根据咨询对象的实际情况，进行面对面沟通，撰写职业生涯咨询报

告。(报告撰写)

2. 采用电话、微信或者视频会议等方式开展一对一的跟踪服务，了解咨询成效。(跟踪反馈)

## 二、什么是职业生涯规划师

**职业定义。**职业生涯规划师是指从事职业生涯的分析、规划、咨询、指导、帮助及相关服务的人员。

**定义解读。**职业生涯规划师是一个多主体的概念，包括分析、规划、咨询、指导、帮助及相关服务人员；职业生涯规划师能够为职业探索、职业发展、职业结束等不同阶段给予咨询和指导；职业生涯规划师不仅能够为个体提供服务，还可以助力企业获取优秀的人力资源；职业生涯规划师需要具备相关职业领域的综合能力来完成相应的工作。

**关联职业。**密切相关的职业有劳动关系协调员、创业指导师、企业人力资源管理师、职业培训师、劳务派遣管理员等。①劳动关系协调员，是指从事劳动保障法律法规宣传、用人单位劳动标准和劳动规章制度制定、劳动合同管理，参与集体协商、劳资沟通、劳动争议预防与处理等工作的人员。②创业指导师，是指在创业服务活动中，从事信息咨询、创业培训、创业创办与经营管理指导等工作的人员。③企业人力资源管理师，是指从事本企业人力资源的开发、管理等工作的人员。④职业培训师，是指从事职业能力培训需求分析、项目开发、培训实施、管理评价和咨询服务等工作的人员。⑤劳务派遣管理员，是指在劳务派遣单位中，从事劳务派遣管理工作，满足用工单位劳务派遣用工需求的人员。

**相应岗位。**职业学习规划师、职业规划师、职业管理师、学业规划师、课程咨询主管等。

## 三、职业生涯规划师的主要工作职责

1. 为劳动者和用人单位提供国家劳动保障法律、法规和政策，人力资源市场状况的咨询服务。

2. 为劳动者提供能力、兴趣等测评工具，帮助劳动者完成测评，精准分析个人实际情况。

3. 为劳动者了解职业状况、掌握求职方法、确定择业方向提供帮助指导服务。

4. 为劳动者提供职业培训信息及培训指导、能力测评、职业生涯规划等服务。

5. 为学生提供职业信息、职业选择、素质测评、就业指导等服务。

6. 为退休人员提供职业信息、能力测评、职业生涯规划等服务。

7. 为个体劳动者或开办私营企业的劳动者提供创业咨询服务。

8. 为用人单位选择招聘方法、确定用人条件和标准，助其建立规范、科学的职业生涯管理体系。

9. 为职业培训机构提供培训方向和专业设置等咨询服务。

10. 为就业困难人员和零就业家庭提供就业援助、特殊就业专门指导服务。

## 四、职业生涯规划师的薪酬福利待遇

**平均薪酬水平。**根据看准网 2023 年 9 月对 217917 份职位样本的分析，职业生涯规划师的平均薪酬约为 9894 元 / 月。根据职友集 2023 年 9 月对近 1 年 674 份职位样本的统计，职业生涯规划师的平均薪酬约为 10000 元 / 月，其中 6000~8000 元的占比最多，达 28.8%。

**与类似职业对比。**2023 年 9 月 9 日，经过对近 1 年 34 份职位 / 月样本的统计，职业发展顾问的平均薪酬为 13300 元 / 月，其中 10000~15000 元 / 月的占比最多，达 32.4%。2023 年 9 月 9 日，经过对近 1 年 2709 份职位样本的统计，学习规划师的平均薪酬为 9200 元 / 月，其中 6000~8000 元 / 月的占比最多，达 33.4%。2023 年 9 月 9 日，经过对近 1 年 937 份职位样本的统计，学业规划师的平均薪酬为 9500 元 / 月，其中 6000~8000 元 / 月的占比最多，达 27.5%。

## 五、从事职业生涯规划师工作需要具备的本领

职业生涯规划师是一个个性化较强的职业，该职业从业人员除了需要学习职业生涯规划过程中所需用到的基本理论、方法和技巧，还需要了解心理学、社会

学等基础知识，熟悉不同行业的政策法规等。职业生涯规划师需要的知识、能力、技能和素养具体包括以下四个方面。

1. 知识储备。熟悉职业生涯规划相关的管理学、心理学、人际沟通等基本理论、知识和方法。

2. 多种能力。具备良好的学习能力、应变能力、亲和力、执行能力、抗压能力、沟通能力，以及职业认知能力和统筹能力。

3. 实操技能。具备熟练使用线上平台收集信息、熟练使用咨询技术和模型的能力，以及良好的办公软件操作技能。

4. 职业素养。具备较高的工作热情、强烈的责任心及职业道德。

根据职业生涯规划师的工作实践，职业生涯规划师的知识和技能要求见表 4-07-03-01-003-1。

**表 4-07-03-01-003-1　职业生涯规划师的知识和技能要求**

| 职业功能 | 工作内容 | 技能要求 | 知识要求 |
| --- | --- | --- | --- |
| 方案确定 | 问题确立 | 1. 能采用简单测评工具对个体或者团队进行初步测评<br>2. 能与个体或者团队进行初步沟通，确定求职过程中的核心问题 | 1. 职业生涯规划的含义、类型、基本内容<br>2. 职业生涯规划的基本测评工具 |
| | 计划制订 | 1. 能根据个体或者团队需求确定相配套的咨询方式<br>2. 能根据咨询方式确定具体场地、时间、内容等 | 1. 职业生涯规划的沟通方式、沟通技巧等<br>2. 职业生涯规划方案的主要因素、实施的注意事项 |
| 组织实施 | 咨询指导 | 1. 能制定实操教学方案，并指导布置实操场地和相关设备设施<br>2. 能根据个体或者团队咨询的实际情况，选择适合的咨询模式<br>3. 能运用多种教学方法，指导、完成个体或者团队的咨询 | 1. 个体或者团队咨询的场地安排方法<br>2. 个体或者团队咨询过程中常见问题的解决方法和注意事项 |

续表

| 职业功能 | 工作内容 | 技能要求 | 知识要求 |
| --- | --- | --- | --- |
| 组织实施 | 实施咨询 | 1. 能组织开展个体或者团队咨询的应对方案<br>2. 能运用语言与非语言表达技巧等多种沟通技巧进行咨询<br>3. 能及时解决个体或者团队咨询过程中出现的问题，并加以改进 | 1. 咨询实施方案的内容和实施办法<br>2. 语言与非语言表达技巧等多种常用沟通方法的技巧<br>3. 咨询应对方案材料设计及咨询过程中应注意的事项 |
| 跟踪反馈 | 咨询报告撰写与反馈 | 1. 能根据个体或者团队的职业需求，运用多种方法对咨询效果进行评估<br>2. 能撰写个体或者团队咨询报告，并提出针对性建议 | 咨询报告的类型、写作方法等 |
| | 定期跟踪回访 | 1. 能使用信息化工具保留或者记录个体或者团队的咨询记录信息<br>2. 1~3 个月后，采取多种方式（如电话、邮件或者微信）了解咨询对象的感受等 | 1. 客户信息保存方法<br>2. 跟踪调查的技巧，电话或者其他非面对面沟通的类型、技巧及注意事项 |

## 六、职业生涯规划师的专业教育现状

### （一）相关专业

鉴于职业生涯规划师职业的特殊性，目前高校尚未单独开设职业生涯规划专业。

1. 普通高等教育院校开设的相关专业：人力资源管理、教育学、社会工作、应用心理学。

2. 职业教育院校开设的相关专业：人力资源管理、教育学、社会工作、应用心理学。

### （二）开设相关专业的院校（排名不分先后）

★ 相关院校：山东大学、石河子大学、宁夏大学、山西财经大学、中央财经大学、吉林大学、河北大学、北京师范大学、重庆大学等。

◆ 相关院校：北京经贸职业学院、石家庄职业技术学院、天津市职业大学、上海科学技术职业学院、三门峡社会管理职业学院等。

## 七、职业生涯规划师的就业创业信息

随着国家、企业、个人对职业生涯规划的需求增加，职业生涯规划师这一职业也在不断发展。相关政策的实施，也使得职业生涯规划师将拥有更多的发展空间和更长远的未来。职业生涯规划师是自主性较强的职业，多数以兼职的方式开展职业生涯指导工作或者以个人工作室或者团队创业的方式运行。相关类型企业举例如下。

1. 教育咨询类企业。北京智训通教育科技有限公司、成都人生启航教育科技有限公司、新精英生涯（北京）教育科技有限公司、北森生涯（北京）教育科技有限公司、北京仁能达教育科技有限公司、四川蓝图慧达教育科技集团有限公司等。

2. 综合类企业。广东好太太科技集团股份有限公司、四川川渝妹子网络科技有限公司、江苏云巨石科技有限公司等。

注：以上机构信息仅供参考，不代表编写出版方对其推荐或认可。

## 八、职业生涯规划师的贯通发展

职业生涯规划师的发展路径主要有两条。

1. 纵向发展。在企业内部开展多年人力资源管理工作，积累丰富的人力资源管理工作经验，从人力资源专员（职业生涯规划师）晋升到人力资源主管；深入业务工作，了解公司业务的运作体系和机制，提高竞争力，继而晋升为人力资源总监；专注职业生涯规划师这一领域，通过技能、能力水平的提升，晋升为高级职业生涯规划师。

2. 横向发展（转型发展）。通过学习相关知识和专业技能，基于个人能力、爱好等转向其他相关行业发展。例如，若擅长运用心理学相关知识，且个人人格成熟、价值观稳定的，可以转型为心理咨询师。若对调节家庭成员关系、解决家庭纠纷方向较为擅长的，可以转型为家庭咨询师。

职业生涯规划师的发展路径如图 4-07-03-01-003-1 所示。

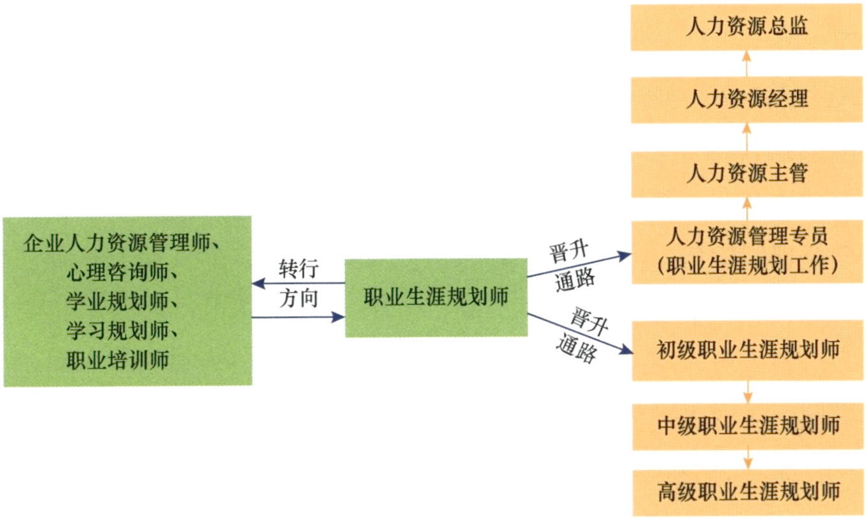


图 4-07-03-01-003-1　职业生涯规划师的发展路径

## 九、职业生涯规划师的发展前景

**从市场需求看。**职业生涯规划是职业生涯发展的重要组成部分。2021 年 8 月，国务院印发《"十四五"就业促进规划》，为推动就业高质量发展作出了工作指引。从企事业单位等职业生涯规划教育实际来看，关于对职业生涯规划的思考主要有以下方面。①我国高校普遍缺乏科学的职业规划课程体系和适应市场需求的教学团队，无法为高校学生作出准确的就业指导。②建立自中小学开始的衔接体系，加强职业生涯规划教育的启蒙，有助于为学生未来报考专业和选择学校作出提前引导。③重视心理健康在职业生涯规划中的作用。（职业教育是国民教育体系的重要组成部分。）④企业应对员工开展职业生涯规划咨询指导活动，为企业培养人才，这在满足企业的战略需要的同时，可以提高员工对企业的忠诚度和满意度。不同类型的组织、不同层次的群体对职业生涯规划都有较大需求，尤其实施新高考后，各地区中学对职业生涯规划师的需求较大。从学校到企业，对于职业生涯规划师的需求仍存在较大的缺口，该职业就业前景良好。

**从产业发展看。**与职业生涯规划相关的产业主要涉及人力资源管理产业等。自 2010 年至今，我国已建成投入使用的国家级人力资源服务产业园达 26 家，为稳就业、保就业和保障社会经济发展做出了较大贡献。人力资源服务产业园建立的核心理念是“以人为本”，为人才和劳动者提供不同类型的服务，其中最关键的就是为人才的就业创业提供便利的高质量服务。

**从政策红利看。**第一，自我国作出改革完善计划生育服务管理的决定后，国家后续又出台了一系列配套支持措施来保障政策的顺利施行，以此来保持我国人力资源禀赋优势。各行各业的人才竞争日益激烈，职业生涯规划作为提高市场竞争力的有效措施不可或缺。第二，2021 年提出的“双减”政策对我国的基础教育整体进行了变革，以育人为中心，校正教育发展方向。面对教育改革的大方向，对学生来说，进行职业生涯规划，补足自己的短板，有利于自身全面发展。第三，“新高考”制度打破传统的高考限制，鼓励学生追求全面多元发展，选择喜欢、擅长的学科学习，这也属于职业生涯规划的一部分。根据学生的选择，为学生作出适合自身的职业生涯规划，有利于真正发挥学生的聪明才智。第四，党的二十大报告中提出了深化国有企业改革，提高企业竞争力的目标。根据国有企业的发展方向设计岗位职业规划，能使国有企业进一步明确岗位的能力需求，便于培养符合发展方向的员工，有助于加快国有经济布局，促进经济发展。

## 十、相关内容链接

**国家职业标准：**暂缺。

**相关政策文件：**见表 4-07-03-01-003-2。

**表 4-07-03-01-003-2　职业生涯规划师相关政策文件**

| 发布或通过时间 | 发布或通过机构 | 文件名称 |
| --- | --- | --- |
| 2021-08 | 国务院 | 《“十四五”就业促进规划》 |

续表

| 发布或通过时间 | 发布或通过机构 | 文件名称 |
| --- | --- | --- |
| 2022-10 | 中共中央办公厅、国务院办公厅 | 《关于加强新时代高技能人才队伍建设的意见》 |
| 2024-11 | 教育部 | 《关于做好 2025 届全国普通高校毕业生就业创业工作的通知》 |

供稿：石河子大学经济与管理学院　汤伟娜

# 劳动关系协调师

职业编码：4-07-03-02

有这样一群人，他们既可能是某家企业人力资源管理部门的员工、法务部门的专员、企业工会的工作人员，也可能是人力资源和社会保障局劳动关系管理、人事争议仲裁室等相关科室的工作人员，还可能是律师事务所的执业律师，城市综合行政执法队伍的成员……

他们虽分布于社会的不同岗位，但可能做过同一件事情：接待劳动者的来访，倾听他们在工作中的遭遇或不满，并提供相关咨询服务。他们在工作中都遵循同样的职业守则：遵章守法、严谨务实，以人为本、客观公正，积极主动、热情服务，公道正直、诚实守信。他们都有同一个目标：预防与减少劳动争议事件，尽力保障劳动者和企业双方的正当权益均不受侵害，营造和谐的劳动关系。他们有一个共同的职业名称——劳动关系协调师！

## 一、劳动关系协调师的一天

**记录时间：2023 年 8 月 31 日**　　**记录人：陈某**

**上午工作情况**

**9 点：**

1. 根据上周收集的国家、行业、地方劳动标准，对比分析本公司劳动标准存在的问题。（劳动标准信息的收集）

2. 将上述分析结果向人力资源经理汇报，并准备向各项目部主管进行讲解与宣传。（劳动标准的应用）

10 点：

1. 为 3 名试用期满转正员工办理订立劳动合同的手续，将已签订的劳动合同和专项协议文本入库保管。（劳动合同的订立）

2. 在人力资源和社会保障局网站上为本月新加入的员工及续签合同的老员工办理用工备案手续。（劳动合同的订立）

3. 根据试用期员工信息表，本月有 2 名试用人员的试用期即将期满，将情况反馈给试用人员所在的部门主管，同时向人力资源经理汇报。（劳动合同的履行和变更）

4. 整理 1 个月以来员工离职的数据，发现某项目部一线岗位申请离职的人数异常，随即约其中的几位离职人员面谈，分析离职原因并向人力资源经理汇报。（劳动合同的解除、终止和续订）

5. 整理离职员工数据，计算经济补偿或赔偿金等相关费用，办理解除或终止劳动合同的相关手续及其他相关手续。（劳动合同的解除、终止和续订）

11 点：

1. 下发征集项目部一线岗位集体协商议题和建议的通知，到工会办公室协商确定集体协商代表的人员名单、确定集体协商会议的流程和日程安排。（集体协商的组织开展）

2. 向一线职工宣讲订立集体合同的意义，收集该岗位代表对集体合同草案的意见，整理后上报人力资源经理。（集体合同的订立和履行）

3. 准备好各项资料，将职工代表大会已通过的集体合同报送人力资源和社会保障局进行审查。（集体合同的订立和履行）

## 下午工作情况

13 点：

1. 将整理好的技术与管理岗位的劳动规章制度发给各部门主管征求意见，并通知对方召开劳动规章制度修订讨论会。（制度制定）

2. 制作设计师岗位劳动规章制度公示通知，通过审核后上传至公司网站

的公告栏，纸质公示张贴于公司宣传栏。（劳动规章制度的发布）

**14点：**

1. 根据上周确定的一线岗位员工与公司双方协商会议的议题和议程，通知各方按时出席劳资协商会议，并做好会议纪要。（劳资协商会议的管理）

2. 拟订下个月将要召开的职工代表大会的议题和议程呈报经理和工会主席，并开始启动职工代表选举工作的流程。（职工代表大会的管理）

3. 走访某项目部，向一线员工宣讲厂务公开制度，解读厂务公开报告的内容，并收集整理他们对该报告的意见和建议并呈报上级。（厂务公开的管理）

**16点：**

1. 受理某项目部一名水泥搅拌工前来投诉部门主管对其工伤处理不当的事情，启动劳动争议处理的内部流程，倾听并记录员工的诉求，承诺立即启动调查程序，第一时间告知处理结果。对接反映问题的员工，告知公司员工支持计划（EAP）的服务内容，建议其拨打EAP中心的电话寻求帮助。（劳动争议及员工咨询的处理）

2. 整理本年度同类投诉情况，并分析劳动争议发生的风险，一并上报人力资源经理。（劳动争议的预防）

**17点：**

1. 尚在试用期的大学毕业生来访，称其因未请假离岗20天，以公司未与之签订劳动合同为由要求赔偿。向某要求赔偿的试用期人员解读法律、法规及相关政策，启动劳动争议调解程序，通知调解小组成员准备调解工作清单。（劳动争议的协商和调解）

2. 收到劳动人事争议仲裁院开庭通知，某离职员工因加班工资支付问题申请劳动仲裁。与人力资源部门薪酬主管沟通，收集整理相关证据资料，准备答辩文书按期呈送仲裁委员会。（劳动争议的仲裁和诉讼）

## 二、什么是劳动关系协调师

**职业定义**。劳动关系协调师是指从事劳动保障法律法规宣传、用人单位劳动标准和劳动规章制度制定、劳动合同管理、集体协商、劳企沟通、预防与处理等工作的人员。

**定义解读**。劳动关系协调师为劳动者和用人单位提供各类劳动关系处理方面的服务，以预防和减少劳动人事争议事件的发生，在构建我国和谐劳动关系方面起着重要作用。劳动关系协调师既可以在政府劳动关系服务窗口负责劳动合同、薪酬管理、工作时间、休息休假等劳动保障法律、法规宣传，从事培训指导、合规指引、矛盾调解、创建和谐劳动关系活动指导等相关工作，也可以在企事业单位负责制定本单位劳动标准和劳动规章制度、管理劳动合同、参与集体协商等工作，还可以在法务部门负责劳动争议的预防与处理等工作。

**关联职业**。密切相关的职业主要有工会负责人、人力资源管理专业人员、人力资源服务专业人员、企业人力资源管理师、律师、劳动人事争议仲裁员、劳动人事争议调解员等。

**相应岗位**。企业人力资源管理部门的人事经理、员工关系主管或人力资源助理，企业的工会主席或劳动保护监督委员，律师事务所的执业律师或业务助理，劳务派遣公司的人力资源主管或专员，劳动人事争议仲裁院的仲裁员或调解员、政务大厅的劳动关系协调公益性岗位等。

劳动关系协调师的日常工作

## 三、劳动关系协调师的主要工作职责

劳动关系协调师的主要工作职责集中在劳动标准管理、劳动合同管理、集体协商与集体合同管理、劳动规章制度管理、企业民主管理和劳动争议处理等六个方面。如果岗位在企业内部，则其主要职责侧重于这六个方面的企业内部制度设计和实施管理；如果岗位在企业外部（如政府部门、社区或律师事务所），则其主要职责侧重于以上六个方面的外部监督与控制。

1. 劳动标准管理。宣传国家、地方、行业的劳动标准及劳动保障法律、法规；依据这些标准与规定来制定某具体岗位的劳动标准，并对实施过程进行管理，评估实施过程是否符合要求，并对不符合要求的部分提出修订建议，以确保劳动用工标准符合法律、法规的要求。

2. 劳动合同管理。依法合理选择用工方式和劳动合同期限，起草各项劳动合同相关文本，办理劳动合同订立、履行、变更、终止和解除的手续；协调解决违法解除劳动合同的问题和劳动合同违约问题；对相关人员进行劳动合同解除、终止和续订法律知识及实务的培训指导。

3. 集体协商与集体合同管理。建立集体协商机制、拟订集体协商方案草案、代表一方参与集体协商并接受质询，依法订立集体合同，以及开展履行集体合同的其他相关活动。

4. 劳动规章制度管理。设计适合单位特点的劳动规章制度，组织编写劳动规章制度并监督实施。

5. 企业民主管理。设计建立劳动关系双方的沟通渠道，组织劳企沟通协商活动、定期召开职工代表大会，监督落实职工代表大会的决议和协商决定事项，建立职工董事监事制度。

6. 劳动争议处理。设计劳动关系预警机制和劳动争议预防策略，接待与处理员工投诉，组织劳动争议的协商和调解，代表当事人一方参与劳动争议仲裁和诉讼活动，依法处理用人单位劳动关系群体性突发事件。

## 四、劳动关系协调师的薪酬福利待遇

**平均薪酬水平。**由于劳动关系协调师可以在企业人力资源管理部门、企业工会、律师事务所、政府劳动监察大队、社区管理等多个行业的多个岗位就业，还可能有公益性质岗位，岗位职级可能是助理、专员、主管、经理甚至总监，因此其薪酬水平的跨度非常大。以劳动关系协调师最低等级 4 级为例，最有可能从事的岗位是企业的人力资源助理，而劳动关系协调师最典型的岗位是员工关系专员或主管。劳动关系协调师最高等级 1 级，按从业年限与资历推测，一般已晋升为企业人力资源经理或人力资源总监。根据看准网提供的全国从业者自主报告薪资详情（2023 年 9 月 10 日实时数据），人力资源专员 / 助理在全国的平均月薪为 5854 元，人力资源经理 / 主管在全国的平均月薪为 11317 元，人力资源总监在全国的平均月薪为 27102 元，劳动关系协调师的平均月薪为 5000~27000 元。典型岗位——员工关系主管在全国的平均月薪为 11496 元，中位数为 10309 元，其中 7000~12000 元占比最多，约为 38%。

**与类似职业对比。**与劳动关系协调师最接近的职业有企业人力资源管理师、人力资源管理专业人员、人力资源服务专业人员等几个职业。根据看准网提供的全国从业者自主报告薪资详情（2023 年 9 月 10 日实时数据），以上述三种职业的代表岗位为参照比较，劳动关系协调师的平均薪酬水平高于企业人力资源管理师。类似职业薪酬水平见表 4-07-03-02-1。

**表 4-07-03-02-1　类似职业薪酬水平**

| 职业名称 | 薪酬水平（元 / 月） |
|---|---|
| 劳动关系协调师 | 7000~12000 |
| 人力资源管理专业人员 | 7000~12000 |
| 企业人力资源管理师 | 2000~7000 |

## 五、从事劳动关系协调师工作需要具备的本领

1. 劳动关系协调师需具备的知识与技能：劳动关系知识、人力资源管理知识、劳动保障法律体系知识，劳动标准管理、劳动合同管理、集体协商与集体合同管

理、劳动规章制度管理、企业民主管理和劳动争议处理的相关知识与技能。

2.《劳动关系协调员国家职业技能标准》将劳动关系协调师从低至高分为 4~1 级，并提出了相应的知识和技能要求。表 4-07-03-02-2 以国家标准中的 3 级为例。

**表 4-07-03-02-2　劳动关系协调师的知识和技能要求**

| 职业功能 | 工作内容 | 知识和技能要求 |
|---|---|---|
| 劳动标准管理 | 劳动标准信息收集与应用 | 了解相关规范性法律文件的效力等级和相关行业和地方劳动标准的内涵，熟悉相关的行业和地方劳动标准的分类，以及劳动保障监察的程序、范围和方式 |
| | | 能分析比较用人单位劳动标准与国家、行业和地方劳动标准的差异，能收集整理用人单位劳动标准存在的问题，能就劳动标准的内容向用人单位员工提供咨询，能根据劳动行政部门的要求提供用人单位的劳动标准实施情况 |
| 劳动合同管理 | 劳动合同的订立、履行和变更 | 了解员工背景调查、岗位描述、劳动合同及相关专项协议的内容，熟悉劳动合同订立、变更的程序、变更的情形等相关知识 |
| | | 能完成订立劳动合同前的各项准备工作、依法办理合同手续，并办理用工备案手续；能对试用期人员履行劳动合同情况进行及时评估和反馈，能为特殊员工办理相关手续；能依法办理劳动合同变更手续 |
| | 劳动合同的解除、终止和续订 | 熟悉解除或终止劳动合同情形下的经济补偿或赔偿金、各种情形下的职工医疗补助金、伤残就业补助金和医疗补助金等相关费用的规定和计算方法 |
| | | 能办理解除或终止劳动合同相关手续以及档案和社会保险关系转移手续、能计算解除或终止劳动合同的经济补偿或赔偿金等相关费用、能办理续订劳动合同的相关手续 |
| 集体协商与集体合同管理 | 集体协商的组织与开展 | 了解集体协商的主体、确定规则和程序，能协调确定集体协商代表，能制定集体协商会议的流程 |
| | 集体合同的订立和履行 | 熟悉集体合同订立程序、报送审查流程，能安排职工代表大会审议集体合同草案，能收集整理职工代表或全体职工对集体合同草案的意见，能进行集体合同的报送审查 |

续表

| 职业功能 | 工作内容 | 知识和技能要求 |
|---|---|---|
| 劳动规章制度管理 | 劳动规章制度的制定与实施 | 了解劳动规章制度的制定程序与生效条件，熟悉劳动规章制度的实施原则、公示告知要求 |
| | | 能收集整理用人单位劳动规章制度制定需求、能组织安排劳动规章制度讨论会并整理讨论意见，能安排劳动规章制度的公示告知，能组织劳动规章制度的培训活动 |
| 企业民主管理 | 劳企协商管理 | 能拟订劳企协商会议的议题和议程，能撰写劳企协商会议纪要、劳企协商和集体协商的区别，劳企协商会议纪要撰写规范，劳企协商会议的议程 |
| | 职工代表大会管理 | 了解员工民主参与的形式，熟悉职工代表的选举制度；能拟订职工代表大会的议题和议程，能组织开展职工代表的选举工作，能主持职工代表大会的小组讨论 |
| | 厂务公开管理 | 熟悉厂务公开的主要内容；能向职工解读厂务公开报告的内容，能收集整理撰写厂务公开报告所需的相关资料 |
| | 职工董事监事管理 | 熟悉职工董事监事制度的意义、职工董事监事的权利义务等知识，并能向职工宣讲上述知识 |
| 劳动争议处理 | 劳动争议的预防 | 了解工作场所冲突的类型、员工支持计划的内容和作用，熟悉处理员工申诉的程序 |
| | | 能调查核实员工申诉的有关情况并提出处理建议，能定期分析员工申诉处理情况并分析劳动争议发生的风险，向员工宣讲员工支持计划的服务内容 |
| | 劳动争议的协商和调解 | 熟悉劳动争议协商和调解的工作程序；能向劳动争议双方解读相关法律法规政策，能提供和解方案、协助劳动争议双方达成一致意见，能组织劳动争议双方进行争议调解，能依法调解处理劳动争议 |
| | 劳动争议的仲裁和诉讼 | 了解劳动争议仲裁案件与劳动争议诉讼案件审理和裁决的相关知识；能解读、运用劳动争议仲裁裁决书、诉讼判决书等相关资料，能起草仲裁或诉讼的实体性相关法律文书 |

## 六、劳动关系协调师的专业教育现状

### （一）相关专业

1. 普通高等教育院校开设的相关专业：人力资源管理、劳动关系、劳动与社会保障、劳动经济学、法学等。

2. 职业教育院校开设的相关专业：人力资源管理、劳动与社会保障、法学等。

### （二）开设相关专业的院校（排名不分先后）

★ 相关院校：中国劳动关系学院、湖南理工学院、北京物资学院、广州工商学院、西安工业大学、首都经济贸易大学、西南政法大学、中南财经政法大学、南开大学、中国人民大学等。

◆ 相关院校：北京劳动保障职业学院、北京政法职业学院、湖南劳动人事职业学院、长沙民政职业技术学院、山东劳动职业技术学院、天津市职业大学、上海城建职业学院、苏州市职业大学、九江职业大学、深圳职业技术学院等。

## 七、劳动关系协调师的就业创业信息

劳动关系协调师主要在规模以上企业担任员工关系专员 / 主管，或通过公务员考试进入人力资源和社会保障局负责劳动人事争议接待、调解、仲裁等相关工作，或通过国家统一法律职业资格考试后以执业律师的身份进行就业或创业。以该职业的典型岗位——员工关系管理岗位为例，各大招聘网站上有几十家大中型企业都在进行实时招聘。

相关企业：比亚迪股份有限公司、北京京东世纪贸易有限公司、华润怡宝饮料（中国）有限公司、鹏鼎控股（深圳）股份有限公司、欣旺达电子股份有限公司、惠州亿纬锂能股份有限公司、立讯精密工业股份有限公司、广州迈普再生医学科技股份有限公司、深圳市芭田生态工程股份有限公司、达闼人工智能科技（上海）有限公司、杭州纵横通信股份有限公司等。

注：以上机构信息仅供参考，不代表编写出版方对其推荐或认可。

## 八、劳动关系协调师的贯通发展

劳动关系协调师的发展主要有三条路径。①管理路径。就职于企业人力部门的劳动关系协调师，可以沿着“员工关系专员—员工关系主管—员工关系经理或员工关系管理高级专家”这一路线进行职位晋升，还可以将职位职能拓展至人力资源部门的其他模块，如企业文化、员工培训、薪酬绩效等，再晋升至人力资源经理，直至人力资源总监。②行政路径。通过公务员考试，进入人力资源和社会保障局劳动人事争议仲裁院，任职于劳动争议仲裁、调解等相关岗位，或通过考试获得行政执法资格，从事劳动监察执法的相关工作。③服务咨询路径。如果通过国家统一法律职业资格考试并获得律师执业证，则可以成为劳动法领域的执业律师，为劳动关系双方提供相应的专业咨询、培训或法律服务。

当然，上述三条路径不是孤立的，而是可以相互贯通的。企业员工关系管理专员可以通过相应的考试进入律师事务所等第三方服务机构，为企业提供相应的咨询服务；后者也可以通过学习企业人力资源管理知识，转型入职企业的人力资源管理部门，成为员工关系管理专家。

劳动关系协调师的发展路径如图 4-07-03-02-1 所示。

图 4-07-03-02-1　劳动关系协调师的发展路径

## 九、劳动关系协调师的发展前景

**从市场供需看。**在全球化、信息化不断发展的背景下，新型劳动关系大量涌现。由于缺乏成熟的调控机制，我国目前的劳动关系总体上较为脆弱，劳动争议案件数量持续增长。根据人力资源社会保障部发布的年度人力资源和社会保障事业发展统计公报，2018 年全国各地劳动人事争议调解仲裁机构共处理争议 182.6 万件，涉及劳动者 217.8 万人，涉案金额 402.6 亿元，到 2022 年，这一组数据已经增长到 316.2 万件、341.3 万人、682.2 亿元。相关报告显示，许多企业在运营过程中面临着中高级别的法律风险，企业劳动用工管理法律风险的预防与控制任重道远。由此可以推测，市场对劳动关系协调师的需求将持续增加，越来越多的规模以上企业设置独立的员工关系专员岗位，中小型企业也逐步重视起劳动标准管理和劳动法律、法规的执行，要求人力资源管理人员必须精通劳动关系协调师的知识与技能。从需求结构看，目前较多的管理人员仍将关注的重点放在法律知识的掌握及特定问题的解决上，市场上对既熟悉相关法律知识，又对全方位建设企业的劳动关系风控体系有足够认知的高级劳动关系协调师越来越重视。

**从产业发展看。**包括快递员、外卖员、货车司机、网约车司机等在内的新业态新就业群体的发展，带来了用工形态的变化，也改变了传统劳动关系的形态。在以上灵活用工形式出现较多的行业，包括餐饮行业、交通运输行业、物流行业等，处于劳动争议频发的高风险状态，如劳动关系认定问题引发的系列劳动纠纷，工作时间长、工作强度大、工作环境不稳定引发的劳动关系频繁变更，员工的职业病、工伤等问题的出现频率极高，加班费计发问题矛盾突出，特殊工时制及用工方式使用工的管理风险增大，管理的不规范使得企业经常处于高风险状态。如何维护灵活用工新业态下的和谐劳动关系，是建设我国和谐劳动关系的巨大挑战，也是下一阶段劳动关系协调师这一职业发展的推动力。

**从政策红利看。**“劳动关系协调员”这一职业是原劳动和社会保障部在 2007 年年底公布的。经过 10 多年的发展，这一职业已经发展壮大。人力资源社会保障部 2017 年发布《关于职业资格目录清单公示内容调整情况的说明》，将劳动关系协调员职业正式纳入职业资格目录清单，并于 2019 年颁布了该职业的国家职业技能标准。2020 年 7 月 10 日，人力资源社会保障部办公厅发布《关于对水平评价类技能人员职业资格退出目录有关安排进行公示的公告》，将劳动关系协调员职业资格认证由人力资源社会保障部认定改由社会第三方机构进行评估认定。一方面，市场对劳动关系协调师需求持续增长；另一方面，政府力量的退出势必给培训市场留出足够的空间。

## 十、相关内容链接

**国家职业标准：**暂缺。

**相关政策文件：**见表 4-07-03-02-3。

**表 4-07-03-02-3 劳动关系协调师相关政策文件**

| 发布或通过时间 | 发布或通过机构 | 文件名称 |
| --- | --- | --- |
| 2023-01 | 人力资源社会保障部、中华全国总工会、中国企业联合会 / 中国企业家协会、中华全国工商业联合会 | 《关于推进新时代和谐劳动关系创建活动的意见》 |

供稿：湖南理工学院　易翠枝

# 企业人力资源管理师

职业编码：4-07-03-04

党的二十大报告指出："深入实施人才强国战略。培养造就大批德才兼备的高素质人才，是国家和民族长远发展大计。功以人成，业由才广。坚持党管人才原则，坚持尊重劳动、尊重知识、尊重人才、尊重创造，实施更加积极、更加开放、更加有效的人才政策，引导广大人才爱党报国、敬业奉献、服务人民。完善人才战略布局，坚持各方面人才一起抓，建设规模宏大、结构合理、素质优良的人才队伍。"经济和社会的发展，归根结底是为了人的全面发展；不管是硬实力还是软实力，归根结底要靠人的实力。企业人力资源管理师作为企业内部从事人力资源管理的专业人员，肩负着企业人才的选拔、挖掘、培养、任用的重任，对企业人力资源的充分有效利用起着关键性作用。

## 一、企业人力资源管理师的一天

**记录时间：2023 年 9 月 8 日**　　**记录人：马某**

### 上午工作情况

**8 点：**

面试经过初步材料筛选过后的应聘者。（招聘面试）

**10 点：**

主持制定 5 年中期人才规划会议议题。会议内容：根据本单位人才的年龄、职称、性别等，制订五年中期人才发展计划，详细规划需要引进的人才数量。根据战略规划细化每年的人才发展计划。（人力资源规划）

面试应聘者

**下午工作情况**

**13点：**

召集相关部门，开专题会议，商讨单位薪酬计划方案。（薪酬方案）

**15点：**

根据考核的结果，与相关人员谈话，落实奖惩、人员任免工作。（考核奖惩）

**17点：**

总结当日工作，并安排第二天的工作事宜。（工作总结）

## 二、什么是企业人力资源管理师

**职业定义。**企业人力资源管理师是指从事企业人力资源开发、管理等服务工作的人员。

**定义解读。**企业人力资源管理师的工作模块主要包括人力资源规划、工作分析、员工招聘、培训开发、绩效管理、薪酬管理、福利管理、劳动关系等。

企业人力资源管理师就是将“人”作为工作的核心，通过科学的管理理念和执行方法，真正为企业培养优秀的人才。“人”的问题解决不了，企业就无法实现长久发展。

**关联职业。**密切相关的职业主要有劳动关系协调师、职业指导师、创业指导师等。①劳动关系协调师，是指从事宣传和监督劳动保障法律实施、管理劳动合同、参与集体协商、促进劳资沟通、预防与处理劳动争议等协调劳动关系的人员。②职业指导师，是指为求职者的就业、职业发展和用人单位合理用人提供咨询、指导及帮助的人员。③创业指导师，是指具备一定创业经验和技能，可以向创业者提供各种创业指导、咨询、培训和支持服务的人员。

**相应岗位。**薪税师、企业培训师、劳动定员定额师、人才测评师等。

## 三、企业人力资源管理师的主要工作职责

1. 负责招聘新员工，包括发布职位、筛选简历、面试候选人以及与相关部门合作制定招聘策略等。
2. 规划和实施培训方案，帮助员工提升技能，支持员工职业发展。
3. 制定绩效评估标准，监督员工绩效，提供反馈并参与绩效评估过程。
4. 管理薪酬体系，确保薪资公平合理，管理员工福利计划。
5. 了解劳动法规，确保公司遵守相关法规，处理劳动纠纷。
6. 维护员工关系，解决员工之间的冲突，提供员工支持和咨询。
7. 制定和更新人力资源政策，确保其与公司目标和法律、法规一致。
8. 收集和分析人力资源数据，为决策提供支持，优化人力资源流程。
9. 处理员工辞职、解雇或退休等离职情况，执行相关流程。
10. 评估员工满意度，提出改进建议，改善工作环境和员工体验。

人力资源管理师的主要工作职责如图 4-07-03-04-1 所示。

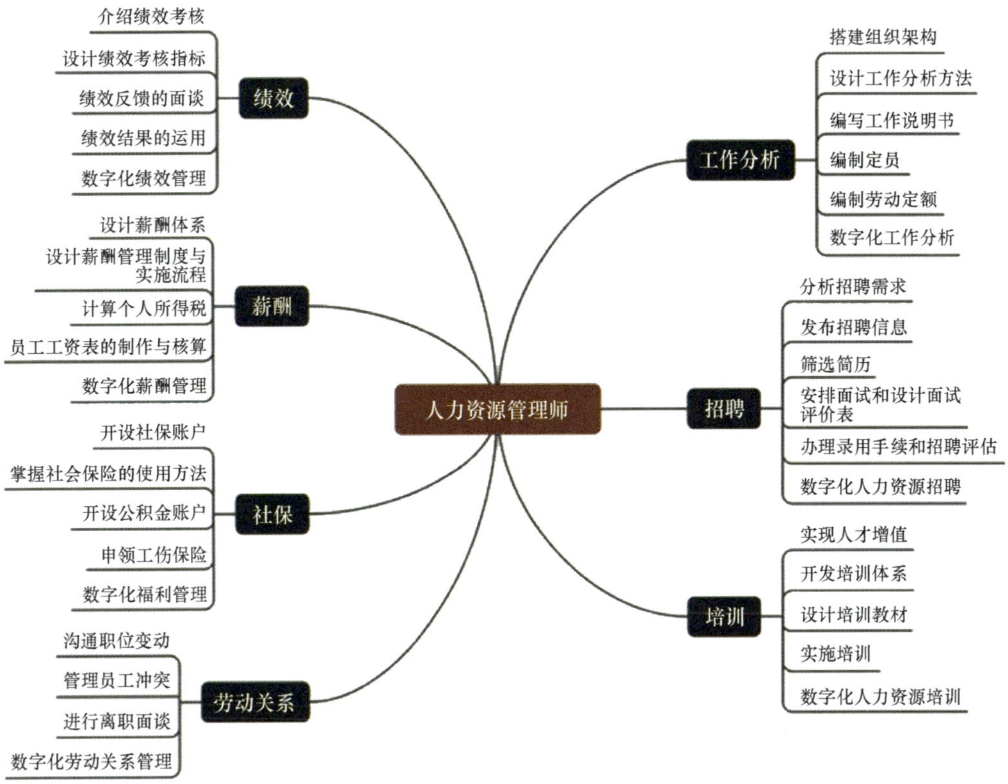


图 4-07-03-04-1　人力资源管理师的主要工作职责

## 四、企业人力资源管理师的薪酬福利待遇

**平均薪酬水平。**根据人力资源社会保障部发布的《2022 年企业薪酬调查信息》，行政办事及辅助人员最低分位值的薪酬为 3.58 万元 / 年，中位值为 6.36 万元 / 年，最高分位值的薪酬为 15.15 万元 / 年，在全国 62 类职业中处于中等偏上水平。智联招聘网站发布的数据显示，企业人力资源管理师的薪酬水平波动较大，月薪为 3000~15000 元，薪酬绩效专员的月薪为 4000~10000 元，人力资源业务合作伙伴的月薪较高，为 6000~30000 元。

该职业的薪酬福利待遇会受多种因素影响。①地理位置。工作地点对薪酬有较大影响，在大城市或高生活成本地区，薪酬通常较高，而在中小城市或低生活成本地区，薪酬则可能较低。②公司规模。大型公司通常会提供较高的薪酬和更丰厚的福利，因为他们通常有更多的社会资源，人力资源需求更为复杂。③行业差别。不同行业的薪酬水平也会有所不同，一些特定行业可能会提供更高的薪酬，如金融、科技或医疗保健等。④福利待遇。除了基本薪酬，人力资源管理师通常会享受较高的福利待遇，包括退休计划、带薪休假、培训发展机会以及其他员工福利。⑤奖金和激励计划。一些公司会提供奖金或绩效激励计划，根据个人和团队绩效来奖励员工。

**与类似职业对比。**租赁和商务服务人员薪酬的最低分位值为 2.61 万元 / 年，中位值为 4.46 万元 / 年，最高分位值为 8.88 万元 / 年。行政办事及辅助人员的薪酬远远超过租赁和商务服务人员的薪酬。智联招聘网站发布的数据显示，数据分析专员、职业教育数据分析师、人事信息系统管理员的薪酬水平与人力资源管理师的相当。类似职业薪酬水平见表 4-07-03-04-1。

**表 4-07-03-04-1　类似职业薪酬水平**

| 职业名称 | 薪酬水平（元 / 月） |
| --- | --- |
| 企业人力资源管理师 | 3000~15000 |
| 薪酬绩效专员 | 4000~10000 |
| 人力资源业务合作伙伴 | 6000~30000 |

## 五、从事企业人力资源管理师工作需要具备的本领

企业人力资源管理师需要了解人力资源管理的基本理论和实践技巧，学习劳动法律、法规和组织规章制度，掌握人力资源规划、工作分析、招聘、培训、绩效、薪酬、劳动关系以及职业生涯规划等人力资源工作的操作技能。企业人力资源管理师的知识和技能要求见表 4-07-03-04-2。

**表 4-07-03-04-2　企业人力资源管理师的知识和技能要求**

| 职业功能 | 工作内容 | 技能要求 | 知识要求 |
|---|---|---|---|
| 人力资源规划 | 组织人力资源规划设计与变革 | 能够设计人力资源组织结构，进行岗位分析 | 人力资源组织结构设计的内容，岗位设计的基本原则及方法 |
| | 人力资源预测与供求平衡 | 能够进行组织人力资源需求的总量预测和结构预测，进行组织内外供给预测，并提出平衡对策 | 人力资源供求预测的内容，影响供求预测的主要因素 |
| | 劳动定额定员管理 | 能够制定修订劳动定额定员标准，推进定额定员的标准化，制定劳动定额，核算单件工时定额 | 劳动定额定员标准及其标准化的概念与内容，影响劳动定额的因素，制定定额定员的依据与要求 |
| | 人力资源费用预算与核算 | 能够编制组织人工成本与人力资源管理费用预算，核算组织人力资源管理费用 | 组织费用的构成与预算的基本原则，企业人力资源管理费用核算的要求与管理行为失误的成本 |
| 招聘与配置 | 人员招聘计划制订 | 能够制订人员招聘计划，控制招聘成本 | 人员招聘计划的内容，招聘成本的内容及特点 |
| | 招聘信息发布与初步选拔 | 能够选择适合的发布信息的渠道，筛选应聘者简历；能够进行应聘人员背景调查并安排体检 | 招聘需求信息发布的渠道和方式，简历筛选的内容及方法，应聘人员背景调查的意义、内容和原则 |
| | 面试组织与实施 | 能够设计面试题目，实施面试活动 | 面试题目的特点及要求，面试概念、特点及流程 |
| | 员工录用管理 | 能够办理员工录用手续，与员工签订劳动合同，组织新员工培训；能够收集整理新员工信息 | 员工录用的原则，员工信息管理系统的功能与信息管理的作用 |

续表

| 职业功能 | 工作内容 | 技能要求 | 知识要求 |
| --- | --- | --- | --- |
| 培训开发 | 员工培训与开发计划设计与实施 | 能够设计并实施员工培训与开发的中长期计划以及年度计划 | 员工培训与开发规划的概念与内容 |
| | 培训课程体系设计与培训方法选择 | 能够设计员工培训课程体系，选择并应用各种培训方法 | 培训课程设计的基本原则，各类培训方法的内容及其应用范围 |
| | 员工培训有效评估及经费核算控制 | 能够进行培训实施效果评估，核算培训成本，编制培训经费预算方案 | 培训有效性评估的概念、信息类型及内容，培训成本的概念与构成，人员定向成本的含义 |
| | 员工职业生涯规划与管理 | 能够进行员工的职业生涯管理，指导员工的职业生涯发展管理 | 职业生涯管理的概念、分类理论及原则，职业生涯发展管理的含义与原则 |
| 绩效管理 | 绩效管理体系设计与标准的制定 | 能够进行绩效管理总体系统的设计，设定绩效考评标准 | 绩效管理系统设计的内容，绩效考评指标的类型及要求 |
| | 绩效考评 | 能够根据实际情况运用各种绩效考评方法实施绩效考评 | 绩效考评方法的分类及应用策略 |
| | 绩效反馈 | 能够开展并指导绩效反馈面谈，归档绩效考评资料 | 绩效反馈面谈的内容及应用范围 |
| 薪酬管理 | 薪酬制度设计 | 能够根据薪酬战略设计薪酬制度与薪酬体系 | 薪酬、薪酬管理、薪酬体系、薪酬战略、薪酬制度的概念与内容 |
| | 岗位评价及市场薪酬调查 | 能够进行岗位评价，分析评价数据；能够进行市场薪酬调查、分析数据，并撰写报告 | 岗位评价的概念与内容，市场薪酬调查的概念、种类与报告的内容 |

续表

| 职业功能 | 工作内容 | 技能要求 | 知识要求 |
| --- | --- | --- | --- |
| 薪酬管理 | 员工福利管理 | 能够编制福利总额预算及制订单项福利计划，办理社会保险缴纳手续 | 员工福利的概念、内容，社会保险的基本内容 |
| 劳动关系管理 | 劳动标准制定与实施 | 能够制定组织工作时间制度、最低工资保障制度以及组织内部劳动规则 | 劳动标准的概念与结构，工作时间、延长工作时间与最低工资标准的概念与内容，组织内部劳动规则的内容 |
|  | 劳动合同管理 | 能够办理劳动合同变更、解除和终止手续，管理劳动合同档案 | 劳动合同管理的相关概念与内容要求 |
|  | 劳动争议处理 | 能够参加、调解或仲裁劳动争议 | 劳动争议调解和仲裁的概念、特点，相关法律、法规的内容 |
|  | 和谐劳动关系构建 | 能够组织文化建设；能够构建劳动关系协调机制，推进履行社会责任 | 组织文化的概念及内容，工会组织的职能、民主管理制度的内容，国际劳动标准与立法 |

## 六、企业人力资源管理师的专业教育现状

### （一）相关专业

1. 普通高等教育院校开设的相关专业：工商管理、市场营销、国际商务、财务管理、行政管理、劳动与社会保障、劳动关系等。

2. 职业教育院校开设的相关专业：工商企业管理、市场营销、劳动与社会保障、行政管理、职业指导与服务等。

### （二）开设相关专业的院校（排名不分先后）

★ 相关院校：中国人民大学、北京大学、浙江大学、西南财经大学、东北财经大学、山东大学、大连理工大学、西安交通大学、北京师范大学、南开大学、首都经济贸易大学、江西财经大学、武汉大学、厦门大学、兰州大学、华东师范大学、中央财经大学、吉林大学、对外经济贸易大学、上海师范大学等。

◆ 相关院校：天津职业大学、长沙民政职业技术学院、北京劳动保障职业学院、石家庄职业技术学院、北京社会管理职业学院、青岛职业技术学院、天津渤海职业技术学院、石家庄信息工程职业学院、上海城建职业学院、河北政法职业学院、浙江建设职业学院、唐山职业技术学院、河北青年管理干部学院、辽宁经济职业技术学院等。

## 七、企业人力资源管理师的就业创业信息

1. 就业部门。①企业内部人力资源部门。大多数公司拥有内部的人力资源团队，企业人力资源管理师可以在这些部门担任招聘、培训、绩效评估等职务。②人力资源咨询公司。一些专门的咨询公司为其他企业提供人力资源服务，雇佣人力资源专业人员。③招聘公司。招聘公司负责寻找和筛选候选人，人力资源管理师在这里可以担任招聘顾问。④政府机构和非营利组织。政府机构和非营利组织通常需要人力资源专业人员来处理招聘、培训和员工关系问题。

2. 就业企业。北京科锐国际人力资源股份有限公司、北京海德思哲国际咨询有限公司、锐仕方达人才科技集团有限公司、广东智通人才连锁股份有限公司、任仕达企业管理（上海）有限公司等猎头企业，中国国际技术智力合作集团有限公司、万宝盛华人力资源（中国）有限公司、上海外服（集团）有限公司、北森云计算有限公司、快乐沃克人力资源股份有限公司等提供人力资源服务的企业。

3. 创业机会。①人力资源咨询服务。如果具备广泛的人力资源经验，可以考虑创办人力资源咨询公司，为其他企业提供咨询服务。②在线招聘平台。创建在线招聘平台或人才匹配平台，帮助雇主和求职者进行更有效的匹配。③培训和发展服务。制订员工培训和发展计划，帮助公司提高员工技能和绩效。

注：以上机构信息仅供参考，不代表编写出版方对其推荐或认可。

## 八、企业人力资源管理师的贯通发展

1. 初级职位。通常，企业人力资源管理师会在初级职位上开启职业生涯，如招聘助理、培训协调员或人力资源专员。在这个阶段，他们通常负责日常的人力资源服务，如招聘、社保开通、培训记录管理和员工文件维护。

2. 中级职位。随着经验的积累，企业人力资源管理师可以晋升到中级职位，如人力资源经理或人力资源顾问。在这个阶段，他们可能承担绩效管理、员工关系管理、政策制定等更复杂的任务。

3. 高级职位。有些企业人力资源管理师最终会晋升到高级职位，如人力资源总监或人力资源副总裁。在这个阶段，他们通常承担起制定和执行公司的人力资源战略、管理团队、参与组织变革等职责。

4. 独立顾问或创业。一些经验丰富的人力资源服务人员会选择成为独立顾问或创办人力资源咨询公司，为多个客户提供专业服务。

企业人力资源管理师的发展路径如图 4-07-03-04-2 所示。

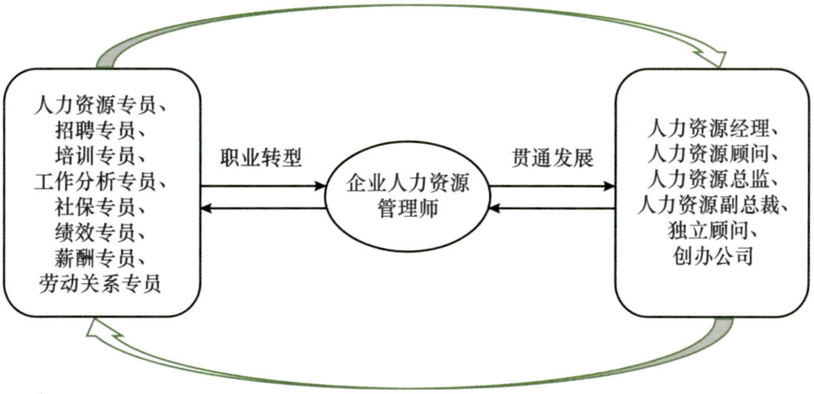


图 4-07-03-04-2　企业人力资源管理师的发展路径

## 九、企业人力资源管理师的职业发展前景

**从市场供需看。**根据人力资源社会保障部统计公报数据，近年来我国人力资源服务行业营业收入逐年提高，2022 年人力资源服务行业全年营业总收入达到 2.5 万亿元。随着我国经济进入高质量发展新阶段，人力资源服务新动能不断形

成，现代服务业快速发展，催生了对人力资源服务的旺盛需求。追求高质量，是人力资源服务业发展的核心标准。未来，人力资源服务业将进一步向规范化、精细化、品牌化、集群化、信息化、国际化方向发展。经济高质量发展需要大量各类人才，国家“聚天下英才而用之”的人才战略对高层次人才的引进服务提出了更高要求。

**从产业发展看。**人力资源管理属于第三产业，是一种服务类行业。2012—2021 年，中国人力资源服务机构服务用人单位数量持续上升。自 2016 年以来，我国人力资源服务机构服务能力提升明显，服务用人单位数量增幅始终保持在 15% 左右，2020 年达到 18%。2021 年，服务用人单位数量达 5099 万家，较 2020 年增长 2%。服务于人才和各类组织的人力资源服务业已走过 40 多年的发展历程，基本形成了多元化、多层次的人力资源市场服务体系。

**从政策红利看。**2007 年 3 月 19 日，国务院发布《关于加快发展服务业的若干意见》，明确提出要“发展人才服务业，完善人才资源配置体系”。这是“人才服务业”第一次作为服务业中的行业门类写入国家文件中，标志着其作为一种行业形态的正式确立。其后，为更全面地反映人力资源管理的覆盖领域，该名称调整为“人力资源服务业”，并于 2011 年被写入《产业结构调整指导目录(2011) 年本》和《国民经济行业分类》(GB/T 4754—2011)。2012 年，国务院发布《服务业发展“十二五”规划》，将人力资源服务业列为生产性服务业中重点发展的 12 个门类之一。2008—2018 年，国务院及其下属部门、国务院和其他部门联合发布的有关人力资源服务业的政策法规共计 54 项，人力资源社会保障部和其他部门联合发布有关人力资源服务业的政策法规共计 61 项。各省市地区也纷纷立足本地实际情况与需求，因地制宜，制定出台了多项发展本地人力资源服务业的地方性政策法规。2021 年 11 月 8 日，人力资源社会保障部、国家发展改革委、财政部、商务部、市场监管总局联合发布《关于推进新时代人力资源服务业高质量发展的意见》。2022 年 12 月 5 日，人力资源社会保障部发布《关于实施人力资源服务业创新发展行动计划（2023—2025 年）的通知》。一系列政策文件说明，我国人力资源市场功能作用日益增强，人力资源服务业蓬勃发展。

## 十、相关内容链接

**国家职业标准：** 扫码即可查看。

**相关政策文件：** 见表 4-07-03-04-3。

**表 4-07-03-04-3　企业人力资源管理师相关政策文件**

| 发布或通过时间 | 发布或通过机构 | 文件名称 |
|---|---|---|
| 2021-08 | 国务院 | 《“十四五”就业促进规划》 |
| 2021-11 | 人力资源社会保障部、国家发展改革委、财政部、商务部、市场监管总局 | 《关于推进新时代人力资源服务业高质量发展的意见》 |

供稿：辽宁经济职业技术学院　马蔚然

# 企业培训师

职业编码：4-07-03-04-002

随着我国从制造大国向制造强国迈进，“新八级工”的职业技能等级发展阶梯引入了更加细化的技能等级水平的划分，这意味着企业员工的技能提升不再只停留在简单的课程培训上，而需要有针对性地进行深入学习和实践。

企业培训师是帮助员工提高新技能水平的重要支持者和引导者。在“十四五”职业技能培训规划中，对企业培训主体地位的重视进一步凸显了企业培训师的重要性。企业培训师作为企业内部培训的核心实施者，承担着培养和提升员工职业技能、增强企业核心竞争力的重要责任，为企业和员工的共同发展助力。

## 一、企业培训师的一天

记录时间：2023 年 8 月 30 日　　记录人：徐某晨

**上午工作情况**

**8 点 30 分：**

1. 检查预约记录、邮件记录，对今日主要待办事项进行梳理。（要事梳理）

2. 早会期间对培训项目进行复盘、总结与分享。尤其是课程中所使用案例，要结合时事热点进行更新，整合客户案例，纳入案例库，为后续培训提供素材。（内容更新）

3. 根据培训需求，制订培训计划和课程内容方案。（计划拟订）

4. 梳理当天的培训课程，整理教案和演示文稿等材料。（素材整理）

5. 与客户或相关部门进一步沟通，核实培训需求，确认培训计划。（计划核实）

6. 对接场地 / 直播状况，调试网络设备，布置学员座位。（设施检查）

**10 点：**

1. 开启 2 小时的培训，介绍培训目标、内容和流程，引出相关理论和概念，并提供实际案例。（课堂培训）

2. 引导学员进行讨论和互动，组织小组活动或角色扮演，并进行答疑。（互动答疑）

**下午工作情况**

**14 点：**

1. 通过小游戏开启下午课程，帮助学员摆脱困意。（状态调整）

2. 讲解与工作实践相关的内容，以案例分析为主。（工作案例剖析）

3. 进行案例分析和模拟场景演练，预设相关场景并给予相关实操工具带教。（技能模拟演练）

4. 引导学员进行团队合作和问题解决，以解决实际问题作为出发点，进行工作坊活动。（技能实践）

5. 观察学员的学习情况，答疑解惑，并提供个别指导。（培训指导）

6. 总结当天的培训内容，带领学员重温课程重点、要点。（内容回顾）

**17 点：**

1. 整理培训资料和笔记，并撰写培训总结报告。（培训总结）

2. 回顾当天培训课程，聚焦重点和难点，进行思考与改进。（培训复盘）

3. 完善图文、数据等培训素材，按需调整第二天的培训内容。（次日培训准备）

企业培训师为员工授课

## 二、什么是企业培训师

**职业定义**。企业培训师是指从事本企业内部培训需求分析、培训项目开发、培训组织与实施、培训效果转化与评估等服务工作的人员。

**定义解读**。企业培训师是面向本企业员工开展职业技能培训和评估反馈培训成效的导师，属于企业人力资源管理师下包含的工种之一。从业人员资历深厚、学识和经验丰富，且综合素质较高。企业培训师旨在提高员工的工作能力或业绩水平，提高组织效能。

**关联职业**。密切相关的职业主要有职业培训师和企业人力资源管理师等。①职业培训师，是指从事职业能力培训需求分析、项目开发、培训实施、管理评价和咨询服务等工作的人员，侧重于全社会劳动者的职业技能培训。②企业人力资源管理师，是指从事本企业人力资源开发、管理等服务工作的人员，包含职务分析与评价、招聘与人员测评、员工培训与人才培养、绩效与薪酬管理等内容。企业培训师侧重于本企业内部的员工培训。

**相应岗位**。培训策划专员、课程设计（开发）人员、培训督导、培训讲师、培训项目运营专员、培训顾问。

## 三、企业培训师的主要工作职责

1. 开展培训需求调查。运用调查问卷、面对面访谈等多种调查方法，从企业战略、岗位任务、胜任人员素质和企业文化等多角度进行分析，撰写培训需求调查报告。

2. 运营管理培训项目。制定培训项目运营方案，把控培训项目进度和预算，跟进评估培训项目运营效果。

3. 开发或创新培训课程。培训课程主要涉及内容的呈现、导入，脚本的设计，视频或故事的开发，以及互动环节的设计等。

4. 建立企业培训资源库。企业培训资源库主要涉及师资库、课程大纲库、PPT 制作模板库、案例库、视频库、测评库和职业培训包等。

5. 组织实施培训活动。培训活动流程包括确认培训需求、制作实施计划表、收集学员名单、发送开课通知、布置培训现场、跟踪培训过程、组织结业考核等。

6. 评估培训效果。确定培训评估目标、制定并实施评估方案、撰写评估报告，反馈和宣传培训效果。

7. 寻求外部合作。与外部培训机构、专家等合作，有效管理、引进和利用与培训相关的优质资源，提供全面的培训解决方案。

8. 优化培训体系。优化培训管理体系，完善培训制度规范保障体系，构建培训组织管理体系。

企业培训师的主要工作职责如图 4-07-03-04-002-1 所示。

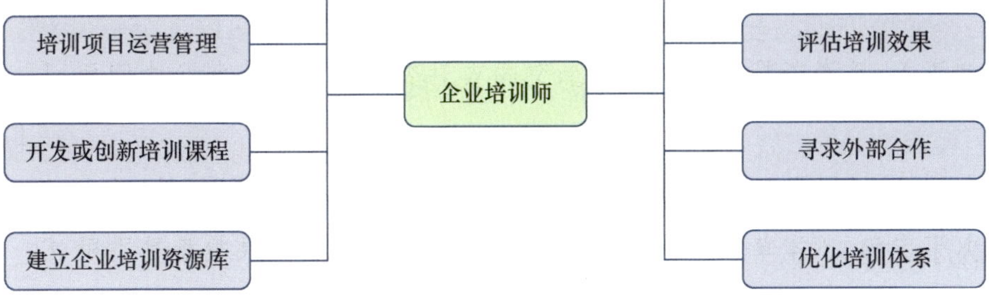


图 4-07-03-04-002-1　企业培训师的主要工作职责

## 四、企业培训师的薪酬福利待遇

**平均薪酬水平。**根据职友集对各个平台公开薪酬的数据统计，截至 2023 年 9 月，企业培训师的月平均薪酬为 9800 元，其中月平均薪酬为 6000~8000 元的岗位占比最多，达到 36.1%，月平均薪酬为 10000~15000 元的岗位占比为 23.5%，月平均薪酬为 15000 元以上的占比为 9.8%。全国月平均薪酬的范围为 3000~30000 元。

**与类似职业对比。**根据 BOSS 直聘 2023 年 8 月发布的数据，广州地区企业培训师的薪酬水平一般要高于人力资源助理、薪酬绩效专员、招聘专员、行政专员等的薪酬水平。类似职业薪酬水平见表 4-07-03-04-002-1。

**表 4-07-03-04-002-1　类似职业薪酬水平**

| 职业名称 | 薪酬水平（元 / 年） |
| --- | --- |
| 企业培训师 | 55919~186720 |
| 人力资源助理 | 39519~83640 |
| 薪酬绩效专员 | 53279~159240 |
| 招聘专员 | 39000~107920 |
| 行政专员 | 38040~87680 |

## 五、从事企业培训师工作需要具备的本领

1. 企业培训师需要具备的知识和技能有培训需求分析、培训项目开发、培训组织与实施以及培训效果转化和评估，其核心技能是培训组织与实施。

2. 参考 2007 年修订的《企业培训师国家职业标准》，结合 2021 年行业协会发布的团体标准《企业培训师能力评价规范》，企业培训师的知识和技能要求见表 4-07-03-04-002-2。

表 4-07-03-04-002-2　企业培训师的知识和技能要求

| 职业功能 | 工作内容 | 知识和技能要求 |
|---|---|---|
| 培训需求分析 | 组织分析 | 能运用企业经营管理理论和不同的调研方法，结合企业内外部资源或环境进行组织分析 |
| | 任务分析 | 能运用工作分析的原理和方法，结合典型岗位的关键任务进行任务分析 |
| | 人员分析 | 能运用成人学习理论和胜任力相关理论，结合职工绩效、态度、能力或经验进行人员分析 |
| | 培训建议 | 能撰写培训需求分析报告，并提出培训建议 |
| 培训项目开发 | 培训项目方案制定 | 能制订完整的培训项目计划，运用 ABCD 法等准确表达培训项目目标 |
| | | 能运用甘特图等方法监控项目运营进度，以便项目按时执行和结项 |
| | | 能根据其他项目经验制定合理的项目费用预算 |
| | | 能拟订制度或协议文本，防控培训项目风险 |
| | 培训课程体系设计 | 能运用课程开发的理论与方法及国际上课程开发的最新理念进行培训课程方案的总体设计 |
| | | 能综合培训需求和多方利益者的期望，及时更新培训课程的相关素材 |
| | | 能运用现代教育技术设计课程脚本，运用图片、视频、音乐、案例等辅助进行课程设计 |
| | | 能对课程进行整体设计，运用思维导图等制作培训大纲，合理布局课程结构 |
| | | 能结合培训内容，编写讲师手册和学员手册 |
| 培训组织与实施 | 培训准备 | 能运用“人—货—场”模型准备教学实施方案和课件 |
| | | 提前了解学员的需求和期望，以及个性特征、工作绩效和职业生涯规划等内容 |

续表

| 职业功能 | 工作内容 | 知识和技能要求 |
|---|---|---|
| 培训组织与实施 | 培训实施 | 能结合成人学习理论，运用业务场景或案例呈现课程内容，调动员工的兴趣 |
| | | 能运用教育心理学等相关理论，采用不同方式掌控培训现场 |
| | | 能运用人际沟通技巧，处理培训现场突发事件 |
| | | 能灵活运用不同培训方式，如现场互动、小组讨论或头脑风暴、个别辅导等 |
| | | 能运用二维码或专业培训 App 等现代技术，做好学员签到纪律管理、培训师跟踪管理和课程结业管理 |
| 培训效果转化与评估 | 培训效果转化 | 能运用培训效果转化理论和方法，从学员个性、项目设计和环境支持等方面进行多维度复盘，提升培训的有效性 |
| | 培训效果评估实施 | 能运用行为评估方法进行辅导，促进学员行为改善 |
| | | 能运用结果评估方法，设置评估调查问卷，确定绩效与培训的关联性，并进行量化分析 |

## 六、企业培训师的专业教育现状

### （一）相关专业

1. 普通高等教育院校开设的相关专业：人力资源管理、教育学、经济学、哲学、教育技术学等。

2. 职业教育院校开设的相关专业：人力资源管理、现代教育技术、人力资源管理事务等。

### （二）开设相关专业的院校（排名不分先后）

★ 相关院校：中国人民大学、南开大学、武汉大学、上海交通大学、北京大学、中山大学、东北财经大学、首都经济贸易大学、辽宁大学、西安工业大学、湖南财政经济学院、福建江夏学院等。

◆ 相关院校：北京劳动保障职业学院、广东科学技术职业学院、河北政法职业学院、河南经贸职业学院、广州南洋理工职业学院。

## 七、企业培训师的就业创业信息

企业培训师的从业人员在全国范围内都有分布。根据职友集 2023 年企业培训师的招聘需求量分析，排名前 4 的地区依次为深圳、广州、上海和北京，职位总量占比为 22.7%。

吸纳企业培训师较多的用人单位有以下类型。

1. 使用线上平台开展人力资源培训服务的企业包括深圳平安通信科技有限公司、上海时代光华教育发展有限公司、江苏云学堂网络科技有限公司、酷渲（北京）科技有限公司、摩博（北京）科技有限公司、深圳市知学云科技有限公司、北京优幕科技有限责任公司、深圳小鹅网络技术有限公司、三节课信息咨询（北京）有限公司等。

2. 提供人力资源培训服务的企业包括深圳市摩天之星企业管理有限公司、上海行动教育科技股份有限公司、深圳市博商管理科学研究院股份有限公司、高维信息技术（深圳）有限公司、凯洛格华成（北京）咨询有限公司等。

3. 提供人力资源培训服务的学院包括清华大学经济管理学院、北京大学光华管理学院等。

注：以上机构信息仅供参考，不代表编写出版方对其推荐或认可。

## 八、企业培训师的贯通发展

企业培训师的发展路径主要有四条。①管理路线。企业培训师在了解企业业务的前提下，晋升到培训主管 / 基层管理，积累招聘、薪酬、绩效等模块的经验后，再晋升到人力资源经理 / 中层管理，不断拓宽业务领域，继而晋升到人力总监 / 高层管理，甚至往更高的领导职务发展。②专家路线。不断提高培训专业技能和综合职场实力，在职业等级上由培训师向培训主管、培训经理和培训总监不断晋升，成为企业培训领域的专业人才。③复合人才路线。向其他行业跨越或进行职业转型，在了解企业业务后，通过学习相关知识和技能，转型为培训督导、督导负责人、业务负责人等，与专业技术岗位横向贯通。④创业路线。结合行业经验、专业领域和个人职业定位进行创新创业，向职业讲师、课程讲师转变，成为学习专家或咨询顾问。

企业培训师的发展路径如图 4-07-03-04-002-2 所示。

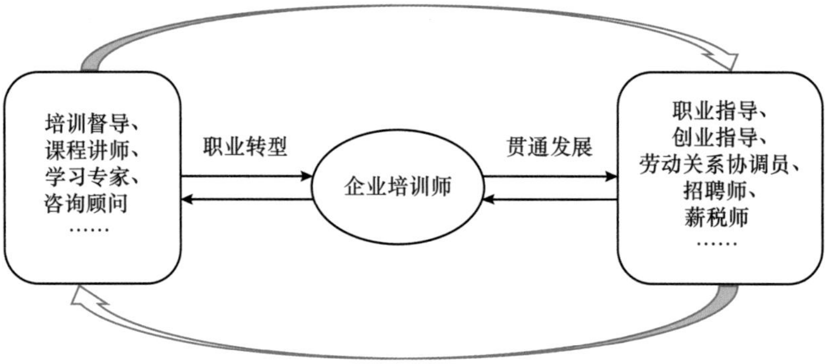


图 4-07-03-04-002-2　企业培训师的发展路径

## 九、企业培训师的发展前景

**从市场供需看。**随着产业转型升级的步伐加快和经济高质量发展的推动，我国的企业培训产业机构也急于谋求发展和转型。相关数据显示，企业培训行业规模达到 9000 亿元。培训行业规模的增长，加大了对企业培训师的市场需求。从质量看，专业的企业培训师较为稀缺，咨询类、技能型、行业型的企业培训师尤甚，且市场对行业名师依赖程度较高。

**从产业发展看。**结合企业培训行业发展历程，企业培训逐渐本土化，从一次性培训活动到持续性培训文化、从线下培训到线上培训的跃迁，呈现出多元化业态。线上平台型机构门槛高，线下服务型机构领域及行业细分众多。企业培训行业高度分散，呈现头部领先型、腰部成长型和尾部中小型的“水滴型”发展。企业培训产业链布局完善，中游向细分行业分化，且围绕内容、服务和技术，从低附加值走向高附加值。

**从政策红利看。**2021 年 12 月 15 日，2021 年 12 月颁布的《“十四五”职业技能培训规划》发布，该文件引导各省市做好职业技能培训。2022 年 1 月，《福建省就业工作领导小组办公室关于过渡期职业技能培训有关工作的通知》发布，明确提出充分发挥企业培训主体作用，引导企业按有关规定足额提取和使用职工教育经费，落实职工教育经费税前扣除政策。2022 年 9 月，四川省人力资源和社会保障厅、四川省财政厅联合发布《关于做好过渡期职业技能培训有关工作的通知》，提出“加强新职业新业态新模式从业人员培训，不断扩大培训规模”“开展高技能人才示范性培训”等内容。2023 年 6 月，国家发展改革委等八部门联合印发《职业教育产教融合赋能提升行动实施方案（2023—2025 年）》；2023 年 7 月，教育部发布《行业产教融合共同体建设指南》。这些文件都对职业技能培训提供了政策支持。

## 十、相关内容链接

**国家职业标准：**扫码即可查看。

**相关政策文件：**见表 4-07-03-04-002-3。

**表 4-07-03-04-002-3　企业培训师相关政策文件**

| 发布或通过时间 | 发布或通过机构 | 文件名称 |
|---|---|---|
| 2021-12 | 人力资源社会保障部等四部门 | 《“十四五”职业技能培训规划》 |

供稿：广东行政职业学院　刘海凤

# 劳动定员定额师

职业编码：4-07-03-04-003

被称为“科学管理之父”的 F.W. 泰勒曾经把企业管理比作一座“拱门”，把劳动定额比作“拱顶石”，没有拱顶石的拱门会倒塌。由此可以看出，劳动定额在企业管理中具有重要作用，从事这项工作的人员便是劳动定员定额师。

F.W. 泰勒寻求用科学的方法确定“一天公平的工作量”。劳动定员定额师通过对企业整个生产工艺过程、劳动组织、操作方法及其工时消耗统计等进行综合研究分析测算后，制定劳动定员定额，做好对企业极其重要的基础工作，为企业对内实行分配、降低成本、提高效益、节约资源，对外实行报价、作出科学经营决策、实现利润目标等工作提供强有力的支撑。

劳动定额制定工作是企业经营管理的重要内容。在市场经济条件下，无论企业的性质如何，企业社会效益和利润的最大化，都是企业不断追求的重要目标。作为企业实现该目标的重要基础保障的劳动定员定额师，其作用就显得尤为重要。

## 一、劳动定员定额师的一天

记录时间：2023 年 8 月 15 日　　记录人：吕某洋

**上午工作情况**

**9 点：**

1. 主持召开制定并优化工时定额管理制度及相关流程的会议，组织部门员工展开讨论，提出解决建议。（制定劳动工时定额）

2. 前往公司生产车间查看生产过程中工艺流程的执行情况，发现操作问题，现场开展技术指导。（指导生产工艺流程）

**11点：**

1. 根据各车间的生产数据报表，调整下一月的生产计划、生产排程，协调下个季度各物料的分配。（调整生产计划）

2. 与统计人员核算产品工序时间，掌握统计核算的执行情况，优化产品工时定额。（核算产品生产定额）

**下午工作情况**

**14点：**

1. 分析加工中心的产能负荷，建立产品劳动定额相关台账，为产品报价提供工时定额依据以及其他数据。（建立劳动定额台账）

2. 动态调整劳动定员定额标准，贯彻执行员工工资分配方法，对接薪酬福利专员进行超产、加班和绩效工资核算。（调整定员定额标准与核算工资）

**16点：**

1. 研究分析组织新产品工艺特点，制定新产品量产前工时定额标准和工作岗位人员劳动定员。（制定劳动定员定额标准）

2. 查阅各车间生产数据报表，负责报表的真实性、合理性，统计生产数据，分析工时利用率、定额完成率、劳动生产率，提交车间生产情况报告。（分析生产工时数据）

3. 紧急处理公司接单任务，汇报各加工中心的产能负荷，根据已建立的公司产品劳动定员定额台账，为公司领导层的管理决策提供必要的支撑或佐证数据，辅助领导作出科学、高效的决策。（协助领导层作出决策）

## 二、什么是劳动定员定额师

**职业定义。**劳动定员定额师是指依据科学的方法，编制企业劳动定员定额相关标准，并按照统一的劳动定员定额标准，制定生产作业人员工时定额，为人力资源、薪酬考核、成本核算、产品报价、生产计划、企业劳动关系协调等工作提供基础数据的人员。

**定义解读。**劳动定额是指在一定的生产技术和生产组织的条件下，预先规定的为完成单位合格产品的劳动消耗量的标准，它反映的是在一定时期内社会生产力水平的高低。劳动定员是指在一定的生产技术组织条件下，为保障企业生产经营活动正常进行，按一定素质要求，对企业各类人员所预先规定的限额。

**关联职业。**密切相关的职业主要有企业人力资源管理、企业管理、行政管理、管理咨询、管理研究等。

**相应岗位。**劳动定额员、工时定额员、定额工程师、定额管理员等。

## 三、劳动定员定额师的主要工作职责

劳动定员定额师从业人员主要的工作职责有企业员工、工时的统计分析，工时定额与产量定额的核算，劳动定员定额的统计分析与修订，各类工作岗位人员劳动定员的制定与修订，劳动定额定员标准的制定、修订与贯彻实施，其核心能力是劳动定员定额的统计分析与修订。具体工作职责如下。

1. 根据产品性能及工艺要求制定合适的生产工艺，负责生产过程中工艺技术的指导和技术工艺文件的编制，制定并优化工时定额管理文件（BOM）及相关制度和流程。

2. 负责对产品工序进行时间核算，制定产品工时定额，稽核统计员对工人工作卡片完成工时的统计核算。

3. 负责跟踪现场产品的生产加工过程，对工人加工的速度进行摸底，负责稽核基本生产工人完成定额工时及绩效打分情况，协调产品生产进度。

4. 负责汇总、分析、修订工时定额，统计各加工中心的生产数据，分析工时利用率、定额完成率、劳动生产率等，掌握各加工中心的产能负荷，建立产品劳动定额台账，为产品报价提供工时定额依据以及其他相关数据。

5. 制订并下发具有可行性及有效性的生产计划、生产排程，减少停工待料的现象，统计并掌握各物料料况，随时提供给工厂内其他部门调用。

6. 制定、修订劳动定额定员标准，监督生产工艺标准的执行，审核车间公司报表的真实性、合理性。

7. 制定、修订各类工作岗位人员劳动定员，负责贯彻员工工资分配方法，进行超产、加班和绩效工资核算。

8. 分析新产品工艺特点，制定新产品量产前工时定额标准，制定工作岗位人员劳动定员。

## 四、劳动定员定额师的薪酬福利待遇

**平均薪酬水平。**根据职友集网的数据统计，2023 年，工时定额员的平均薪酬为 7700 元 / 月，高于 2022 年的 7600 元 / 月，增长了 2%；薪酬区间为 3000~10000 元 / 月，其中 8000~10000 元 / 月的岗位最多，占 62.2%。按学历统计，具有大专学历的工时定额员的平均薪酬为 8000 元 / 月。

**与类似职业对比。**根据职友集网统计的 2023 年的工资数据，劳动定员定额师的薪酬水平一般要高于人力资源专员的薪酬水平，低于工艺定额工程师的薪酬水平。类似职业薪酬水平见表 4-07-03-04-003-1。

**表 4-07-03-04-003-1　类似职业薪酬水平**

| 职业名称 | 薪酬水平（元 / 月） |
|---|---|
| 人力资源专员 | 4500~6000 |
| 劳动定员定额师 | 7700 |
| 工艺定额工程师 | 17000 |

## 五、从事劳动定员定额师工作需要具备的本领

劳动定员定额师的知识和技能要求见表 4-07-03-04-003-2。

**表 4-07-03-04-003-2　劳动定员定额师的知识和技能要求**

| 职业功能 | 工作内容 | 知识和技能要求 |
|---|---|---|
| 制定标准 | 制定定员标准 | 能够熟练使用办公软件进行企业员工的统计分析，采用统计分析法制定劳动定额，制定、修订各类工作岗位人员劳动定员，实行动态的分类分级管理 |
| | 制定定额标准 | 能够熟练操作计算机进行企业工时的统计分析，换算工时定额与产量定额，进行劳动定额统计分析与修订，运用办公软件制定统计表并使用相关工时核算创建BOM，实行动态的分类分级管理 |
| 指导执行 | 实施劳动定员定额标准 | 具备良好的沟通应变能力，责任心强，能够在公司指导各部门及其员工贯彻实施劳动定员定额标准 |
| 辅助决策 | 管理决策 | 具备相关行业基层工作背景，根据已建立的公司劳动定员定额台账，为公司领导层的生产管理等决策提供必要的支撑或佐证 |
| | 薪资调整 | 能够贯彻执行员工工资分配方法，对接薪酬福利专员进行超产、加班和绩效工资核算 |

## 六、劳动定员定额师的专业教育现状

### （一）相关专业

1. 普通高等教育院校开设的相关专业：人力资源管理、管理科学、劳动经济、劳动关系、劳动与社会保障等。

2. 职业教育院校开设的相关专业：人力资源管理、工商企业管理、劳动与社会保障、行政管理、公共事务管理等。

### （二）开设相关专业的院校（排名不分先后）

★ 相关院校：厦门大学、中国人民大学、山东财经大学、吉林大学、江西财经大学、东北财经大学、天津财经大学、中国矿业大学、浙江工商大学、北京师范大学等。

◆ 相关院校：北京劳动保障职业学院、广东科学技术职业学院、浙江交通职业技术学院、湖南劳动人事职业学院、河南经贸职业学院、河南工业贸易职业学院、云南交通职业技术学院、青岛职业技术学院、湖南安全技术职业学院、安徽商贸职业技术学院等。

## 七、劳动定员定额师的就业创业信息

劳动定员定额师从业人员遍布全国各地，主要集中在北京、上海、广州、深圳等一线城市，以及其他经济发展较快的省份，如江苏、浙江、山东、四川等。机械、建筑、矿山、冶炼、电力、交通和商业服务等行业对劳动定员定额师的需求量较大。劳动定员定额师可以在企业从事专兼职的定员定额工作，还可以创办服务机构，开展与劳动定员定额工作相关的咨询、指导、评估等工作。

吸纳劳动定员定额师就业较多的用人单位主要有以下几类。

1. 央企 / 国企。如中国中铁服务有限公司等由国务院国资委主管的中央企业，北京汽车股份有限公司、湖南建工集团有限公司等由各地方国有资产监督管理机构主管的国有企业。

2. 民营企业。如三一重工股份有限公司、中联重科股份有限公司、浙江吉利控股集团有限公司等。

3. 服务机构。如人力资源服务公司、各类咨询公司等。

注：以上机构信息仅供参考，不代表编写出版方对其推荐或认可。

## 八、劳动定员定额师的贯通发展

劳动定员定额师的发展路径主要有四条。①管理路线。不断提升管理能力，在管理层级上不断晋升，从劳动定员定额专员晋升至劳动定员定额部门主管 / 企业中层，再晋升到劳动定员定额部门总监 / 企业领导层，甚至往更高的高级领导职务发展。②专家路线。不断提高定员定额的技能水平，在职业等级上不断提升，成为劳动定员定额管理专家、公司治理领域专业人才。该路线的岗位设定为四级：定额管理员—助理定员定额管理师—定员定额管理师—高级定员定额管理师。③复合人才路线。向其他行业跨越发展或进行职业转型，如通过学习相关知识和技能转型为人才测评师、企业培训师、薪税师、劳务派遣员等，与专业技术岗位横向贯通。④创业路线。基于个人专业技能、兴趣爱好、发展志向进行创新创业，以第三方服务机构开展企事业单位等组织的劳动定员定额咨询服务。

劳动定员定额师的发展路径如图 4-07-03-04-003-1 所示。

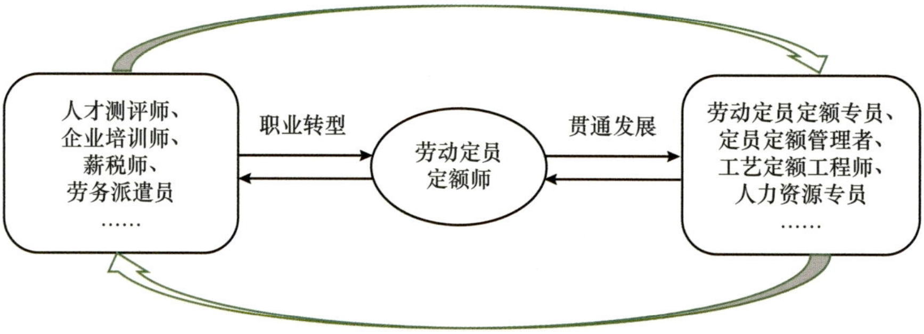


图 4-07-03-04-003-1　劳动定员定额师的发展路径

## 九、劳动定员定额师的发展前景

**从市场供需看。**我国劳动定员定额专业人才存在巨大的缺口，各行业企业对劳动定额定员专业人才的需求在不断增加。根据“职友集”网站公布的近 2 年的招聘职位数量，2023 年较 2022 年的增长速度超过了 200%。

**从产业发展看。**从事劳动定员定额工作的专业技术人才的缺乏，一方面，将导致企业很难有效开展计划管理、经济核算、生产调控、成本控制、产品报价等基础管理工作；另一方面，将影响企业在企业资源计划系统等信息化系统建设上的成效，导致企业投入巨大而管理效率仍然低下。据统计，至少有 80% 的企业或多或少存在着以上问题，我国行业企业严重缺乏熟练掌握定员定额知识的专业技术人才。无论是中央提出的科学发展观，还是企业的科学管理与精细化管理，都离不开最基础的劳动定额管理工作，这些工作迫切需要大批从事劳动定额工作的专业技术人才。

**从政策红利看。**《中华人民共和国劳动法》将对实行计件工作的劳动者合理确定其劳动定额和计件报酬标准规定为用人单位应当履行的一项义务。2011 年，《中华人民共和国国民经济和社会发展第十二个五年规划纲要》发布，该文件明确提出，加快劳动标准体系建设，加强劳动定额标准管理。2015 年，《中共中

央　国务院关于构建和谐劳动关系的意见》发布，该文件明确提出，加强劳动定额定员标准化工作，推动劳动定额定员国家标准、行业标准的制定修订，指导企业制定实施科学合理的劳动定额定员标准，保障职工的休息权利。2021 年，《中华人民共和国国民经济和社会发展第十四个五年规划和 2035 年远景目标纲要》发布，该文件明确指出，根据人口流动实际调整人口流入流出地区教师、医生等编制定额。2021 年，《关于维护新就业形态劳动者劳动保障权益的指导意见》明确提出，完善休息制度，推动行业明确劳动定员定额标准，科学确定劳动者工作量和劳动强度。

## 十、相关内容链接

**国家职业标准：** 暂缺。

**相关政策文件：** 见表 4-07-03-04-003-3。

**表 4-07-03-04-003-3　劳动定员定额师相关政策文件**

| 发布或通过时间 | 发布或通过机构 | 文件名称 |
| --- | --- | --- |
| 2021-07 | 人力资源社会保障部等八部门 | 《关于维护新就业形态劳动者劳动保障权益的指导意见》 |

供稿：湖南司法警官职业学院　刘香

# 人才测评师

职业编码：4-07-03-04-004

我国已由高速度发展转为高质量发展。在这种背景下，实现中华民族伟大复兴梦想的全新跨越，关键在于人才的发掘与培育。目前，大多数国家和地区均将人才资源作为本国经济社会发展的战略性资源和创新发展引擎。

目前，各国科技竞争、创新竞争日趋激烈，这些竞争中的突出表现之一就是人才的竞争。在人才的发掘与培育过程中，人才测评起着关键作用，人才测评师这一职业应运而生。人才测评师通过对人才的价值和发展潜力进行深入挖掘、科学评价、创新培育，使人力资源配置得到优化，释放效能。人才测评师对企事业单位人才的“选、用、育、留”工作起着重要的理论支撑和实践指导作用。

## 一、人才测评师的一天

**记录时间：2023 年 8 月 10 日** **记录人：范某**

**上午工作情况**

**9 点：**

1. 联系委托方，确定拜访时间、对接人员。（企业对接）

2. 收集委托方所属行业、地区情况，产业政策、人才政策等资料，查询委托方的近期信息。（文献资料收集）

3. 分析委托方的组织架构、工作流程、财务、人力资源等方面的状况。（需求分析）

## 下午工作情况

**14 点：**

1. 携带准备好的资料拜访委托方。（企业拜访）

2. 听取委托方的人力资源部、企业分管领导对有关情况的介绍及需求。（需求了解）

3. 根据客户的初步需求，从人才测评要素、人才测评方法、人才测评工具、人才测评时间及环境场地等方面进行分析，并介绍相应的实施方案（草案）。（思想交流）

4. 与委托方讨论有关人才测评方面的问题与情况。（研讨交流）

人才测评师与委托方正在进行交流

5. 书面确认委托方的人才测评需求及对实施方案（草案）的优化意见。（意向确认）

**17 点：**

1. 返回办公地点，梳理与委托方的交流情况，录入拜访资料。（资料整理）

2. 人才测评团队对委托方资料进行复盘与讨论。（项目研判）

3. 根据复盘结果和委托方的需求，修改实施方案（草案），确定下次拜访的时间。（方案确定）

4. 对现有资料进行归档，并完成测评准备、测评实施、测评结果报告等流程的前期资料准备工作。（资料汇总复盘）

人才测评师对委托方情况进行复盘

## 二、什么是人才测评师

**职业定义。**人才测评师作为企业人力资源管理师职业下设的一个工种，是指具备系统的人员素质测评知识与技能、能综合运用测评技术和工具解决人职匹配、掌握组织及员工需求、进行有效的职业生涯规划、建立完善的绩效管理体系等，以此设计、组织、实施人才测评活动方案，开发并运用笔试、面试、心理测验、评价中心、现场实操考试等人才测评工具，对人才的知识、经验、素质、技能及解决实际问题的能力等特征进行科学评估的人员。

**定义解读。**人才测评师是专注于评估和评价人员素质的专业人士，他们在帮助组织管理人才，提高绩效和员工满意度方面发挥着重要的作用。该职业的特点是专业性强、具有广泛的知识和技能、以客户为导向，能够通过数据和信息来评估人员素质和绩效，精通统计工具和研究方法，同时能够深度了解和分析企业人力资源情况，诊断人才测评的真实性、必要性、科学性，对综合分析和业务能力的要求较高。

**关联职业。**密切相关的职业主要有招聘专员、绩效专员、薪酬专员、员工发展顾问、绩效评估师、职业咨询师等。

**相应岗位。**事业单位人事部门人事岗、企业人力资源管理部门专员、人力资源服务机构咨询顾问等。

## 三、人才测评师的主要工作职责

1. 测评工具和方法设计。开发、选择或定制适合特定项目和客户需求的测评工具和方法，如面试、笔试、心理测试、问卷调查等。

2. 数据收集。收集有关员工或候选人的相关数据，包含定性或定量数据，以便评估其潜力和表现。

3. 面试和评估。进行面对面或远程面试，使用评估工具和技术来评估员工或候选人的技能、特质、行为和适应性。

4. 数据分析。分析评估结果，使用统计方法来确定数据的可靠性和有效性。将数据转化为有意义的见解，以便为客户或组织提供意见和建议。

5. 评估报告编写。编写详细的评估报告，总结评估结果，强调员工或候选人的优势和发展领域，并提供可操作性强的建议。

6. 客户沟通。与客户合作，讨论评估结果，回答问题，提供建议，并协助他们作出招聘、培训、绩效管理和职业发展决策。

7. 绩效评估。参与建立和维护绩效管理体系，协助组织进行员工绩效评估，提供反馈和改进建议。

8. 职业规划。与个人合作，协助制定职业生涯规划、识别职业发展机会，并提供支持和指导。

## 四、人才测评师的薪酬福利待遇

**平均薪酬水平。**根据猎聘网的数据（2317 份职位薪酬样本数据），人才测评师的月平均薪酬为 10542 元。人才测评师作为人力资源管理行业的高端人才，其薪酬远高于行业从业人员的平均薪酬水平，但是不同年限下的薪酬水平差距较大：5 年以上工作年限的年平均薪酬是 1 年工作年限的 2~3 倍。不同城市与地区的薪酬水平差异也较大，北京、上海的平均薪酬相对于广州、深圳、杭州要高出20%~30%。

**与类似职业对比。**智联招聘网2023年8月发布的数据显示，在上海地区，该职业的薪酬为12万~18万元/年，高于招聘专员、培训专员、绩效专员等职业的薪酬水平，略低于人力资源外包项目运营经理的薪酬水平。类似职业薪酬水平见表4-07-03-04-004-1。

**表4-07-03-04-004-1　类似职业薪酬水平**

| 职业名称 | 薪酬水平（元/年） |
| --- | --- |
| 绩效专员 | 8万~12万 |
| 招聘专员 | 5万~12万 |
| 培训专员 | 10万~14万 |
| 薪酬专员 | 8万~12万 |
| 人力资源外包项目运营经理 | 12万~25万 |

## 五、人才测评师工作需要具备的本领

人才测评师需具备的知识和技能：人力资源管理基本理论、心理学知识、统计学和数据分析知识与技能、测评工具和技术、人际沟通技能、项目管理知识与能力等，其核心技能是数据分析，项目管理与实施，人际沟通和咨询能力等。

目前人才测评师暂无行业标准，综合各人才测评机构的招聘要求和工作职责，人才测评师的知识和技能要求见表4-07-03-04-004-2。

**表4-07-03-04-004-2　人才测评师的知识和技能要求**

| 职业功能 | 工作内容 | 知识和技能要求 |
| --- | --- | --- |
| 测评和评估功能 | 进行有效的人才评估，方法包括面试、心理测试和问卷调查 | 了解各种评估工具和方法，如面试技巧、心理测试、问卷调查等 |

续表

| 职业功能 | 工作内容 | 知识和技能要求 |
| --- | --- | --- |
| 测评和评估功能 | 为招聘、绩效评估、培训需求和职业发展提供专业评估 | 了解心理学的基本理论和研究方法，如人格、认知、发展心理学等 |
| | 设计、选择或定制适用于不同情境的评估工具和方法 | 熟悉测评工具的应用和具备一定的解释能力 |
| 数据分析和解释功能 | 收集、整理和分析大量评估数据，包括定性和定量数据 | 了解统计分析的基本原理和方法，能够进行基本的数据处理和分析 |
| | 使用统计软件和数据可视化工具，提取有意义的见解和趋势 | 熟练使用统计分析工具 |
| | 解释数据结果，提供有关个体或组织的见解和建议 | 具备数据解释和报告撰写技能、数据可视化和图表设计能力 |
| 咨询和沟通功能 | 与客户合作，理解其需求和目标，提供定制化的评估解决方案 | 具备卓越的沟通技能，包括倾听、表达和冲突解决能力 |
| | 向客户和候选人提供专业咨询，解释评估结果，提供职业发展建议 | 具备跨文化沟通和适应能力 |
| | 有效沟通，建立积极的沟通和信任关系，以满足客户和组织的需求 | 具备一定的咨询技巧和客户关系管理知识 |
| 项目管理和组织功能 | 管理多个评估项目，含项目计划、资源分配和进度跟踪 | 项目管理技能，包括时间管理、资源管理和任务协调 |
| | 协调评估流程，含面试安排、数据收集和评估报告准备 | 熟练掌握绩效评估流程和绩效管理原则 |
| | 与团队协作，确保项目按计划完成 | 具备团队协作和领导能力，能够在高压环境中保持较强的组织性和高效率 |

## 六、人才测评师的专业教育现状

### （一）相关专业

相关专业有人力资源管理、公共管理、行政管理、工商管理、财务管理等。

### （二）开设相关专业的院校（排名不分先后）

★ 相关院校：北京大学、北京师范大学、中山大学、四川大学、深圳职业技术大学等。

◆ 相关院校：广州番禺职业技术学院、广东南华工商职业学院、北京经贸职业学院、广州市信息技术职业学校、广州市城市建设职业学校、北京市经济管理学校等。

## 七、人才测评师的就业创业信息

1. 就业方面。目前，在我国的人才测评市场上，国际知名测评机构、政府测评机构、学术研究机构和商业测评机构都有选择性地针对一定的目标群体进行服务，逐步形成了“百花齐放、百家争鸣”的局面。随着人才测评行业市场的进一步开放和发展，这四类测评机构的分类界限也越来越模糊。政府测评机构逐步开始走向市场化；随着人才测评市场的开放，商业测评机构有机会接触到更大型的企业与客户；国际知名测评机构也渐渐在国内市场上形成了相当的竞争力和外资企业在华客户群；学术研究机构为了更好地将“理念与实践”相结合，也开始走向市场。这些市场变革为人才测评师更广泛、更深入地进行就业创业打下了良好的基础。

人才测评师的就业方向主要有以下几类。

（1）企业单位。包括大型跨国公司、国有企业、各种咨询公司等，如联想控股股份有限公司、北京北森云计算股份有限公司、广东倍智人才科技股份有限公司、北京智鼎管理咨询有限公司、上海诺姆四达人才科技集团有限公司等。

（2）政府机构。政府机构通常会通过人才测评师外包来进行公务员（事业单位）招聘、绩效评估和职业发展计划制订。

（3）人才测评师可选择成为自由职业者或独立顾问，为客户提供评估和咨询服务。

2. 创业方面。新创业机构目前专注于开发在线测评工具或平台，以提供自助式人才测评和职业发展支持。目前，创业机构也正在积极探索细分行业特定服务，针对特定的行业或领域，如医疗保健、金融或科技领域，提供专门的测评和咨询服务。

注：以上机构信息仅供参考，不代表编写出版方对其推荐或认可。

## 八、人才测评师的贯通发展

人才测评师的发展路径主要有四条。

1. 专家路线。不断提高技能水平，成为人才测评领域的专家。人才测评师可以通过深入研究特定领域、参与行业协会、发表研究论文以及获得更高级别的专业认证来提升自己的专业知识和技能。他们可以成为组织内部的专家，负责高级测评项目、培训其他测评师或提供咨询服务。

2. 管理路线。人才测评师可以通过管理职位的晋升来规划自己的职业路线。他们可以从助理晋升为专员、部门经理，甚至担任高级管理职务，如人力资源总监或 CHO（首席人才官）。在管理职位上，他们需要管理团队、制订战略计划，以及确保测评项目的有效实施。

3. 复合人才路线。人才测评师可以跨越不同领域或职业进行发展，利用自身分析和沟通技能，在其他领域找到职业机会。例如，他们可以转向组织发展、培训、教育咨询、职业规划或管理咨询等领域，为不同类型的客户提供专业服务。

4. 创业路线。有志于创新创业的人才测评师可以考虑开设人才测评事务所或咨询公司。他们可以基于个人兴趣和专业知识，为客户提供定制化的评估和咨询服务。

人才测评师的发展路径如图 4-07-03-04-004-1 所示。

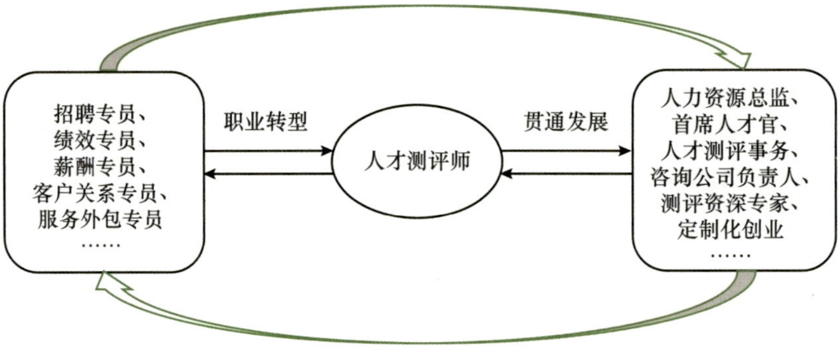


图 4-07-03-04-004-1　人才测评师的发展路径

## 九、人才测评师的发展前景

**从市场供需看。**目前，北京、上海、广州、深圳、成都等城市是人才测评师从业人员的优先选择，西安、天津、杭州等城市的就业热度也持续上升。新一线和二线城市在人才吸引方面紧紧追赶着一线城市，人才测评机构比例在逐年拉近。

当前我国人才测评行业正处于起步阶段，行业规范有待建立健全。近年来，人才测评已成为我国人才工作的一个重要方面，但是与人才测评师市场需求蓬勃发展相对应的却是其专业人才数量的不足。目前，各类机构的人才测评师能力参差不齐，这在很大程度上制约了人才测评行业的规范化发展，专业化的人才测评培训需求十分紧迫。

**从产业发展看。**目前，我国的人才测评师市场还不够成熟，但总体呈现出持续稳中向上的发展趋势。一方面，人才测评行业的覆盖群体较大，市场空间与产值充足；另一方面，人才测评行业的投入也在不断增加。总的来说，人才测评行业市场空间巨大。

**从政策红利看。**2022 年，人力资源社会保障部发布《关于健全完善新时代技能人才职业技能等级制度的意见（试行）》，该文件中提出：遵循技能人才成长规律，以品德、能力、业绩、贡献为导向，完善职业标准，创新评价方式，规范评价流程，坚持考评结合、逐级认定，客观公正评价；用人单位和社会培训评价组织要根据不同类型技能人才的工作特点，实行分类评价；建立健全技能人才评价服务体系。同年，人才测评师作为一项新职业被正式纳入《中华人民共和国职业分类大典（2022 年版）》。这一系列政策标志着人才测评行业已进入职业化发展的新时期，也在进一步推动行业规范有序、高质量发展方面迈出了关键的一步，彰显出国家对人才测评行业发展的高度重视和认可。

## 十、相关内容链接

**国家职业标准：**暂缺。

**相关政策文件：**见表 4-07-03-04-004-3。

**表 4-07-03-04-004-3　人才测评师相关政策文件**

| 发布或通过时间 | 发布或通过机构 | 文件名称 |
|---|---|---|
| 2021-07 | 中国人力资源开发研究会 | 《人才测评师职业技能等级考评标准（2021 年 1.0 版）》 |

供稿：广东南华工商职业学院　范劲鸿

# 职业培训师

职业编码：4-07-03-05

未来几年内，我国人力资源培训行业的市场规模将进一步扩大，人力资源培训市场将进一步繁荣，培训类别将进一步丰富；全国各地将推出各种形式的培训，以扩大培训项目的覆盖面；受训人员的规模将不断壮大，人力资源培训行业将迈出更大的发展步伐。同时，培训质量的不断提高，培训方式的逐渐多元化，将带动行业标准升级，激发更多企业和个人参与到人力资源培训行业当中，推动人力资源培训行业的可持续发展。随着企业对继续教育和人才培养的重视程度提高，以及技术发展对知识水平的驱动加速，人力资源培训行业的发展前景将十分乐观。

## 一、职业培训师的一天

记录时间：2023 年 9 月 8 日　　记录人：金某亨

**上午工作情况**

**8 点：**

通过面谈沟通、问卷调查等手段，了解员工的培训需求。（培训需求了解）

**9 点：**

制定培训方案。培训方案一般包括项目介绍、课程大纲、课程框架、培训师简介等内容，与团队成员协作完成。（培训方案制定）

**11 点：**

1. 课件开发依据培训方案进行设计。（课件开发）

2. 制作 PPT 课件。其中，要注意章节之间的逻辑衔接、故事案例的安排、素材的搜集、课程的推演。(PPT 课件制作）

**下午工作情况**

**14 点：**

培训师试讲模拟演练，进行课程讲解、互动答疑等培训活动。（教学活动实施）

**17 点：**

1. 培训活动结束，学员填写教学评价表。（教学管理与评估）

2. 复盘今天的培训情况，记录在案，以便改进。（教学管理与评价）

3. 准备下一场培训，通过线上学习和阅读专业书籍，丰富自己的教案。（培训实施方案完善）

## 二、什么是职业培训师

**职业定义。**职业培训师是指从事职业能力培训需求分析、项目开发、培训实施、管理评价和咨询服务等工作的人员。

**定义解读。**职业培训师主要负责组织开展职业培训需求调查分析，开发职业培训项目、课程与教材，进行职业培训教学研究与教学改革，制订职业培训计划和实施方案，实施职业培训教学活动，对职业培训全过程与效果进行全面管理，对学员学习情况进行考核与评价，提供职业培训咨询和指导服务等工作。

**关联职业。**密切相关的职业主要有人力资源管理师、职业指导师、创业指导师、企业培训师等。①人力资源管理师，是指主要从事企事业单位等人力资源管理相关岗位的人员。他们拥有人力资源规划、招聘与配置、培训与开发、绩效管理、薪酬福利管理和劳动关系管理等专业技能，这些技能可以帮助企业或组织更好地管理和利用人力资源，提高企业或组织的绩效和竞争力。②职业指导师，是指为求职者就业、职业发展和用人单位合理用人提供咨询、指导及帮助的人员。③创业指导师，是指负责提供创业指导、咨询和培训等服务，帮助创业者成功创办和经营企业的人员。

**相应岗位。**机构培训专员、培训课程筹划师、职业咨询、职业讲师、企业培训管理师、课程研发师、企业培训经理、企业培训总监等。

## 三、职业培训师的主要工作职责

1. 开展培训需求调查，通过面谈沟通、问卷调研等手段，了解培训人员真正的需求。

2. 定期根据岗位人员发展需求，开发培训项目。

3. 制定培训实施方案。开发培训中使用的课件，能运用多种教学技术方法进行教学。

4. 系统掌握培训效果评估等方面的知识。效果评估三原则：有趣、有效、有用。

5. 积极对外开展培训咨询业务。

6. 跟踪外部培训市场变化，发掘并利用外部培训资源。

## 四、职业培训师的薪酬福利待遇

**平均薪酬水平。**根据对 58 同城、智联招聘、猎聘网数据的（共 3690 份职位薪酬样本数据）调查和分析，职业培训师的基本月薪为 6000~8000 元。有一定工作经验的职业培训师的月薪可以达到 8000~15000 元，甚至超过 2 万元。不同的企业和不同的城市发展水平也会对薪酬产生影响，职业培训师的薪酬水平受地域、工作经验、学历等多种因素的制约。

**与类似职业对比。**根据市场调查，大部分职业培训师的月薪在 8000 元左右，最高不超过 1.5 万元，薪酬经理、招聘经理的月薪为 4000~8000 元，人事培训专员的月薪为 4500~6000 元。培训与开发人员、培训讲师、员工关系专员、培训专员的薪酬相差无几。

类似职业薪酬水平见表 4-07-03-05-1。

表 4-07-03-05-1 类似职业薪酬水平

| 职业名称 | 薪酬水平（元/月） |
|---|---|
| 人事培训专员 | 4500~6000 |
| 职业培训师 | 7500~12000 |
| 企业咨询顾问 | 7000~1000 |
| 行政专员 | 6000~8000 |

## 五、从事职业培训师工作需要具备的本领

职业培训师具有现代人力资源管理技术、员工培训与开发、职业教育与课程开发等方面的专业知识，以及从事企业培训工作经验，应能熟练制定企业培训课程规划及培训教案，能够熟练使用现代培训工具，具备较强的企业分析能力、课程研发能力、优秀的语言表达能力和良好的沟通能力。根据《职业培训师国家职业技能标准》，职业培训师的知识和技能要求见表 4-07-03-05-2。

表 4-07-03-05-2 职业培训师的知识和技能要求

| 职业功能 | 工作内容 | 知识和技能要求 |
|---|---|---|
| 培训项目开发 | 培训需求分析 | 技术要求：根据培训项目制订开发计划，设计培训需求调查表并组织调查，撰写培训需求，撰写分析报告，确定培训目标，设计培训教学方案<br>知识要求：培训需求撰写的方法，问卷设计及分析的方法和培训教学方案的主要内容等 |
| | 培训课程开发 | 技术要求：厘清培训项目与课程开发、教学方案的相互关系，制订课程开发计划<br>知识要求：培训课程开发的基本模型和构建方法，课程的设计方法 |
| | 培训教材开发 | 技术要求：针对培训课程、对象和目标的要求，确定教材开发计划和内容框架，指导编写教材提纲，组织编写教材<br>知识要求：培训教材开发计划及组织实施的基本方法，培训教材开发的步骤与方法 |

续表

| 职业功能 | 工作内容 | 知识和技能要求 |
|---|---|---|
| 培训教学组织 | 培训资源配置 | 技术要求：根据培训项目要求对教学资源进行优化配置，制定培训应急预案并及时解决教学资源短缺问题，建立职业培训师资资源库并选择适合的培训师<br>知识要求：培训教学资源配置过程中的常见问题及应急处理方法，培训师资队伍培养和师资资源库建设的方法 |
| | 培训教学实施 | 技术要求：根据培训教学实施方案制作各种教学课件，运用多种教学技术方法进行教学，塑造专业培训师职业形象，解决培训过程中出现的问题<br>知识要求：常见教学工具的使用方法，培训教学活动实施的方法和技巧 |
| | 实操教学指导 | 技术要求：根据实操场地，操作相关设备设施；选择适合的实操教学模式，运用多种教学方法指导解决实操教学中的问题<br>知识要求：常见的实操教学的模式、特点和不同培训项目实操教学的要求，实操教学过程中的常见问题的解决方法 |
| 培训教学管理 | 培训教学质量管理 | 技术要求：根据培训工作流程，组织制定培训质量管理方案并督促实施，制定各项教学质量管理标准和制度等文件，提出开发培训教学全过程数字化信息管理系统的功能需求<br>知识要求：教学质量督导方法和评判方法 |
| | 培训教学绩效管理 | 技术要求：根据培训绩效评估模型，制定培训绩效管理方案和制度并组织实施，运用多种方法对学员的学习效果和教师的教学效果进行评估、撰写报告并提出改进方法<br>知识要求：培训绩效评估模型的使用方法，学员学习效果和教师教学效果的评估方法 |
| | 培训教学评估管理 | 技术要求：组织实施教师教学和学员学习情况评估，撰写评估报告，组织考评人员做好学员成果考核与技能等级评价工作<br>知识要求：培训教学评估的模型和方法 |

## 六、职业培训师的专业教育现状

### （一）相关专业

相关专业有人力资源管理、心理学等。

### （二）开设相关专业的院校（排名不分先后）

★ 相关院校：中国人民大学、北京工商大学、北京师范大学、中央财经大学、中央民族大学等。

◆ 相关院校：北京劳动保障职业学院、北京社会管理职业学院、天津市职业大学、石家庄职业技术学院、河北政法职业学院等。

## 七、职业培训师的就业创业信息

随着科技的发展，职业培训行业也将迎来更多的机遇。职业培训师可以通过网络和社交媒体等渠道，为全球范围内的员工提供培训和技能提升服务。这将为培训师行业带来更广阔的发展空间和更多的机会。

1. 教育培训机构职业培训师可以在教育培训机构中担任人力资源管理课程的讲师、培训师等职位。他们可以将自己的专业知识和经验分享给学生和企业员工，帮助他们提高人力资源管理方面的能力。如北京北大青鸟软件系统有限公司旗下品牌教育机构、北京原驰蜡象教育科技有限公司旗下教育机构等。

2. 组织单位内部的职业培训师在掌握人力资源管理学科的基本原理以及相应的专业知识和技能后，可以担任人力资源管理培训方面的工作。例如，中国移动通信集团有限公司、中国平安保险（集团）股份有限公司、北京京东世纪贸易有限公司、华为技术有限公司比亚迪股份有限公司等企业，均设有内部培训师的岗位。

3. 网络直播职业培训师可以在网络直播平台上进行数据分析和内容监督。根据主播情况，分析其上网时段、互动风格、粉丝数据，作出全面的职业指导、包装和推广。

注：以上机构信息仅供参考，不代表编写出版方对其推荐或认可。

## 八、职业培训师的贯通发展

职业培训师的发展路径以社会环境进行划分，主要有两大类：企业内部培训师，在企业的人力资源部负责员工的培训；社会培训师（机构 / 个人），为企业员工做大型会场培训。职业培训师的发展路线大致有三种。①管理路线。进入组织内，从普通培训师晋升为企业培训主管，全面负责企业内的培训管理工作，再进一步晋升为企业高管。②专家路线。通过不断提升自己的职业素养和技能，逐步晋升为高级培训师、顾问等，成长为管理培训咨询专家，即通过“培训 + 咨询”的方式帮助企业解决问题。③创业路线。建立工作室或者创办培训相关的企业进行自主创业，实现自己的职业梦想。

职业培训师的发展路径如图 4-07-03-05-1 所示。

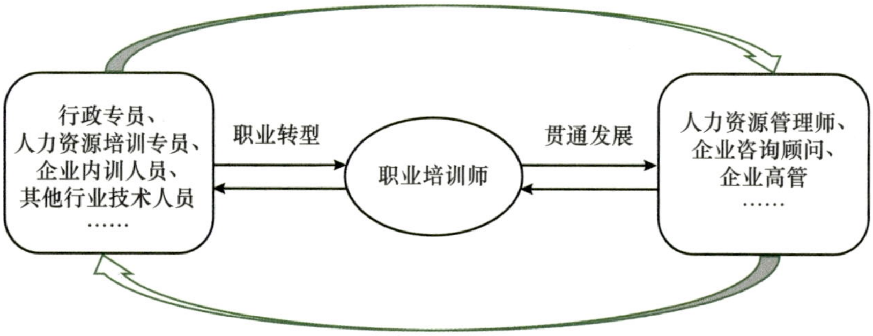


图 4-07-03-05-1　职业培训师的发展路径

## 九、职业培训师的发展前景

**从市场供需看。**目前，国内优秀的职业培训师极其匮乏，企业对职业培训师的需求量巨大。据统计，当前中国拥有约 3500 万人的职业培训市场，且这个数字仍在不断递增。到 2030 年，我国的企业管理培训市场规模可达到 5000 亿元左右。与此同时，我国仍面临着巨大的职业培训师人才供需缺口。目前，世界 500 强企业中约有 50% 以上都把企业内部培训业务外包给相关机构，国内的企业也有一部分将培训业务进行外包。

当前全国从事职业培训行业的人员约有 400 万人，主要来自各类职业培训机构、大中型企业内设部门及各类职业院校。但经过正规培训并取得职业培训师（含企业培训师）相关职业资格证书或技能等级证书的人数远不能满足社会需求。具备营销、管理和数字化方面知识的职业培训师，将会成为各大企业青睐的对象。

**从产业发展看。**从产业发展趋势来看，职业培训市场专业化分工越来越细，市场更需要专业化的培训师，在线培训师将逐渐成为主流。5G 技术的逐渐推广，使得在线培训更为便捷，随着移动互联网的发展，越来越多的职业培训师将会选择在线培训方式。线下授课一天只能赚取一次性报酬，而在线培训课程可以多次收取费用，类似版权费用。

**从政策红利看。**随着《"十四五"就业促进规划》的出台，我国将大规模、多层次地开展职业技能培训，着力提升劳动者素质的相关要求，聚焦拓展职业技能培训多元化供给发力，构建以公共实训基地、职业院校、职业技能培训机构和行业企业为主的多元培训载体，为技能人才拓宽职业发展空间。

## 十、相关内容链接

**国家职业标准：**扫码即可查看。

**相关政策文件：**见表 4-07-03-05-3。

**表 4-07-03-05-3　职业培训师相关政策文件**

| 发布或通过时间 | 发布或通过机构 | 文件名称 |
|---|---|---|
| 2021-09 | 人力资源社会保障部、财政部 | 《关于拓宽职业技能培训资金使用范围提升使用效能的通知》 |
| 2021-11 | 人力资源社会保障部 | 《国家职业资格目录（2021 年版）》 |

供稿：北京社会管理职业学院　金奂亨

# 职业技能训练师

职业编码：4-07-03-05-001

近年来，互联网的应用日益深入，职业技能培训逐渐转向线上线下融合发展，为各类劳动者学习理论知识和职业技能提供了便捷、多样、充满个性的培训服务。得益于互联网技术，通过在线直播、视频录播、线上交流互动、考核测试等形式安排课程，线上学习、居家办公成为现实。线上职业技能培训成了提升劳动者职业技能水平的重要途径，为推动“互联网＋职业技能培训”这一新培训模式提供了发展机遇。

2020年，人力资源社会保障部、财政部《关于实施职业技能提升行动“互联网＋职业技能培训计划”的通知》等文件相继出台，确定了线上职业技能培训目标任务，创新培训内容和方式方法，明确了线上培训政策。在一系列政策的引导下，职业技能训练师成了热门职业工种，同时也向从业者提出了更高的素养、知识和技能要求。

## 一、职业技能训练师的一天

记录时间：2023年9月1日　　记录人：柒某悠

**上午工作情况**

**9点：**

1. 拜访客户，了解职业技能培训需求，包括培训目标、参训人员情况、培训时长等。（需求了解）

2. 项目组成员召开教研会议，研讨职业技能培训需求，并初步形成职业

技能培训项目草案。（需求分析）

**11 点：**

1. 根据客户需求设计职业技能培训项目，项目内容包括培训课程的开发、训练环节设计、教材资料制作等。（项目设计）

2. 编制职业技能训练计划日程，并形成实施方案，发给客户公司确认。（方案确认）

**下午工作情况**

**13 点：**

制作职业技能培训课件，同步准备培训要发放给学员的文件资料、技能训练所需教具等。（材料准备）

**15 点：**

1. 合理使用培训方法，实施职业技能培训活动，处置现场突发状况，确保培训顺利完成。（培训实施）

2. 做好职业技能整个培训过程的培训效果评估工作。（培训评估）

3. 向学员提供职业技能训练相关咨询、答疑和指导服务。（咨询服务提供）

**17 点：**

1. 向客户公司反馈此次职业技能培训的情况。（培训反馈）

2. 项目组成员开复盘会议，形成此次职业技能培训项目工作小结，以备后续的查询、参考、项目效率提升。（项目总结）

## 二、什么是职业技能训练师

**职业定义。**职业技能训练师是指从事实操性职业技能培训需求分析、项目开发、培训实施、管理评价和咨询服务等工作的人员。

**定义解读。**2021 年 12 月 15 日，《“十四五”职业技能培训规划》发布，该文件中明确规定，关于深入实施职业技能提升行动，以企业自主培训、市场化培训为主要供给，以政府补贴培训为有益补充，以行业企业、公共实训基地、普通高校、职业院校、职业技能培训机构等为主要载体，以就业技能培训、岗位技能提升培训和创业培训为主要形式。职业技能培训体系如图 4-07-03-05-001-1 所示。

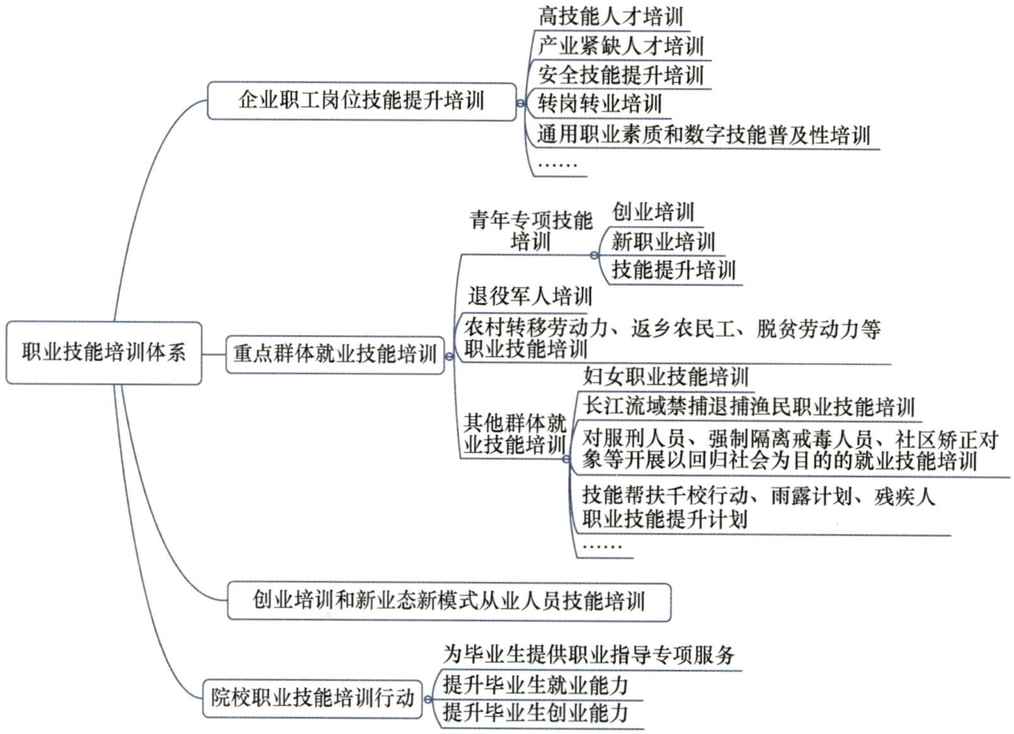


图 4-07-03-05-001-1　职业技能培训体系

**关联职业。**密切相关的职业主要有职业指导师、创业指导师、企业人力资源管理师、职业培训师、人力资源管理专业人员、人力资源服务专业人员、职业技术实训指导专业人员、退役军人事务员等。

**相应岗位。**残疾人就业辅导员、残疾人职业能力评估师、职业生涯规划师、企业培训师、就业指导教师、人力资源管理师、管理咨询师、猎头顾问等。

## 三、职业技能训练师的主要工作职责

职业技能训练是一套流程性工作，包含多个操作环节。职业技能训练师的主要工作职责如下。

1. 调查分析经济社会、技术和就业需要的职业技能训练方面的需求。
2. 开发职业技能训练项目、课程与教材。
3. 编制职业技能训练教学大纲和实施方案。
4. 制作职业技能训练课件、准备训练资料及所需教具。
5. 合理选择训练理念和技术方法，实施职业技能训练活动。
6. 协调、控制职业技能训练环节和过程，考核、评价学习活动绩效。
7. 提供职业技能训练相关咨询和指导服务等。

## 四、职业技能训练师的薪酬福利待遇

**平均薪酬水平。**根据国家统计局发布的《2022 年规模以上企业就业人员年平均工资情况》，职业技能训练师所属职业大类“社会生产服务和生活服务人员”的年平均工资为 70234 元。从所处区域看，年平均工资最高的区域是东部地区（如北京、上海、江苏等），为 77365 元，最低的是中部地区（如山西、安徽、江西等），为 55907 元；从所在行业角度看，信息传输、软件和信息技术服务业的年平均工资最高，为 138323 元，最低的是水利、环境和公共设施管理业，为 37257 元；从所任职组织类型看，外资企业的年平均工资最高，为 99116 元，集体所有制企业的年平均工资最低，为 51479 元。

职业技能训练师在不同地区、不同行业、不同企业中的年平均工资差别较大，这是国家政策引导、当地经济发展情况、企业效益等多方面宏观和微观因素影响的结果。

**与类似职业对比。**根据看准网、智联招聘、前程无忧等网站公开提供的信息及招聘信息，类似职业薪酬水平见表 4-07-03-05-001-1。

**表 4-07-03-05-001-1　类似职业薪酬水平**

| 职业名称 | 薪酬水平（元 / 月） |
|---|---|
| 就业指导教师 | 6189 |
| 人力资源管理师（培训方向） | 7387 |
| 财会培训讲师 | 7660 |

续表

| 职业名称 | 薪酬水平（元 / 月） |
|---|---|
| 人力资源培训讲师 | 7748 |
| 培训师 | 7375 |
| 拓展培训师 | 5208 |
| 人力资源咨询顾问 | 8443 |
| 企业管理咨询 | 8074 |
| 猎头顾问 | 6306 |

## 五、从事职业技能训练师工作需要具备的本领

参考《职业培训师国家职业技能标准》，根据《“十四五”职业技能培训规划》中对于“加强师资队伍建设”的要求，职业技能训练师的本领要求见表 4-07-03-05-001-2。

**表 4-07-03-05-001-2　职业技能训练师的本领要求**

| 本领要求 | 具体项目 | 细节内容 |
|---|---|---|
| 职业道德要求 | 职业素质 | 师德师风是第一标准并贯穿职业生涯的全过程 |
| | 职业守则 | （1）立德树人，为人师表<br>（2）遵法守纪，爱岗敬业<br>（3）严谨治学，爱护学员<br>（4）包容同业，信守承诺<br>（5）团结进取，乐于奉献 |
| 知识要求 | 人力资源开发知识 | （1）人力资源开发基本理论<br>（2）人力资源基本知识<br>（3）人力资源市场供求知识 |
| | 职业教育基本知识 | （1）职业教育基本理论<br>（2）职业教育心理学<br>（3）成人学习的心理特征 |
| | 职业与职业标准基本知识 | （1）职业与职业分类<br>（2）国家职业技能标准体系 |

续表

| 本领要求 | 具体项目 | 细节内容 |
|---|---|---|
| 知识要求 | 职业培训基本知识 | （1）职业培训的内涵和特征<br>（2）职业培训的对象、类型与形式<br>（3）终身职业技能培训制度<br>（4）职业培训机构及其管理制度 |
| | 人才评价基本知识 | （1）人才评价基本理论<br>（2）技能人才评价政策与管理体制<br>（3）技能人才评价的基本方式 |
| | 现代职培训信息技术知识 | （1）现代信息技术基本知识<br>（2）现代信息技术对职业培训的影响<br>（3）在线学习和职业培训信息管理平台 |
| | 职业培训与经济社会发展知识 | （1）职业培训在经济发展中的地位与作用<br>（2）职业培训在社会发展中的独特价值<br>（3）职业培训与促进就业 |
| | 相关法律、法规知识 | （1）《中华人民共和国劳动法》相关知识<br>（2）《中华人民共和国教育法》相关知识<br>（3）《中华人民共和国民法典》相关知识<br>（4）《中华人民共和国职业教育法》相关知识<br>（5）《中华人民共和国民办教育促进法》及其实施条例相关知识 |
| 技能要求 | 通用技能 | 学习能力、表达能力、沟通协调能力、分析综合能力等 |
| | 专业技能 | 培训需求分析、训练项目开发、学员管理、职业技能训练咨询与指导、教学研究、语言表达等 |

## 六、职业技能训练师的专业教育现状

### （一）相关专业

与职业技能训练师相关的专业：教育技术学、人力资源管理、劳动经济学、劳动与社会保障、职业指导与服务、认知科学与技术、管理科学、工商企业管理、行政管理等。

### （二）开设相关专业的院校（排名不分先后）

★ 相关院校：中国人民大学、中央财经大学、南开大学、华中师范大学、东北师范大学、山西财经大学、郑州大学、江苏大学、南京师范大学、上海交通大学、华东师范大学、上海财经大学、暨南大学等。

◆ 相关院校：北京劳动保障职业学院、北京经贸职业学院、河北政法职业学院、天津市职业大学、上海电子信息职业技术学院、四川职业技术学院、陕西工商职业学院、湖北科技职业学院、江苏经贸职业技术学院等。

## 七、职业技能训练师的就业创业信息

我国正在大力构建资源充足、布局合理、结构优化、载体多元、方式科学的培训组织实施体系，职业技能训练师在此进程中发挥着不可替代的重要作用，有广阔的就业市场、创业沃土。

在我国整体经济发展持续向好的大趋势下，辅以信息技术的广泛应用，职业技能训练师的就业创业不受严格的地域限制，其在全国范围内均可开展工作，还可以通过现场或远程网络直播的方式完成教学。根据《中国统计年鉴 2022》，受区域经济发展不平衡的影响，北京、上海、广州、深圳等地区为职业技能训练师提供的就业机会在全国领先，在海南、西藏、甘肃、青海、宁夏等地区的相关就业机会则明显低于我国其他地区。

鉴于几乎各行各业均需要职业技能培训，从业人员可以在不同的行业企业、公共实训基地、普通高等学校、职业高等学校、职业技能培训机构等组织中从事专职或兼职工作。具备相应经验和能力的职业技能训练师也可以自主创办培训机构、管理咨询机构以及线上培训平台等，继续开展职业技能培训相关业务。

## 八、职业技能训练师的贯通发展

从工种内部发展角度分析，职业技能训练师的纵向晋升途径是从助理职业技能训练师、职业技能训练师到高级职业技能训练师，之后再加上管理职能，发展成为企业高管、院校中高层管理或在培训机构中担任合伙人等。职业技能训练师还可以选择横向迁移或到其他细分领域创业。

职业技能训练师的发展路径如图 4-07-03-05-001-2 所示。

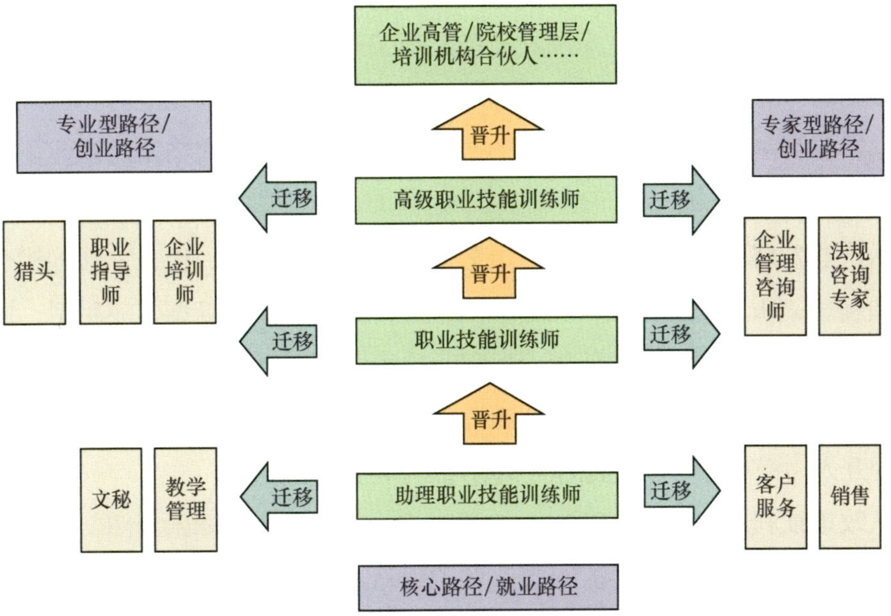


图 4-07-03-05-001-2 职业技能训练师的发展路径

## 九、职业技能训练师的发展前景

**从市场供需看。**“十三五”时期，我国坚持以人民为中心的发展思想，大规模开展职业技能培训。2019 年，国务院决定从失业保险基金结余中拿出 1000 亿元组织实施职业技能提升行动，面向企业职工、就业重点群体和贫困劳动力组织实施职业技能培训。

根据《“技能中国行动”实施方案》，“十四五”期间，我国要新增技能人才 4000 万人以上，技能人才占就业人员比例达到 30%，东部省份高技能人才占技能人才比例达到 35%，中西部省份高技能人才占技能人才比例在现有基础上提高 2~3 个百分点。建设 1 个世界技能大赛综合训练中心、3 个世界技能大赛中国研究中心、1 个世界技能大赛中国研修中心和 400 个左右世界技能大赛中国集训基地，支持建设世界技能博物馆、世界技能能力建设中心、世界技能资源中心，加强世界技能大赛理论研究、工作研修和成果转化。遴选建设 300 所左右优质技工院校和 500 个左右优质专业，开展 100 个左右技工教育（联盟）集团建设试点工作。支持建设（新建、改扩建）100 所左右技工院校和职业培训机构、100 个左右高技能人才培训基地和 100 个左右技能大师工作室，开发 100 个左右专项职业能力考核规范，培育 100 个左右劳务品牌，培养一批高技能人才和乡村工匠。

这些任务的发布以及由此引起的广泛社会效应，都会将市场对职业技能训练师的需求推向新的高度。

**从产业发展看**。我国已进入高质量发展阶段。实施新时代人才强国战略，推进制造强国、质量强国建设，发展实体经济，亟须加强创新型、应用型、技能型人才培养，壮大高技能人才队伍，为职业技能培训发展创造广阔空间。新一轮科技革命和产业变革突飞猛进，就业新增长点、新就业形态不断发展，劳动者参加培训提升人力资本和专业技能的内在动力逐渐增强。

**从政策红利看**。2021 年 12 月 15 日，人力资源社会保障部等四部门联合印发《“十四五”职业技能培训规划》。该文件中明确，“十四五”时期，我国开启全面建设社会主义现代化国家、向第二个百年奋斗目标进军新征程。党中央、国务院部署建设技能型社会，实施就业优先战略和技能提升行动，健全终身职业技能培训制度，为职业技能培训发展提供了根本保证。“十四五”时期职业技能培训主要指标见表 4-07-03-05-001-3。

**表 4-07-03-05-001-3 “十四五”时期职业技能培训主要指标**

| 主要指标 | 2021—2025 年目标 | 属性 |
|---|---|---|
| 开展补贴性职业技能培训（人次） | ≥ 7500 万 | 预期性 |
| 其中：农民工参加职业技能培训（人次） | ≥ 3000 万 | 预期性 |
| 新增取得职业资格证书或职业技能等级证书（人次） | ≥ 4000 万 | 预期性 |
| 其中：新增高技能人才（取得高级工及以上职业资格证书或职业技能等级证书）（人次） | ≥ 800 万 | 预期性 |
| 新建公共实训基地（个） | 200 | 预期性 |

综上所述，从市场供需、产业发展、政策红利三个方面来看，职业技能训练师的发展前景一片大好。但是，我国职业技能培训也面临着新的挑战：产业转型

升级、技术进步对劳动者的技能素质提出了更高要求，人才培养培训不适应市场需求的现象进一步加剧；“就业难”与“招工难”并存，高校毕业生等重点群体和农村转移劳动力的就业创业能力与用人需求存在着一定的差距；职业技能培训难以适应数字技术、人工智能发展要求，培训基础能力薄弱，针对性、有效性需要进一步提高，支持服务体系亟须完善，尊重技能、尊重劳动的社会氛围有待优化等。职业技能训练师必须提升自身专业知识和技术能力，积极响应国家政策号召，在满足市场需求的同时为推动产业发展贡献自己的一份力量。

## 十、相关内容链接

**国家职业标准：**暂缺。

**相关政策文件：**见表 4-07-03-05-001-4。

**表 4-07-03-05-001-4　职业技能训练师相关政策文件**

| 发布或通过时间 | 发布或通过机构 | 文件名称 |
|---|---|---|
| 2020-07 | 人力资源社会保障部、财政部、共青团中央 | 《百万青年技能培训行动方案》 |
| 2020-12 | 人力资源社会保障部 | 《关于进一步加强高技能人才与专业技术人才职业发展贯通的实施意见》 |
| 2021-01 | 人力资源社会保障部办公厅 | 《技能人才薪酬分配指引》 |
| 2021-06 | 人力资源社会保障部 | 《“技能中国行动”实施方案》 |
| 2021-12 | 人力资源社会保障部等四部门 | 《“十四五”职业技能培训规划》 |

供稿：上海电子信息职业技术学院　史悦悦

# 劳务派遣管理员

职业编码：4-07-03-06

近年来，随着经济市场化的发展及用工成本的提升，企业对提高人力资本效率的重视程度逐渐上升，对内部人员数量的控制也逐步加强，但一系列非核心业务仍需要大量工作人员。与此同时，部分下岗、失业人员和农村转移劳动力因自身就业能力较弱而难以自主就业，部分就业能力较强的劳动者也不满足于固定在一个工作单位就职，由此，劳务派遣成为整合企业与劳动者需要、促进劳务供需双方共同发展的重要途径。劳动派遣是指劳务派遣单位与被派遣劳动者建立劳动关系，并将劳动者派遣到用工单位，被派遣劳动者在用工单位的指挥、监督下从事劳动的新型用工形式。劳务派遣机构介于劳务供需双方中间，需要派驻劳务派遣管理员，以协调劳务供需双方的合作。

劳务派遣管理员对于保障企业高效用工、增加利润、促进就业、保障劳动者合法权益并提高收入具有重要作用，有利于维护社会稳定，推动经济的良好运行。

## 一、劳务派遣管理员的一天

**记录时间：2023 年 8 月 25 日** **记录人：钱某明**

### 上午工作情况

**8 点：**

1. 在工作现场，集合劳务派遣工作人员，做好考勤工作。（集中考勤）

2. 配合用工单位生产组长召开例会，总结前一天工作中存在的问题，并提出注意事项、改进方法。（召开班组例会）

3. 配合用工单位生产组长安排今日工作计划，并组织劳务派遣工作人员进入工作现场，开展工作。（协调工作安排）

**9 点：**

1. 在办公室整理今日考勤情况。（整理考勤）

2. 根据考勤情况，确定现有人员数量是否能够满足用工单位生产需求，作出劳务派遣工数量增减决策。（规划用工）

3. 与用工单位生产组长核对、统计前一日的工作量。（核对工作量）

4. 与用工单位生产组长及相关人员分析劳务派遣工作人员绩效管理情况，作出对个别人员的绩效改进、劝退决策。（作出人事考核与决策）

5. 对补充劳务派遣工作人员组织开展面试。（组织面试）

6. 对新录用劳务派遣工作人员办理入职。（办理入职）

**11 点：**

1. 在工作现场进行工作巡视。（巡视工作现场）

2. 与用工单位生产组长沟通上午工作开展情况。（工作总结沟通）

### 下午工作情况

**13 点：**

在工作现场，进行工作巡视，确定劳务派遣工作人员的到场情况及是否存在生病等异常情况。（巡视工作现场）

**14 点：**

1. 对补充劳务派遣工作人员组织开展面试。（组织面试）

2. 在招聘网站发布人员招聘信息；联络劳务中介公司，提供用工需求相关信息。（发布招聘信息）

3. 预约第二天面试。（预约面试）

**16 点：**

1. 在工作现场进行工作巡视，了解员工的工作状态。（巡视工作现场）

2. 与用工单位生产组长沟通工作异常情况，反馈工作分配情况。（收集

工作信息）

3. 了解员工工作进度，督促工作进展缓慢的员工。（督促员工）

4. 与用工单位生产组长总结今日的工作状况。（总结工作）

**17点：**

1. 总结今日工作情况，完成工作日报，反馈给劳务派遣公司。（总结并反馈）

2. 在工作现场，确定劳务派遣工作人员的下班时间。（统计工作量）

3. 在工作现场，了解劳务派遣工作人员次日的请假、离职情况。（确定人员计划）

## 二、什么是劳务派遣管理员

**职业定义。**劳务派遣管理员是指从事劳务派遣管理工作，满足用工单位劳务派遣用工需求的人员。

**定义解读。**劳务派遣管理员需要根据用工单位对人员的需求，履行与用工单位签订的劳务派遣协议，为用工单位及时筛选派遣所需的劳动者，并管理好劳务派遣工作人员。同时，劳务派遣管理员在对选定的劳动者实施派遣前，要与被派遣人员签订劳动合同以确立双方的隶属关系，确保劳务派遣工作人员在派出工作期间的相关责、权、利能够得到有效保障。

**关联职业。**密切相关的职业主要有人力资源管理师、人力资源服务专业人员、劳动保障协理员、劳动关系协调师、职业信息分析师、职业指导员、策划师、公关员、企业信息管理师、项目管理师、客户服务管理师、社会工作者等。

**相应岗位。**劳务派遣公司的劳务派遣管理员、人力资源服务公司的外包业务员、个体劳务公司的负责人、劳务公司的业务员等。

## 三、劳务派遣管理员的主要工作职责

不同劳务派遣行业领域及不同职业等级的劳务派遣管理员在工作职责上存在着一定的差别。整体而言，劳务派遣管理员的主要工作职责包括下列内容。

1. 劳务派遣业务方案策划

（1）制定和优化业务开发、管理方案。

（2）制定项目成本预算、项目成本管控等业务工作方案。

（3）完善和审定项目合作方案、标书、协议条款。

（4）制定谈判失误后的补救措施。

（5）审核项目整体运营情况。

（6）分析用工单位及其所在行业的发展趋势，发现新业务机会。

2. 劳务资源规划与引进

（1）建立各工序劳务队伍引进的标准及流程并组织实施。

（2）引进和储备具有相应资质的劳务队伍。

（3）组织相关部门对劳务队伍进行资格评审，建立合格劳务协作单位名单。

3. 劳务价格管理

（1）负责劳务外部市场价格调研，建立公司各产品劳务价格定价标准，支持经营报价及指导目标成本分解等工作。

（2）配合成本中心，建立合理的劳务用工价格体系。

（3）负责各型产品劳务目标成本的切块与价格制定。

（4）参与审核有关成本。

（5）组织召开劳务招标会或商务谈判，确定劳务队伍及完成合同签订等手续的办理。

（6）组织编制公司年度劳务费用预算，制定管控措施并按月统计、分析各劳务效率数据（含人均物量、人均产值、人工成本占比等），并制定改善措施和实施计划。

4. 项目运营管理

（1）根据项目经营计划，审核项目的实施方案。

（2）发现项目现场工作中存在的问题，并提出改进措施。

（3）分析劳务派遣工作人员需求，并设计相应产品和服务方案。

（4）对客户诉求提出解决方案，制定提升客户满意度的方案和措施。

（5）处理劳务派遣工作人员劳动争议的协商和调解问题，制定劳务派遣工作人员发生工伤、意外伤害事件的解决方案。

（6）预测业务项目实施环节的风险，并制定预案，对用工单位资金不足、停工停产等风险提出监管措施。

5. 劳务结算管理

（1）负责收集业务部门派工单及结算单，并核对工时定额标准及打印、统计物量。

（2）负责各型产品结算的审核与制单。

（3）负责各型产品结算付款资金计划与付款程序的办理。

（4）负责公司劳务派遣工作人员工资核定与付款程序的办理。

（5）负责公司劳务费用的汇总与分析，并制定改善措施。

6. 劳动人事管理

（1）负责劳务队伍及劳务派遣工作人员的入职手续办理、合同签订、日常动态跟踪等工作。

（2）负责劳务派遣工作人员和劳务队伍的淘汰机制建立及退出手续办理等工作。

（3）负责劳务队伍及劳务派遣工作人员各类报表及台账的制定、总结及分析改进。

（4）建立培训机制，制订人才培养计划，对劳务派遣管理员做好业务管理等培训。

## 四、劳务派遣管理员的薪酬福利待遇

**平均薪酬水平。**劳务派遣管理员的薪资构成主要包括基本工资、绩效工资及业务提成、奖金等。看准网、职友集、猎聘网等网站于 2023 年 9 月初发布的调查结果显示，目前国内劳务派遣管理员的薪酬在 5000~20000 元 / 月之间，平均薪酬约为 7765 元 / 月，工资水平受地域、用工单位所属行业、工作经验、学历等多种因素的影响。

**与类似职业对比。**劳务派遣管理员的月平均薪酬水平与人力资源主管的月平均薪酬水平相接近，高于人力资源专员 / 助理的月平均薪酬水平，低于人力资源招聘师、培训师、员工关系专员等的月平均薪酬水平。

## 五、从事劳务派遣管理员工作需要具备的本领

1. 劳务派遣管理员从业人员需具备的知识和技能：人力资源管理知识、市场营销知识、财税管理知识、相关法律法规知识、沟通协调能力、信息处理能力、组织判断能力、项目开发管理能力、项目运营管理能力、客户服务能力等。核心技能是沟通协调能力、项目运营管理能力、客户服务能力等。

2. 根据《企业人力资源管理师——劳务派遣管理员国家职业技能标准》，劳务派遣管理员的知识和技能要求见表 4-07-03-06-1。

**表 4-07-03-06-1　劳务派遣管理员的知识和技能要求**

| 职业功能 | 工作内容 | 知识和技能要求 |
| --- | --- | --- |
| 项目开发管理 | 业务方案策划 | 能制定和优化业务开发、管理方案，能制定项目成本预算、项目成本管控等业务工作方案 |
| | 业务决策谈判 | 能完善和审定项目合作方案、标书、协议条款，能确定项目报价，能制定谈判失误后的补救措施 |
| | 项目评估与审核 | 能评估本单位业务服务能力，能审核项目整体运营情况 |
| | 服务模式创新 | 能分析用工单位及其所在行业的发展趋势，发现新业务机会，能制定服务产品和服务模式创新方案 |
| 项目运营管理 | 项目计划统筹 | 能制定经营规划并统筹各项目运营，能根据项目需求制定资源配置方案 |
| | 客户关系管理 | 能制定客户关系管理策略，能开展危机公关管理 |
| 项目风险管控 | 风险监管 | 能制定用工单位资金链断裂、资不抵债和关停并转等重大风险应急预案，能建立、执行、监督风险防控的制度，能归类和分析重大风险防控案例 |
| | 风险处理 | 能处理派遣员工集体争议等危机事件，能处理派遣员工工资、社保等合法权益问题 |

续表

| 职业功能 | 工作内容 | 知识和技能要求 |
| --- | --- | --- |
| 项目费用管理 | 成本管控 | 能分析项目成本收益，能制定成本管控措施 |
| | 目标管理 | 能制定年度目标，能制订实现年度目标的分解计划和行动措施 |
| 培训与指导 | 人员培训 | 能对劳务派遣管理员做好业务管理等培训，能建立培训机制，制订人才培养计划，编制培训教材 |
| | 业务指导 | 能对劳务派遣管理员进行业务工作指导，能讲授劳务派遣业务项目经营与管理的知识 |

## 六、劳务派遣管理员的专业教育现状

### （一）相关专业

与劳务派遣管理员相关的专业：人力资源管理、劳动与社会保障、工商管理、企业管理、市场营销、公共关系、劳动经济学、劳动关系、社会保障、社会工作等。

### （二）开设相关专业的院校（排名不分先后）

★ 相关院校：中国人民大学、南京大学、上海交通大学、武汉大学、华中科技大学、华南理工大学、同济大学、苏州大学、常州大学、对外经济贸易大学等。

◆ 相关院校：天津市职业大学、淄博职业学院、四川建筑职业技术学院、九江职业技术学院、长沙民政职业技术学院、安徽职业技术学院、绵阳职业技术学院、芜湖职业技术学院、陕西职业技术学院、广州南洋理工职业学院等。

## 七、劳务派遣管理员的就业创业信息

劳务派遣管理员的服务对象主要包括下岗失业人员、农村转移劳动力等人口基数较大的群体及部分专业能力较强的专业技术人员，这些群体可从事包括生产、营销、设计等诸多工作岗位，就业领域非常广泛，就业市场庞大。

1. 就业方向。目前，国内具有代表性的劳务派遣管理员所属企业包括：北京中科航天人才服务有限公司、北京外企人力资源服务有限公司、上海中企人力资源咨询有限公司、吉林省万成集团有限公司、万宝盛华人力资源（中国）有限公司、上海任仕达人才服务有限公司、苏州汇思人力资源有限公司、北京易才宏业管理顾问有限公司、北京东方慧博人力资源顾问股份有限公司、苏州英格玛人力资源有限公司、苏州英特科服务外包有限公司、湖南省湘辉人力资源服务有限公司、大连市光彩就业服务有限公司、中基纵合（上海）人力资源服务有限公司、同道精英（天津）信息技术有限公司等。

2. 创业方向。劳务派遣管理员在本行业领域内的创业方向主要有劳务派遣服务公司、劳务中介公司、人力资源服务公司等，也有部分劳务派遣管理员开办企业管理咨询公司，为企业提供管理咨询、人力资源管理咨询服务，还有部分劳务派遣管理员转型成为原劳务派遣用工合作单位产品的上游、下游产品的供应商、销售商。

注：以上机构信息仅供参考，不代表编写出版方对其推荐或认可。

## 八、劳务派遣管理员的贯通发展

劳务派遣管理员的发展主要有以下四条路线。

1. 本公司内部劳务派遣职业通道的纵向发展，即沿“四级 / 中级工—三级 / 高级工—二级 / 技师——级 / 高级技师”这一职业路线由低到高纵向发展。

2. 由劳务派遣公司转向用工单位发展，转为人力资源管理岗位，按人力资源管理职业发展序列，成为人力资源管理专员、人力资源服务专业人员、招聘师等。

3. 由劳务派遣公司转向管理咨询行业，成为企业管理咨询师、企业人力资源管理咨询师、职业培训师、职业规划师等。

4. 自主创业，从事管理咨询及生产商、销售商等工作。

劳务派遣管理员的发展路径如图 4-07-03-06-1 所示。

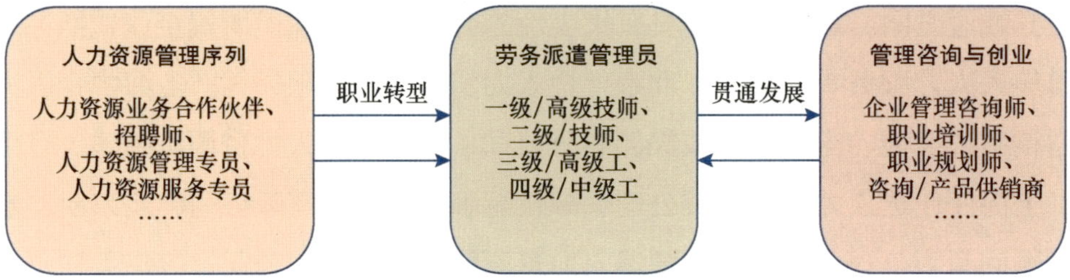


图 4-07-03-06-1　劳务派遣管理员的发展路径

## 九、劳务派遣管理员的发展前景

**从市场供需看。**作为世界第二大经济体，我国有着全球最大的劳务供需市场。如何统筹劳务市场的供需两端，匹配现代化市场需求，成为人力资源管理关注的重点。在企业关注核心竞争优势、注重人力资源效率的背景下，培养专业的劳务派遣管理人才是大势所趋。近年来，企业为了降低招聘成本，对劳务派遣用工的需求越来越大，加上劳务派遣用工人数的爆发式增长及劳务派遣市场的规范化和标准化趋势，为劳务派遣管理专业人才提供了更多的发展空间。此外，劳务派遣管理员还可向人力资源管理与服务专业人才、企业管理咨询领域发展，职业发展趋势呈现出多样化态势。

**从产业发展看。**近年来，我国劳务派遣市场的规模在不断扩大，从 2018 年的 1.13 万亿元增长至 2019 年的 1.38 万亿元；2020 年，我国劳务派遣市场规模达到 1.78 万亿元，较上年度增长 30.1%。目前，我国有 3 万余家劳务派遣公司，预计 2023 年的劳务派遣用工规模将达 6000 万人。庞大的劳务派遣公司和劳务派遣用工群体数量规模，对劳务派遣管理员的数量和能力素质提出了较大的需求。一方面，市场对劳务派遣管理员在数量上存在巨大的需求；另一方面，国家法律、法规的相应出台与完善，以及劳务派遣用工企业自身发展及劳务成本的要求，也对劳务派遣管理员的专业能力与素质提出了较高的准入门槛。

**从政策红利看。**随着我国劳务派遣行业的发展，政府也出台了相关的政策，以促进、规范劳务派遣行业的发展，如《国务院关于进一步加强就业再就业工作的通知》《劳务派遣暂行规定》《劳务派遣行政许可实施办法》等。此外，政府还为企业提供税收优惠，这也有助于提高劳务派遣行业的市场规模与发展。国家对劳务派遣市场给予重视，对劳动派遣用工权益加大保障力度，迫切要求发展一支数量规模大、专业素质高的劳务派遣管理员队伍。劳务派遣管理员这一职业将迎来新的发展机遇。

## 十、相关内容链接

**国家职业标准：** 暂缺。

**相关政策文件：** 见表 4-07-03-06-2。

**表 4-07-03-06-2　劳务派遣管理员相关政策文件**

| 发布或通过时间 | 发布或通过机构 | 文件名称 |
| --- | --- | --- |
| 2013-07 | 人力资源社会保障部 | 《劳务派遣行政许可实施办法》 |
| 2014-01 | 人力资源社会保障部 | 《劳务派遣暂行规定》 |
| 2020-07 | 国务院办公厅 | 《关于支持多渠道灵活就业的意见》 |

供稿：常州大学　刘润刚

# 劳务经纪人

职业编码：4-07-03-07

劳动力流动和配置效率和效能的提高有助于增强社会经济活力。全社会具有劳动力需求的岗位、企业、产业、区域，都处于动态的变化之中，包含了劳动力需求数量和质量的变化，新增岗位的用工需求和求职需求要通过劳动力市场来满足。

在劳动力市场，劳务经纪人为满足劳动力供需双方需要，提高劳动力流动和配置效率提供服务。我国幅员辽阔，劳动力资源和劳动力市场需求之间存在很大的不平衡：劳动力供给地区，需要找到匹配的就业目的区域、行业和用人单位；劳动力需求地区，需要找到满足其用工数量和质量需求的劳动力。劳务经纪人就是劳动力市场供需双方的媒介，为实现劳动力供需匹配、形成高效的劳动力市场发挥着重要作用。

## 一、劳务经纪人的一天

记录时间 2023 年 8 月 23 日　　记录人：刘某勇

**上午工作情况**

**9 点：**

1. 整理通过电话、面谈、网络搜集等途径获取的企业用工信息。（信息收集）

2. 通过微信群、微信朋友圈、微博等渠道发布劳动力需求信息。（信息发布）

3. 有求职人员前来了解劳务信息，咨询劳务工作内容、形式、时间、待

遇等。（劳务咨询）

4. 查询企业的资质，确认符合用工条件。（信息确认）

5. 通过电话、邮件、微信等方式，和企业确认招聘的人数、到岗时间、待遇等。（需求确认）

6. 和企业确认劳务人员的录用程序，确认面试、考核的要求和方式。（招聘协助）

**11 点：**

1. 搜集近期本区域人才现场招聘会情况，编制参会计划。（渠道拓展）

2. 浏览劳动人事管理部门网站，了解最新劳务政策和法规。（政策跟踪）

## 下午工作情况

**14 点：**

1. 对应约前来求职的人员，进行面谈、记录，推介合适的用工单位。（职业推荐）

2. 对求职人员的信息进行整理，方便和企业对接以及开展后续跟踪服务。（信息整理）

**16 点：**

1. 拜访企业，了解具体工作环境及用工需求。（工作确认）

2. 和企业负责人进行商务沟通，明确各自的权利、责任、义务，并签订劳务经纪合同。（合同签订）

劳务经纪人与企业进行访谈，了解企业用工需求

**17 点：**

1. 返回办公地点，梳理企业用工要求，并在人才资料库里进行匹配。

（需求匹配）

2.编制计划，组织安排劳务人员与企业对接。（对接安排）

3.对劳务合同等相关资料进行整理，在计算机里建立合同档案，进行合同信息管理。（信息管理）

## 二、什么是劳务经纪人

**职业定义。**劳务经纪人是指在劳务经济活动中，从事分析劳务双方供求信息，中介、代理促成求职人员入职等职业中介引导服务工作的人员。

**定义解读。**劳务经纪人促成劳动力供需的实现，既帮助求职人员找到合适的工作，也帮助企业找到满足其用工数量和质量要求的劳务人员。同时，劳务经纪人还协助劳务供需双方跨区域、跨行业进行劳动力匹配，实现更加充分的就业。该职业需要有较强的宏观思维能力，在区域层面熟悉劳动力市场，需要有较强的信息收集、整理能力，良好的沟通谈判能力，强烈的自主驱动工作能力和承担责任的意识，抗压能力强。

**关联职业。**密切相关的职业主要有人力资源管理专业人员、劳务派遣管理员、法务专员、业务员、业务代表、人力资源外包专员等。

**相应岗位。**劳务中介公司的劳务中介服务员、劳务公司的负责人、劳务公司的业务员、人力资源服务公司的业务员、人力资源服务公司的劳务外包专员等。

## 三、劳务经纪人的主要工作职责

1. 了解劳动力市场，对主要行业的劳动力供需状况进行分析，确定目标服务行业企业和目标求职人群。

2. 通过面对面访谈以及线上交流等多种形式的沟通，收集、登记求职人员的求职信息，对其条件和证件予以审核，指导其填写“个人求职登记表”，对其进行简单的职业指导，调整求职意愿。

3. 收集分析目标行业劳动力市场用人单位的用工需求、岗位特征、任职要求和收入待遇等信息。

4. 接待企业客户经办人员，对其提供的证件进行审核，指导其填写“单位招聘登记表”，对其进行简单的用人指导、调整招聘条件。

5. 采用各种信息发布方式，发布、宣传、推广职位招聘信息。

6. 通过积累的求职信息资料和用人信息，进行求职信息和用人信息的匹配；有针对性地向求职人员推荐职业信息，协助完成个人信息填报，并根据个人意愿、技能专长和职业经历进行岗位推荐；向用人单位推荐合适的求职者。

7. 解答求职人员疑虑，指导求职人员进行目标企业和岗位的面试；组织服务对象就业地适应安置，帮助其完成入职流程，并提供相关生活配置。

8. 根据用人单位的招聘需求，组织开展委托招聘、现场招聘，提供相应的服务。

9. 跟踪服务对象入职工作状态，协助提供心理咨询、职业指引、劳动权益维护。

10. 在项目实施过程中，保持和客户的有效沟通，与客户达成一致，并形成劳务经纪文件。

## 四、劳务经纪人的薪酬福利待遇

**平均薪酬水平。**劳务经纪人的收入以劳务项目收益、劳务项目提成等形式为主，也有部分是较为稳定的工资形式，其月收入的弹性较大。根据 2023 年广东地区的调查数据，劳务经纪人的月平均薪酬为 9000~15000 元，收入较高的可以达到每月 30000 元以上。

**与类似职业对比。**根据智联网 2023 年 8 月的数据，在广东地区，该职业的薪酬水平一般要高于劳务派遣管理员、企业人力资源管理师、招聘专员、薪酬专员等的薪酬水平。类似职业薪酬水平见表 4-07-03-07-1。

**表 4-07-03-07-1　类似职业薪酬水平**

| 职业名称 | 薪酬水平（元 / 月） |
|---|---|
| 劳务派遣管理员 | 7000~12000 |
| 企业人力资源管理师 | 8000~14000 |
| 招聘专员 | 4000~7000 |
| 薪酬专员 | 5000~8000 |

## 五、从事劳务经纪人工作需要具备的本领

1. 劳务经纪人需要具备的知识和技能：劳动安全和保障方面的知识，对劳动力市场的理解和洞察能力，企业和个人客户服务的意识和能力，劳务项目的管理和执行能力，信息的收集和整理能力，个人和公众沟通的能力。

2. 该职业目前还没有国家职业技能标准，现把该职业的知识和技能要求进行初步梳理，劳务经纪人的知识和技能要求见表 4-07-03-07-2。

**表 4-07-03-07-2　劳务经纪人的知识和技能要求**

| 职业功能 | 工作内容 | 知识和技能要求 |
| --- | --- | --- |
| 理论知识 | 市场营销知识 | 市场营销的概念、市场分析与判断、顾客行为分析等 |
| | 劳动经济学知识 | 劳动力供给、劳动力需求、就业理论、工资理论等 |
| | 人力资源管理知识 | 人力资源的基本理论、人力资源服务的概念、人力资源服务的种类 |
| 前台咨询服务 | 前台咨询指导 | 能针对求职人员最为关切的招聘问题提供准确的解答，能根据求职者就业资质状况开展择业咨询指导，能针对求职者情绪问题进行一般心理疏导 |
| | 用人单位招聘指导 | 能帮助用人单位分析招聘用人方面的问题及成因，能针对用人单位的服务需求提供一般性指导建议 |
| | 服务过程记录和整理 | 能对求职人员咨询指导的过程和结果进行记录，能结合用人单位招聘用人指导的过程和结果进行记录、整理 |
| 信息采集与发布 | 信息采集和整理 | 能利用入校园、入企业、入社区等线下信息采集渠道，获取就业相关信息；能利用内部和互联网平台系统等线上信息采集渠道，获取就业相关信息；能利用设置的反馈渠道，采集服务对象对已发布信息的意见建议；能对获得的信息进行规范性汇总整理 |
| | 职业信息发布 | 能通过新闻媒体、互联网和其他媒介进行职位展示和信息发布 |

续表

| 职业功能 | 工作内容 | 知识和技能要求 |
|---|---|---|
| 职业介绍服务 | 委托招聘 | 能撰写和策划委托招聘方案，实施委托招聘方案，并办理相关手续；能通过现场和专场招聘、远程招聘等方式完成招聘任务；能有针对性地为企业提供用工服务 |
| | 就业帮助和指导 | 能帮助求职人员认识就业环境与政策，能对求职人员的通用能力学习进行训练指导，能帮助求职人员建立正确的职业意识 |
| 劳务项目管理 | 协议草拟与修订 | 能草拟合作协议，能根据专业法务人员的建议修改合作协议 |
| | 客户服务管理 | 能制定客户诉求处理流程，并作出相应处理；能为用工单位提供人力资源和社会保障等相关法律、法规政策的咨询服务；能开展客户满意度调查 |

## 六、劳务经纪人专业教育现状

### （一）相关专业

1. 普通高等教育院校开设的相关专业：人力资源管理、管理科学、工商管理、市场营销、国际商务等。

2. 职业教育院校开设的相关专业：人力资源管理、社区管理与服务、民政服务与管理、劳动与社会保障、公共事务管理等。

### （二）开设相关专业的院校（排名不分先后）

★ 相关院校：中国人民大学、厦门大学、南开大学、上海交通大学、吉林大学、西南财经大学、东北财经大学、北京师范大学、上海财经大学、武汉大学、深圳职业技术大学等。

◆ 相关院校：北京劳动保障职业学院、广东科学技术职业学院、河北政法职业学院、湖南劳动人事职业学院、浙江交通职业技术学院、九江职业技术学院、广州南洋理工职业学院、广东岭南职业技术学院、湖南安全技术职业学院、广东南方职业学院等。

## 七、劳务经纪人的就业创业信息

劳务经纪人从业人员遍布全国各地，其服务对象主要是农村务工人员，建筑业、制造业、服务业工作人员。大量劳务经纪人采用自主创业、个人自由就业的形式从事劳务经纪工作。人力资源服务行业单位也提供相应职位，吸纳劳务经纪人就业较多的用人单位包括多种类型。

1. 国有企业。中智经济技术合作股份有限公司、诚通人力资源有限公司、上海外经国际人力资源有限公司、上海东浩人力资源有限公司、北京外企人力资源服务有限公司等。

2. 民营企业。①有限责任公司。万宝盛华人力资源（中国）有限公司、上海佩信企业发展集团有限公司、浙江中通文博服务有限公司、人瑞人才科技集团有限公司、广州仕邦人力资源有限公司、广东羊城人力资源管理有限公司、深圳市华辉升人力资源有限公司、苏州英格玛人力资源有限公司、长沙经济技术开发区捷特人力资源开发有限公司、邯郸市天海人力资源有限公司、合肥市申祥人力资源管理有限公司、河南申祥人力资源服务有限公司、远创人力资源管理集团有限公司、郑州中普建筑劳务有限公司、广州骏伯人力资源有限公司、中智管理咨询有限公司、天津一合企业管理咨询有限公司等。②股份有限公司。广州红海人力资源集团股份有限公司、北京北森云计算股份有限公司等。

3. 事业单位。中国南方人才市场管理委员会办公室等。

注：以上机构信息仅供参考，不代表编写出版方对其推荐或认可。

## 八、劳务经纪人的贯通发展

劳务经纪人的发展路径主要有四条。①管理路线。从管理小型劳务经纪项目到大型劳务经纪项目；担任的职位从小型项目的负责人到区域负责人，乃至全公司的业务总监。②专家路线。不断提升技能水平，在技能等级上不断晋升，成为劳务经纪服务领域的专家。③复合人才路线。向其他行业跨越或进行职业转型，例如，通过学习人力资源管理专业的知识，转型为企业人力资源管理师，或者通过学习管理学知识，转型为企业管理顾问、咨询师、培训师、管理者等。④业路线。基于个人爱好、对人力资源服务市场的经济洞察，以及自身的资源优势，如人脉资源、信息资源、资金资源等，进行创新创业，结合自身条件创办个人独资企业、合伙型企业、有限公司、连锁经营公司等。

劳务经纪人的发展路径如图 4-07-03-07-1 所示。

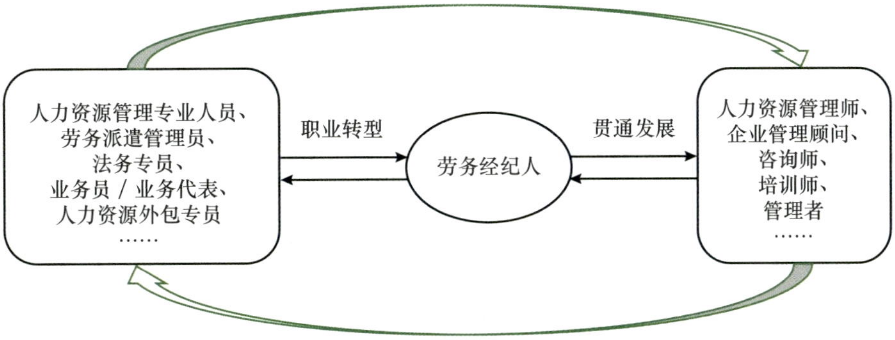


图 4-07-03-07-1　劳务经纪人的发展路径

## 九、劳务经纪人的发展前景

**从市场供需看。**我国人力资源十分丰富。人力资源是最重要、最有活力的生产要素，加强人力资源市场建设是完善社会主义市场经济体制的内在要求和必然选择。劳务经纪人作为促进劳动者就业和职业发展、服务用人单位招人用人的专门职业，能够极大地提升劳动者与岗位匹配的效率，有效解决劳动者和用人单位之间的信息不对称问题，缓解企业“招工难”和劳动者“就业难”的结构性矛盾，是有效促进就业，实现市场化、社会化就业的重要力量。无论是公共人力资源服务机构，还是经营性人力资源服务机构，都面对着巨大的劳务经纪人人才需求。

**从产业发展看。**在区域产业政策方面，2019 年，中共中央、国务院印发的《粤港澳大湾区发展规划纲要》指出，完善国际化人才培养模式，加强人才国际交流合作，推进职业资格国际互认。完善人才激励机制，健全人才双向流动机制，为人才跨地区、跨行业、跨体制流动提供便利条件，充分激发人才活力。该文件为人力资源服务产业区域发展提供了广阔的舞台。中国新闻网 2023 年 4 月的最新数据显示，广东省人力资源服务机构达 5845 家，从业人员达 15.1 万人。近年来，人力资源服务业的规模稳步增长，直接贡献经济增长的比重不断扩大，为全省经济高质量发展增添新动能。

**从政策红利看。**人力资源服务业于2019年10月30日被正式列为国家鼓励类产业，转型升级为“人力资源和人力资本服务业”。党的二十大报告提出深入实施人才强国战略，强调人才是全面建设社会主义现代化国家的基础性、战略性支撑之一，将人才工作提到了新的战略高度。2021年8月，人力资源社会保障部、国家发展改革委等二十部门发布《关于劳务品牌建设的指导意见》，该文件指出，要聚焦新一代信息技术、高端装备、新材料、生物医药、新能源等战略性新兴产业，深入挖掘细分行业工种的用工需求，打造中高端技能型劳务品牌；瞄准家政服务、生活餐饮、人力资源、养老服务、商务咨询等急需紧缺现代服务业，打造高品质服务型劳务品牌；大力开发非物质文化遗产、特色手工艺、乡村旅游等文化和旅游产品及服务，打造文化和旅游类劳务品牌。对资源枯竭城市、独立工矿区等就业压力较大，以及国家乡村振兴重点帮扶县、易地扶贫搬迁安置区等脱贫人口、搬迁群众、农村留守妇女较多的地区，围绕制造业、建筑业、快递物流等就业容量大的领域，打造民生保障型劳务品牌。2021年12月，国家发展改革委、工业和信息化部在《关于振作工业经济运行 推动工业高质量发展的实施方案》中提出，要完善劳动力供需双方信息发布和对接机制，大力发展人力资源服务业。

国家有关劳务品牌建设方面的文件，指明了劳务经纪人和劳务经纪行业成长发展的方向。

## 十、相关内容链接

**国家职业标准：**暂缺。

**相关政策文件：**见表4-07-03-07-3。

**表4-07-03-07-3 劳务经纪人相关政策文件**

| 发布或通过时间 | 发布或通过机构 | 文件名称 |
| --- | --- | --- |
| 2021-08 | 人力资源社会保障部、国家发展改革委等二十部门 | 《关于劳务品牌建设的指导意见》 |

供稿：广东岭南职业技术学院 钟卫民